Erfolgsmessung und Steuerbelastung

Unternehmen und Steuern

Band 1: Lutz Schmidt
Maßgeblichkeitsprinzip und Einheitsbilanz
1994. 290 Seiten. DM 90,-
ISBN 3-7908-0751-6

Klaus Henselmann

Erfolgsmessung und Steuerbelastung

Eine Analyse geltender Vorschriften und ausgewählter Reformvorschläge zur Erfolgsmessung und ihre Wirkung auf die Steuerbelastung von Unternehmen

Mit 68 Abbildungen

Physica-Verlag
Ein Unternehmen
des Springer-Verlags

Reihenherausgeber
Prof. Dr. Jochen Sigloch, Universität Bayreuth

Autor
Dr. Klaus Henselmann
Am Lehrstuhl für Betriebswirtschaftslehre II
- Betriebswirtschaftliche Steuerlehre und Wirtschaftsprüfung -
Universität Bayreuth
Gebäude RW
D-95440 Bayreuth

ISBN-13: 978-3-7908-0752-3

CIP-Titelaufnahme der Deutschen Bibliothek
Henselmann, Klaus:
Erfolgsmessung und Steuerbelastung: eine Analyse geltender Vorschriften und ausgewählter Reformvorschläge zur Erfolgsmessung und ihre Wirkung auf die Steuerbelastung von Unternehmen / Klaus Henselmann. - Heidelberg: Physica-Verl., 1994
(Unternehmen und Steuern; Bd. 2)
ISBN-13: 978-3-7908-0752-3 e-ISBN-13: 978-3-642-95911-0
DOI: 10.1007/978-3-642-95911-0
NE: GT

88/2202-543210 - Gedruckt auf säurefreiem Papier

Geleitwort

Die Steuerbelastung der Unternehmung ergibt sich aus dem Zusammenwirken von Bemessungsgrundlagen und Tarif. Nicht ausschließlich der meist hervorgehobene und für vordergründige Steuerbelastungsvergleiche herangezogene Steuersatz ist es, der die Steuerbelastung der Unternehmung im wesentlichen determiniert, sondern vor allem auch die Abgrenzung der jeweiligen Bemessungsgrundlagen. Darüber hinaus bestimmt natürlich auch die tatsächliche Durchsetzung von rechtlichen Steueransprüchen - offenbar selbst in "entwickelten Staaten" keine Selbstverständlichkeit mehr - die effektive wirtschaftliche Steuerbelastung.

Als "Königin" der Steuern ist die Steuer auf das Einkommen von ihrem gesamtwirtschaftlichen Aufkommen und der einzelwirtschaftlichen Belastungswirkung noch immer die gewichtigste Steuer. Es mag daher erstaunen, daß es weder auf nationaler Ebene noch im internationalen Vergleich einen allgemeingültigen und zugleich praktikablen Einkommensbegriff gibt. Die Messung des Erfolgs als Vorstufe zur Ermittlung des Einkommens erscheint weithin ungeklärt. Die Tatsache, daß national wie vor allem auch international völlig unterschiedliche Konzepte der Erfolgsmessung zur Bestimmung des Einkommens zum Einsatz gelangen, macht Belastungsvergleiche zwischen unterschiedlichen Einkommensgruppen (etwa Gewerbebetrieb versus Freie Berufe) oder zwischen verschiedenen Ländern (etwa Deutschland versus Frankreich) vielfach höchst fragwürdig. Daß solche Vergleiche auf ungewisser Basis noch sehr häufig durchgeführt werden, liegt zumeist mehr an den damit verfolgten politischen Absichten, als an dem Bemühen um wissenschaftliche Aufhellung.

Die wissenschaftliche Diskussion um die "richtigen" Konzepte der Erfolgsmessung hat seit Beginn der achtziger Jahre eine Renaissance erfahren. Ausgehend von den vielfach beschriebenen und bekannten Mängeln der Erfolgsmessung durch bilanziellen Einzelvermögensvergleich sind als Alternativkonzepte unterschiedliche Cash-Flow-Systeme einerseits und verschiedene Varianten des kapitaltheoretischen Gewinns andererseits in die Diskussion eingebracht und punktuell auch in die Realität umgesetzt worden. Trotz der zu diesem Themenkreis entstandenen umfangreichen Literatur scheint die Frage bis heute ungeklärt, welche steuerlichen Auswirkungen von einer Besteuerung alternativ gemessener Erfolge für die am Erfolg beteiligten Teilnehmer - die Eigentümer und den Staat als Zwangsteilhaber - sowie für die Unternehmung als ganzes ausgehen.

Vor diesem Hintergrund will die vorliegende Arbeit klären, welche konkreten quantitativen Änderungen sich durch die diskutierten hypothetischen Steuerbemessungsgrundlagen bei der Steuerbelastung von Unternehmen ergeben würden. Aufbauend auf grundlegenden Kriterien zur Beurteilung von Steuersystemen wird eine Kurzübersicht über die grundsätzlich möglichen Alternativen einer Einkommensbesteuerung und die dabei auftauchenden Grundfragen gegeben. Nach der Skizzierung möglicher Konzepte der Steuerbelastungsmessung und der Vorstellung des eigenen Meßkonzepts folgt der Aufbau des der späteren quantitativen Analyse zugrundegelegten Unternehmensmodells. Entwickelt wird eine Modellstruktur mit den zentralen Einzelkomponenten Laufzeit, inhaltliche Dimension, berücksichtigte Einzelaktivitäten, Einbeziehung der Besteuerung und Bestimmung der Zielgröße. Die Modellstruktur und ihre EDV-technische Umsetzung werden im Anhang ausführlich und nachvollziehbar dokumentiert. Die modellmäßig durchgeführten Steuerbelastungsrechnungen liefern eine Fülle neuer und bemerkenswerter Einsichten. Hervorgehoben sei hier nur, daß mit Ausnahme des realwirtschaftlichen Cash-Flow-Steuersystems und der zinskorrigierten Bilanz die Totalerfolge nominell übereinstimmen und Unterschiede somit "lediglich" im Ausweis der Periodengewinne auftreten. Dieser Unterschied im zeitlichen Ausweis der Periodengewinne nimmt Einfluß auf den zeitlichen Anfall der Steuerzahlungen und die möglichen Ausschüttungen an die Eigentümer und damit auf deren Konsumniveau.

Die Einsicht, daß die zu erwartenden Steuerbelastungsunterschiede zwischen heutiger Steuerbilanz und möglichen Cash-Flow-Systemen weit weniger gravierend sind, als bisher vermutet oder befürchtet wurde, relativiert die bisher gegen die Einführung einer unter Effizienz- und Vereinfachungsgesichtspunkten überlegenen Cash-Flow-Besteuerung und ist geeignet, den Weg für eine grundlegende Reform der Unternehmensbesteuerung zu ebnen.

Bayreuth, im November 1993 Jochen Sigloch

Inhaltsverzeichnis

Einführung

I. Problemstellung

Die Besteuerung des Einkommens stellt heutzutage in der Bundesrepublik Deutschland eine wesentliche Säule der Staatseinnahmen dar. Veranlagte Einkommensteuer, Lohnsteuer, Kapitalertragsteuer und Körperschaftsteuer erbrachten im Jahr 1990 ein Steueraufkommen von 255 Mrd. DM. Dieser Betrag repräsentiert über 46 % der gesamten Steuereinnahmen.[1]

Auch für die Steuerpflichtigen ist die Einkommensbesteuerung ein wichtiger Faktor. Zunächst müssen die Bürger - spiegelbildlich zu den Einnahmen des Staates - Steuerzahlungen leisten. Weitere Kosten entstehen ihnen durch Mitwirkungspflichten im Rahmen des Steuererhebungsverfahrens. Ferner schädigt die Einkommensbesteuerung das Wirtschaftsgeschehen, da sie - über ein unvermeidbares oder gewolltes Maß hinaus - in Entscheidungen eingreift. Solche Neutralitätsverletzungen können offenkundig oder eher verdeckt sein.[2] Die daraus resultierenden Zerrwirkungen bewirken Wohlfahrtsverluste, die letztlich von der Gesamtheit aller Bürger getragen werden müssen.

Es ist deshalb nicht verwunderlich, daß schon stets nach Verbesserungsmöglichkeiten der Besteuerung gesucht wurde.[3] Speziell in den letzten Jahren nahm die Kritik an der Einkommensbesteuerung an Stärke zu.[4] Diese Kritik bezieht sich in ganz besonderem Maße auf den Bereich der *Kapital*einkommensbesteuerung. Einerseits treten nämlich bei der Besteuerung von Kapitalerträgen die größten theoretischen und praktischen Probleme auf, andererseits nimmt die Bedeutung des Kapitaleinkommens im Vergleich zum Arbeitseinkommen in hochentwickelten Volkswirtschaften ständig zu.[5] Zur Unterstützung der reinen Arbeitsleistung des Menschen wird heute der Einsatz von technischen Hilfsmitteln und Know-how immer wichtiger. Investitionen in materielle und immaterielle Werte sind für den Erhalt und die

---

1 Vgl. SZ vom 23.5.91, S. 23. Die Zahl bezieht sich auf die alten Bundesländer.

2 Vgl. hierzu genauer Sigloch, J., Verzerrende Wirkungen (StuW 1990), S. 229 ff.

3 Vgl. Musgrave, R. A., Wahl der "richtigen" Steuerbemessungsgrundlage, in: Rose, M. (Hrsg.), Konsumorientierte Neuordnung des Steuersystems (1991), S. 35 ff.

4 Vgl. beispielhaft Sigloch, J., Abschreibungsfreiheit, in: Schneider, D., Kapitalmarkt (1987), S. 170 ff.; Rose, M., Plädoyer (HB vom 4.7.89), S. 6; Sinn, H.-W., Replik (Wirtschaftsdienst 1989/III), S. 159 ff.; Wagner, F., Leistungsfähigkeit, in: Hax, H./Kern, W./Schröder, H.-H. (Hrsg.), Zeitaspekte in betriebswirtschaftlicher Theorie und Praxis (1989), S. 266 ff.; Musgrave, R. A., Wahl der "richtigen" Steuerbemessungsgrundlage, in: Rose, M. (Hrsg.), Konsumorientierte Neuordnung des Steuersystems (1991), S. 40 ff.; Frankfurter Institut für wirtschaftspolitische Forschung, Reform der Unternehmensbesteuerung (Argumente zur Wirtschaftpolitik Nr. 33, 1990), S. 1 ff.; Grass, R.-D., Umbau angebracht (WiWo vom 4.8.1989), S. 55 f.; Rose, M., Strategisch (be)steuern (WiWo vom 23.2.1990), S. 81 f.

5 Vgl. o.V., Vermögenseinkommen gewinnen Gewicht (vub 4/1991), S. 7.

Schaffung von Arbeitsplätzen notwendig. Der Besteuerung kommt für die Durchführung solcher Investitionen eine wichtige Rolle zu.[6]

Mögliche Reformen der Kapitaleinkommensbesteuerung können an den drei Schlüsselelementen eines jeden Steuersystems ansetzen:[7]

a) Der Frage nach dem *Steuersubjekt*: Wessen Leistungsfähigkeit soll besteuert werden?

b) Der Frage nach der *Bemessungsgrundlage*: Welche quantitativ bestimmbare Maßgröße soll der Besteuerung zugrunde gelegt werden?

c) Der Frage nach dem *Steuertarif*: Welcher Steuerbetrag soll für verschiedene Ausprägungen der Bemessungsgrundlage erhoben werden?

Innerhalb dieser drei Elemente jedweden Steuersystems ist insbesondere die Diskussion über die zweckmäßige Ausgestaltung der Bemessungsgrundlage in letzter Zeit entscheidend wiederbelebt worden. Diese Diskussion findet nicht zuletzt aufgrund ihrer hohen Komplexität zwar fast ausschließlich in Fachkreisen, insbesondere in der Wissenschaft, und damit von der Öffentlichkeit weitgehend unbemerkt statt. Allerdings wurden im Rahmen der Suche nach alternativen Ausgestaltungen des Steuersystems gerade bei der Steuerbemessungsgrundlage die radikalsten Reformvorschläge gemacht.

Traditionell wird das Kapitaleinkommen bei Unternehmungen durch einen bilanziellen (Einzel-)Vermögensvergleich - korrigiert um Einlagen und Entnahmen - ermittelt.[8] Der Vermögensvergleich beruht zwar letzten Endes auf Zahlungsüberschüssen, diese werden jedoch für die Gewinnermittlung anhand gewisser Regeln stark umperiodisiert. Zeitliche Verschiebungen im Verhältnis zur Zahlung zeigen sich bei allen Bilanzpositionen - mit der Ausnahme von Geldbeständen -, sie treten jedoch am augenscheinlichsten auf bei

- Sachanlageinvestitionen (Abschreibungen als Aufwandsnachverrechnung) und

- Rückstellungen (Rückstellungsbildung als Aufwandsvorverrechnung).

Gerade die konkrete Festlegung des Ausmaßes dieser Zahlungs-Umperiodisierung bereitet bei der bilanziellen Gewinnermittlung erhebliche und auch grundsätzlich unvermeidbare Probleme.

---

6 Daneben wird z.B. der internationale Standortwettbewerb noch von vielen anderen Gesichtspunkten wie Infrastruktur, Arbeitsmarkt, sozialer Friede, Strukturwandel, Soziallasten usw. beeinflußt. Vgl. Frankfurter Institut für wirtschaftspolitische Forschung, Arbeitsplatz Bundesrepublik (Argumente zur Wirtschaftspolitik Nr. 19, 1988), S. 1 ff.

7 Vgl. Schneider, D., Steuerbilanzen (1978), S. 24 f.

8 Vgl. z.B. § 4 I S. 1 EStG: "Gewinn ist der Unterschiedsbetrag zwischen dem Betriebsvermögen am Schluß des Wirtschaftsjahrs und dem Betriebsvermögen am Schluß des vorangegangenen Wirtschaftsjahrs, vermehrt um den Wert der Einlagen und vermindert um den Wert der Entnahmen."

Neuere Vorschläge zur Bestimmung der Steuerbemessungsgrundlage sind insbesondere unter dem Schlagwort der sogenannten "Cash-Flow-Besteuerung" bekannt geworden. Sie versuchen im Gegensatz zum Einzelvermögensvergleich auf eben solche künstlichen Verrechnungen zu verzichten. Bemessungsgrundlage ist unmittelbar ein bestimmter Zahlungsüberschuß. Der Vermögensvergleich wird somit auf einen bloßen Kassenbestandsvergleich reduziert. Es lassen sich dabei verschiedene Varianten der Cash-Flow-Besteuerung unterscheiden, die auf unterschiedlichen Zahlungssalden aufbauen.[9] Neben reinen Cash-Flow-Bemessungsgrundlagen werden ferner Mischsysteme vorgeschlagen, die auch bilanzielle Komponenten beinhalten.[10] Außerdem hat die Cash-Flow-Diskussion die schon seit geraumer Zeit bestehenden Bestrebungen verstärkt, den Einzelvermögensvergleich durch Verzicht auf das Nominalwertprinzip zu erneuern.[11] Das gemeinsame Kennzeichen aller Reformvorschläge besteht darin, daß sie den Einkommensbegriff zwar formell beibehalten, ihn materiell jedoch in Richtung Konsumbesteuerung abwandeln.[12]

Bislang ist allerdings noch weitgehend ungeklärt, welche konkreten quantitativen Änderungen bei der Steuerbelastung von Unternehmen sich durch solche hypothetischen Reformen der Steuerbemessungsgrundlage ergeben würden. Erst eine Beantwortung dieser wichtigen Frage - durch nachvollziehbare Belastungsprognosen für realistische Fälle - kann die lähmende Ungewißheit überwinden, die zur Zeit die vielfach für wünschenswert gehaltenen[13] Reformen blockiert.

---

9 Die sog. "R+F-Base" geht von den gleichen Zahlungen wie der traditionelle Vermögensvergleich aus. Sie umfaßt alle Zahlungen der Unternehmung mit Ausnahme von Einlagen und Entnahmen. Vgl. Meade, J. E., Reform of Direct Taxation (1978), insbesondere S. 233. Hingegen schränkt die sog. "R-Base" den Bereich der betrachteten Zahlungen auf den "realwirtschaftlichen" Bereich der Unternehmung ein. Vgl. Brown, C., Business Income Taxation, in: Hansen, A. H. (Hrsg.), Income, Employment and Public Policy (1948), S. 300 ff.; Meade, J. E., Reform of Direct Taxation (1978), insbesondere S. 230 ff. Das Spiegelbild zur R+F-Base stellt die sog. "S-Base" dar, da sie gerade nur auf den Einlagen und Entnahmen beruht. Allerdings ist der Zahlungssaldo hier mit einem umgekehrten Vorzeichen versehen, d.h. ein Überschuß der Auszahlungen (i.e. Entnahmen) über die Einzahlungen (i.e. Einlagen) der Unternehmung bedeutet das Vorliegen von Leistungsfähigkeit. Vgl. Meade, J. E., Reform of Direct Taxation (1978), insbesondere S. 233 f.

10 Vgl. Sinn, H.-W., Systeme, in: Bös, D./Rose, M./ Seidl, C. (Hrsg.), Beiträge zur neueren Steuertheorie (1984), S. 209 ff. Auch die Gewinnermittlung nach § 4 III EStG stellt eine Mischform zwischen Bilanzierung und reiner Zahlungsrechnung dar.

11 Vgl. Wenger, E., Periodisierungsregeln I (ZfB 1985), S. 715 ff.

12 Vgl. Rose, M., Konsumbasiertes Steuersystem, in: Rose, M. (Hrsg.), Konsumorientierte Neuordnung des Steuersystems (1991), S. 10 f.; McLure, C./Zodrow, G., Administrative Vorteile, in: Rose, M. (Hrsg.), Konsumorientierte Neuordnung des Steuersystems (1991), S. 120.

13 Vgl. anstelle vieler Sigloch, J., Abschreibungsfreiheit, in: Schneider, D., Kapitalmarkt (1987), S. 170 ff. und Rose, M., Plädoyer (HB vom 4.7.89), S. 6.

II. Zielsetzung

In der beschriebenen Situation hat es sich die vorliegende Arbeit zum Ziel gesetzt, die Ertragssteuerbelastung von Unternehmen

- für heute in der Bundesrepublik Deutschland Anwendung findende Ausprägungen der Bemessungsgrundlage (Steuerbilanz gemäß § 4 I EStG oder § 5 EStG; Überschuß der Betriebseinnahmen über die Betriebsausgaben gemäß § 4 III EStG) sowie
- für die Bemessungsgrundlagen ausgewählter Reformvorschläge

zu ermitteln, zu vergleichen sowie zu analysieren.

In Rahmen dieser Aufgabenstellung lassen sich mehrere Teilbereiche unterscheiden:

(1) Ausgangspunkt der Untersuchung bildet die Fragestellung, welcher langfristigen (über die Jahre hinweg aggregierten) Steuerbelastung die Unternehmen bei den verschiedenen Steuersystemen unterliegen würden. Hieraus läßt sich unmittelbar ableiten, welche Belastungsänderungen bestimmte Reformschritte gegebenenfalls nach sich ziehen.
Dazu ist ein als typisch erachtetes Durchschnittsunternehmen fiktiv den alternativen Steuerrechtsetzungen zu unterwerfen. Das Modellunternehmen soll so gestaltet werden, daß es in Hinblick auf Struktur und Ergebnis der wirtschaftlichen Aktivitäten (Vermögensbestände, Finanzierungsarten, Erfolgslage, einzelne Aufwands- und Ertragskomponenten) einem "durchschnittlichen" Unternehmen der Realität möglichst nahe kommt.

(2) Im Anschluß daran soll untersucht werden, ob bzw. inwieweit die anhand dieser Datenkonstellation gewonnenen Ergebnisse verallgemeinert werden können. Ist eine Verallgemeinerung nicht möglich, so wären folglich bestimmte "Unternehmenstypen" mehr oder weniger von Senkungen oder Erhöhungen in der Steuerbelastung betroffen. Mithin kann die Frage auch anders formuliert werden: Gäbe es - unabhängig von grundsätzlichen Veränderungen des Niveaus der Steuerbelastung - auch *relative* Gewinner oder Verlierer einer Bemessungsgrundlagenreform?
Vollständig allgemeingültige Aussagen zur Steuerbelastung lassen sich nur durch theoretische Vergleiche erzielen, in denen die systematische Äquivalenz zweier Steuersysteme nachgeprüft wird. Allerdings können solche Vergleiche im Fall von Abweichungen (Nicht-Äquivalenz) kaum etwas über die zahlenmäßige Bedeutung der Unterschiede aussagen. Diese Belastungsdifferenzen stellen jedoch gerade den Kernpunkt der vorliegenden Arbeit dar.
Als Lösung des Dilemmas bietet sich die Methode der Sensitivitätsanalyse an. Die Berechnungen für das Durchschnittsunternehmen sollen um verschiedene Varianten von "Unternehmenstypen" ergänzt werden. Durch Analyse der Ergebnisse kann abgeschätzt werden, inwieweit die Resultate gegenüber Datenänderungen stabil sind oder ob sie lediglich eine Folge der speziellen Verhältnisse darstellen.

(3) In einem weiteren Schritt sollen auch die zugrundeliegenden Ursachen näher beleuchtet werden.
Da die über mehrere Jahre aggregierte Steuerbelastung letztendlich auf den Steuerzahlungen der einzelnen Jahre basiert, kann eine Analyse des zeitlichen

Verlaufs der Steuerzahlungen bzw. des korrespondierenden Verlaufs der Bemessungsgrundlage wertvolle Erkenntnisse liefern.
Sie ermöglicht z.B. zu untersuchen, wie sich ursprünglich "bloße" Umperiodisierungen des Totalgewinns auf die Steuerbelastung auswirken oder wie identische Gesamtbelastungen entstehen, obwohl die zeitliche Verteilung der Steuerzahlungen stark voneinander abweicht.

Als Hauptziele dieser Untersuchung lassen sich somit die Ermittlung, der Vergleich sowie die weitergehende Analyse der Steuerbelastung von Unternehmen für verschiedene Bemessungsgrundlagen festhalten. Notwendige Grundlagen hierzu stellen

- eine Systematisierung prinzipieller Möglichkeiten der Erfolgsmessung sowie
- ein Überblick zu grundsätzlichen Problemen von Steuerbelastungsmessungen

dar.

III. Gang der Untersuchung

Die vorliegende Untersuchung gliedert sich in fünf Hauptteile, die von einer Zusammenfassung und einem Ausblick abgeschlossen werden.

Der *Erste Teil* der Arbeit ("Grundlegung") vertieft zunächst noch einmal das Problem der Beurteilung verschiedener Steuersysteme. Hierzu können verschiedene Kriterien herangezogen werden, von denen die sog. "Besteuerung nach der Leistungsfähigkeit" (Gleichmäßigkeit der Steuerbelastung) nur eines darstellt. Eine Analyse des gegenwärtigen Meinungsstandes zeigt, daß die Untersuchung der Steuerbelastung das noch letzte fehlende Glied für die rationale Auswahl einer sinnvoll ausgestalteten Ertragssteuerbemessungsgrundlage bildet.
Danach folgt eine nähere Definition des Begriffs "Unternehmen" mit dem Ziel, eine problemadäquate Eingrenzung des Untersuchungsrahmens zu erreichen.
Anschließend wird geklärt, welche grundsätzlichen Aktivitäten das Unternehmensgeschehen bestimmen. Es handelt sich hierbei um Überlegungen, die als Grundlage sowohl für die spätere Systematisierung verschiedener Bemessungsgrundlagen als auch für die Bildung eines Modells zur konkreten Steuerbelastungsmessung dienen.

Vor diesem Hintergrund behandelt der *Zweite Teil* ("Steuerliche Alternativen der Erfolgsmessung") die verschiedenen Möglichkeiten der Kapitaleinkommensbesteuerung.
Als erstes werden gewisse Grundsatzfestlegungen zu Steuersubjekt und Steuertarif getroffen - zwei Bereichen des Steuersystems, die zwar nicht im Mittelpunkt der Untersuchung stehen, ohne die jedoch keine Besteuerung durchgeführt werden kann.
Daraufhin wird ausführlich auf mögliche Bemessungsgrundlagen eingegangen. Bestimmte Kombinationen davon sind Gegenstand der wissenschaftlichen Diskussion. Eine Auswahl der wohl wichtigsten Vorschläge soll im weiteren Verlauf der Arbeit untersucht werden.

Der *Dritte Teil* ("Konzeption der Steuerbelastungsmessung") beschäftigt sich mit der Frage, wie ein zielentsprechender Steuerbelastungsvergleich aussehen kann. Belastungsvergleiche lassen sich unter vielerlei Annahmen und Rahmenbedingungen durchführen, so daß zunächst eine kurze Charakterisierung bislang durchgeführter Untersuchungen geboten erscheint.
Im Anschluß daran wird Schritt für Schritt die in der vorliegenden Arbeit gewählte Konzeption abgeleitet. Besondere Bedeutung besitzt insbesondere die Frage, ob bei einer Reformierung der Bemessungsgrundlage auch gravierende Anpassungsreaktionen der Wirtschaftssubjekte erfolgen. Hierbei geht es vor allem um mögliche Veränderungen des Zinsniveaus. Da diese Entscheidung sehr problematisch ist, soll die Untersuchung mit zwei alternativen Zinshypothesen durchgeführt werden.

Da - aufgrund der gewonnen Erkenntnisse - die Belastungsrechnung mit Hilfe eines Modells erfolgt, widmet sich der *Vierte Teil* ("Aufbau des Unternehmensmodells") der Modellerstellung.
Zuerst müssen Entscheidungen zur Modellstruktur getroffen werden. Ausgehend von der Überlegung "so einfach wie möglich, so kompliziert wie nötig" wird ein Vorschlag erstellt, der alle wesentlichen wirtschaftlichen Aktivitäten eines Unternehmens beinhaltet und gleichzeitig auch die Simulation einer Vielzahl von Steuersystemen erlaubt. Hierbei beschränkt sich die Darstellung auf die Schilderung der grundsätzlichen Konzeption. Einzelheiten können im Bedarfsfall der umfassenden Dokumentation des Modells im Anhang entnommen werden.
Nachdem die Modellogik festgelegt wurde, müssen die Modelldaten generiert werden. Da zur wirtschaftlichen Aktivität keine Primärdaten in geeigneter Form vorhanden sind, ist es nicht möglich, die Modellparameter unmittelbar zu übernehmen. Die Ableitung von Sekundärdaten kann nur unter Setzung bestimmter hypothetischer Annahmen durchgeführt werden. Jeweils in Anschluß an allgemeine Erwägungen erfolgt die konkrete Parameterbestimmung für verschiedene Steuersysteme, den Unternehmensdurchschnittsfall, die anderen, zur Sensitivitätsanalyse benötigten Unternehmenstypen, sowie die beiden Zinshypothesen.

Der *Fünfte Teil* ("Ermittlung, Vergleich und Analyse der Steuerbelastung") führt die bisherigen Arbeitsschritte zusammen. Es erfolgt nochmals eine kurze Gegenüberstellung der Alternativen, für die eine Belastungsrechnung durchgeführt werden soll. Dann werden die Daten eingesetzt und die Ergebnisse ermittelt. Hieran schließt sich die Untersuchung und Interpretation der Ergebnisse an.

Eine kurze Zusammenfassung sowie ein Ausblick runden die Arbeit ab.

Erster Teil: Grundlegung

I. Kriterien zur Beurteilung von Steuersystemen

Reformen bedeuten stets eine Abkehr vom bislang gewohnt und vertraut Gewordenen und verursachen daher organisatorische Umstellungsprobleme sowie Kosten. Es sollten gute Gründe vorliegen, die langfristig eine (Über-)Kompensation dieser Nachteile erwarten lassen.

Deshalb wird im folgenden die eingangs erwähnte Kritik an der Einkommensbesteuerung nochmals aufgegriffen. Es stellt sich die Frage, warum Cash-Flow-Steuern einer traditionellen bilanziellen Gewinnermittlung vorzuziehen sind. Zur Überprüfung können verschiedene Kriterien(-gruppen) herangezogen werden.[14] Diese lassen sich mit den Schlagworten "equity, efficiency, and simplicity"[15] beschreiben.

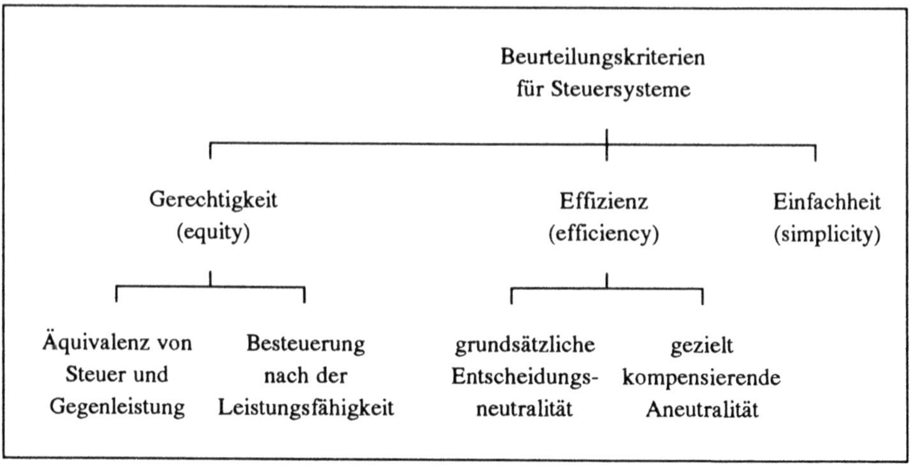

Abb. 1: Anforderungen an Steuersysteme

Unter Zugrundelegung der drei Kriteriengruppen ist die Kontroverse "Bilanz versus Cash-Flow" unterschiedlich weit gediehen. Zunächst sollen die klarsten Ergebnisse herausgestellt werden. Diese wurden im Bereich der Effizienz gewonnen. Anschließend soll auf den Meinungsstand in bezug auf Einfachheit und Gerechtigkeit eingegangen werden.

---

14 Vgl. Musgrave, R. A./Musgrave, P. B./Kullmer, L., Öffentliche Finanzen (1988), Bd. 2, S. 8 f.

15 Bradford, D. F., Issues, in: Hulten, C. R. (Hrsg.), Taxation of Income from Capital (1981), S. 16.

A. Effizienz

Bevor man den wirtschaftlichen "Kuchen" verteilen kann, muß er "gebacken" werden. Wesentlich für den Wohlstand eines Landes ist eine optimale Allokation der Produktionsfaktoren auf konkurrierende Verwendungszwecke ("efficiency"). Dadurch wird erst eine möglichst große Grundlage für die spätere Umverteilung geschaffen.

In einer Wirtschaft ohne Staat kommt unter gewissen idealisierenden Bedingungen eine effiziente Faktorallokation zustande.[16] Diese Bedingungen sind in der Realität zwar nicht erfüllt. Geht man aber davon aus, daß es kein "allwissendes Staatswesen" gibt, dem Ausmaß und Richtung von Störungen per se bekannt sind, so folgt daraus die grundsätzliche Forderung nach einer möglichst entscheidungsneutralen Besteuerung.[17] Eine völlige Neutralität der Besteuerung bei allen Entscheidungen ist zwar Utopie, es lassen sich aber nach dem Ausmaß der Beeinflussung zumindest verschiedene *Grade* der Aneutralität unterscheiden.[18]

Im Hinblick auf das Effizienzkriterium ist die Diskussion praktisch schon entschieden. Zahlreiche, insbesondere von Volkswirten durchgeführte Untersuchungen haben die schädlichen Allokationsverzerrungen der gegenwärtigen Einkommens-Bemessungsgrundlage(n) gegenüber Cash-Flow-Konzepten klar aufgezeigt.[19] Die heutige Kapitaleinkommensbesteuerung wirkt nicht entscheidungsneutral. So hat selbst eine theoretisch ideale Einkommenssteuer gegenüber einer direkten oder indirekten Konsumsteuer den Nachteil, daß volkswirtschaftlich sinnvolle Investitionen unterbleiben, weil sie sich im einzelwirtschaftlichen Entscheidungskalkül nicht lohnen. Der Kapitalstock der Volkswirtschaft bleibt deshalb zu klein. Noch ungünstiger ist eine praktische Einkommensbesteuerung, die sich nicht auf die Ertragswertab-

---

16 Dies sind "funktionierende und vollkommene Kapitalmärkte, rational handelnde Wirtschaftssubjekte, die über vollkommene Informationen verfügen und auf Wettbewerbsmärkten miteinander Verträge abschließen." (Hornbach, H., Kapitalallokation (1987), S. 4) Vgl. auch Sinn, H.-W., Systeme, in: Bös, D./Rose, M./ Seidl, C. (Hrsg.), Beiträge zur neueren Steuertheorie (1984), S. 209.

17 Ist aus irgendwelchen Gründen bekannt oder wird vermutet, daß Bedingungen vorliegen, die in einer Welt ohne Steuern gerade keine effiziente Allokation bewirken würden, so kann man versuchen, durch bewußte steuerliche Eingriffe gegenzulenken. Die Besteuerung soll dann Verhaltensänderungen in die "korrekte" Richtung herbeiführen (gezielte Aneutralität). Allokationsstörungen treten insbesondere beim Vorliegen gravierender negativer und positiver externer Effekte auf. Am bekanntesten dürfte die kürzlich aufgelebte Diskussion über die sog. "Ökosteuern" sein. Mit solchen Steuern sollen Kosten der Umweltverschmutzung, die zwar gesamtwirtschaftlich auftreten, die aber im Normalfall einzelwirtschaftlich nicht getragen werden müssen, in den Marktprozeß internalisiert werden. Durch solche bewußten steuerlichen Eingriffe kann die Effizienz sogar gesteigert und somit der gesamtwirtschaftliche Wohlstand vermehrt werden.

18 Vgl. Elschen, R./Hüchtebrock, M., Steuerneutralität (FA 1983), S. 257 f.

19 Vgl. Cansier, D., Neue Wege?, (Wirtschaftsdienst 1989/I), S. 51; Wagner, F., Leistungsfähigkeit, in: Hax, H./Kern, W./Schröder, H.-H. (Hrsg.), Zeitaspekte in betriebswirtschaftlicher Theorie und Praxis (1989), S. 269; Sinn, H.-W., Replik, (Wirtschaftsdienst 1989/III), S. 160 ff.; Sinn, H.-W., Antwort auf die Antwort, (Wirtschaftsdienst 1989/V), S. 256.

schreibung stützen kann, sondern nur rechtssicher bestimmbare, dafür aber mehr oder weniger willkürliche Abschreibungsverläufe bzw. andere Verrechnungsregeln[20] vorgibt. Bestimmte Investitionen werden *relativ* begünstigt oder benachteiligt. Deshalb ist auch noch die Zusammensetzung des bestehenden Kapitalstocks an Investitionen verzerrt. Er erreicht lediglich die Wirkung eines kleineren, aber optimal strukturierten Kapitalbestandes. Die Differenz bildet den Wohlfahrtsverlust des Landes.

B. Einfachheit

Abgesehen von seiner Effizienz sollte das Steuersystem möglichst einfach sein ("simplicity"). Ziel dieses Kriteriums ist es, die Kosten der Steuererhebung niedrig zu halten. Hierbei handelt es sich um Kosten für den Erwerb und die Aktualisierung des steuerlichen Wissens, Kosten in Verbindung mit Mitwirkungspflichten, eventuell Steuerplanungskosten, die eigentlichen Deklarationskosten, Kosten von Rechtsstreitigkeiten und Kontrollkosten, die teils beim Steuerpflichtigen und teils bei der Finanzverwaltung anfallen. In einem einfachen Steuersystem geht beim "Kuchenumverteilen" relativ wenig verloren. Die von den leistungsfähigen Bürgern abzugebenden Stücke können mithin kleiner sein bzw. die zu unterstützenden Bürger erhalten mehr.

Die Einkommensermittlung über einen Einzelvermögensvergleich wirft eine Fülle praktischer Probleme auf. Diese beruhen auf den beiden Hauptfragen,[21]

- was als bilanzierungsfähiges positives oder negatives Wirtschaftsgut in die Vermögensrechnung aufzunehmen ist (Bilanzierung dem Grunde nach) und
- wie diese Positionen zu bewerten sind (Bilanzierung der Höhe nach).

Schätzprobleme und Ermessensspielräume sind hierbei systembedingt und lassen sich nicht vermeiden.[22] Die Vielzahl von Einzelregeln ist überdies so unübersichtlich und verwirrend geworden, daß eine geringe Steuerbelastung oft nur durch qualifizierte externe Berater erreicht werden kann. Es wird viel unternehmerische Zeit und Tatkraft durch die Konstruktion von Steuergestaltungen gebunden. Außerdem verführen dubiose und für den Laien schwer durchschaubare "Steuersparkonstruktio-

---

20 Z.B. Regeln zum Verbrauch von eingekauften Roh-, Hilfs- und Betriebsstoffen (Material) und zur Weiterverrechnung in die Herstellungskosten von unfertigen und fertigen Erzeugnissen.

21 Vgl. Sigloch, J., Externe Rechnungslegung, in: Westermann, H./Scherpf, P./Sigloch, J./Paulik, H./Crezelius, G./Hackbeil, W. (Hrsg.), Handbuch der Personengesellschaften (1967/91), Bd. 1, Rn. 279.

22 Vgl. Sigloch, J., Externe Rechnungslegung, in: Westermann, H./Scherpf, P./Sigloch, J./Paulik, H./Crezelius, G./Hackbeil, W. (Hrsg.), Handbuch der Personengesellschaften (1967/91), Bd. 1, Rn. 281.

nen" Investoren oft zu irrationalen Anlagen. Nutznießer sind nicht selten allein die diese Projekte anbietenden und vermittelnden Personenkreise.[23]

Die Cash-Flow-Bemessungsgrundlagen scheinen demgegenüber auch viele praktische Probleme hinfällig zu machen und so zu einer deutlichen Vereinfachung beizutragen.[24] Allerdings lassen sich verschiedene Schwachpunkte auch nicht beseitigen, da auf Vermögensbewertungen nicht völlig verzichtet werden kann (z.B. bei Sacheinlagen und Sachentnahmen, zur Aufdeckung von verdeckten Gewinnausschüttungen). Zudem besteht die grundsätzliche Gefahr, daß die Tragweite von eventuell neu hinzukommenden Problemen im voraus noch nicht richtig eingeschätzt wird.[25]

C. Gerechtigkeit

Der sicherlich am meisten umstrittene Grundsatz ist die Gerechtigkeit der Besteuerung ("equity"). "Gerechtigkeit" kann grundsätzlich auf zweierlei Arten[26] interpretiert werden: als "fairer" Leistungsaustausch Staat - Steuerzahler (Äquivalenztheorie[27]) sowie als Besteuerung nach Maßgabe der Leistungsfähigkeit (Opfertheorie[28]).

Eine Steuerbegründung mit Hilfe der Äquivalenztheorie erfolgt nur in kleinen Teilbereichen,[29] wie z.B. bei der Gewerbe-[30] oder Kraftfahrzeugsteuer, hingegen nicht für die Einkommensbesteuerung im allgemeinen. Im Mittelpunkt der Betrachtung befindet sich ein bestimmter Leistungsaustausch zwischen dem Steuerpflichtigen und dem Staat. Es besteht ein mehr oder weniger enger Zusammenhang zwischen einer bestimmten Staatsleistung[31] und der dafür im Gegenzug zu entrichtenden Steuer-

---

23 Vgl. Sigloch, J., Steuersparen (1984), S. 110 f.; Sigloch, J., Steuerbegünstigte Kapitalanlagen, in: Wossidlo, P./Freter, H./Schmidt, K. G./Sigloch, J. (Hrsg.), Mittelstand und Betriebswirtschaft, Band 3, 1983, S. 113 ff.

24 Vgl. Cansier, D., Ersatz der Gewerbesteuer (BB 1990), S. 254; McLure, C./Zodrow, G., Administrative Vorteile, in: Rose, M. (Hrsg.), Konsumorientierte Neuordnung des Steuersystems (1991), S. 119 f., S. 146; Wagner, F., Leistungsfähigkeit, in: Hax, H./Kern, W./Schröder, H.-H. (Hrsg.), Zeitaspekte in betriebswirtschaftlicher Theorie und Praxis (1988), S. 272; Richter, W./Wiegard, W., Cash-Flow Steuern (StuW 1990), S. 43 f.

25 Vgl. Feldhoff, M., Problematik (StuW 1989), S. 63.

26 Vgl. Zimmermann, H./Henke, K.-D., Finanzwissenschaft (1990), S. 125 ff.; Schneider, D., Unternehmensbesteuerung (1990), S. 79.

27 Vgl. Tipke, K./Lang, J., Steuerrecht (1991), S. 57 f.; Zimmermann, H./Henke, K.-D., Finanzwissenschaft (1990), S. 125 ff.

28 Vgl. Zimmermann, H./Henke, K.-D., Finanzwissenschaft (1990), S. 132 und S. 136 ff.; Schneider, D., Unternehmensbesteuerung (1990), S. 80.

29 Vgl. Musgrave, R. A./Musgrave, P. B./Kullmer, L., Öffentliche Finanzen (1988), Bd. 2, S. 17.

30 Vgl. Cansier, D., Ersatz der Gewerbesteuer (BB 1990), S. 253.

31 Z.B. gebaute Straßen und sonstige Infrastruktur.

"Leistung".[32] Der Staat dient quasi als Ersatz-Geschäftspartner[33] in Bereichen, in denen sich die Art der erzeugten Güter und Leistungen nicht oder nur schwerlich für private Angebote eignet.[34] Meines Erachtens ist es aber nicht angebracht, hier von "Steuern" zu sprechen, da deren Merkmal gerade im Fehlen eines Gegenleistungsgedankens liegt.[35] "Beiträge" oder "Gebühren" wären bessere Bezeichnungen für solche Zwangsabgaben.

Über das Äquivalenzprinzip hinaus soll und muß jedoch häufig eine Umverteilung der Wirtschaftskraft zwischen verschiedenen Personen stattfinden. Diese Umverteilung findet zum einen auf der Seite der Staatsausgaben statt. Hier lassen sich unmittelbare monetäre Transfers[36] sowie die Gewährung kostenloser oder verbilligter Staatsleistungen[37] nennen.

Eine wichtige Rolle bei der Umverteilung spielt auch die Aufteilung der zur Finanzierung der Staatsausgaben notwendigen Steuern auf die einzelnen Bürger. "Gerechtigkeit" bedeutet in diesem Zusammenhang die Ausrichtung der Steuerhöhe nach dem Grad der ökonomischen Leistungsfähigkeit.[38] Der Leistungs-Gegenleistungs-Gedanke fehlt hier völlig; die Steuer ist ein Opfer, das leistungsfähige Bürger als ihren Beitrag zum Gemeinwesen bringen müssen. Wer wirtschaftlich belastbarer ist, weil er ein größeres "Stück des Kuchens" ergattert hat, kann und soll auch mit mehr Steuern belastet werden.[39] Das Prinzip der Steuergerechtigkeit schließt außerdem weitere, teilweise zusätzlich genannte Unterpunkte mit ein.[40]

Das Schlagwort von der "Besteuerung nach der Leistungsfähigkeit" sagt jedoch nur wenig aus, solange noch nicht konkretisiert wird, was inhaltlich unter Leistungsfähigkeit zu verstehen ist. Hierzu lassen sich durchaus verschiedene Meinungen ver-

---

32 Vgl. Zimmermann, H./Henke, K.-D., Finanzwissenschaft (1990), S. 126.

33 Vgl. Schneider, D., Unternehmensbesteuerung (1990), S. 79.

34 Vgl. Tipke, K./Lang, J., Steuerrecht (1991), S. 57.

35 Vgl. § 3 I AO: "Steuern sind Geldleistungen, die nicht eine Gegenleistung für eine besondere Leistung darstellen ..."

36 Z.B. Sozialhilfe, Kindergeld.

37 Z.B. Schulen, Universitäten, Polizei, Zuschüsse für Theater und die Bayreuther Festspiele. Wie man hieran sieht, orientiert sich die Umverteilung in der Realität nicht unbedingt an der wirtschaftlichen Kraft der Bürger.

38 Vgl. Tipke, K./Lang, J., Steuerrecht (1991), S. 57 ff.

39 Die Frage, *wie sehr* verschieden die Steuerhöhe bei unterschiedlicher Leistungsfähigkeit sein sollte, diskutiert man unter dem Begriff "vertikale Gerechtigkeit". Sie stellt ein Problem der Tarifgestaltung dar und wird deshalb in dieser Arbeit nicht weiter vertieft.

40 Hierbei handelt es sich insbesondere um die "Allgemeinheit" (jeder der leistungsfähig ist, muß Steuern zahlen; es gibt keine Privilegien für Adel, Klerus, Bauern, Abgeordnete etc.), die horizontale "Gleichmäßigkeit" (wer gleich leistungsfähig ist, muß die gleichen Steuern zahlen) und die "Willkürfreiheit" (die Steuer wird auf der Basis intersubjektiv nachprüfbarer Tatsachen und allgemeingültiger Regeln erhoben) der Besteuerung.

treten.[41] Insbesondere der Streit zwischen Vertretern einer umfassenden Einkommens- und einer Konsumkonzeption ist schon alt und bis heute noch nicht geschlichtet.[42] Vermutlich stellt er auch ein grundsätzlich unlösbares Problem dar, da letztendlich "die ... Auseinandersetzung um Maßgrößen steuerlicher Leistungsfähigkeit ... zu mehr oder minder plausiblen Annahmen über die psychische Beschaffenheit der menschlichen Bedürfnisbefriedigung Zuflucht nimmt. Die fachliche oder gesellschaftlich-parlamentarische Anerkennung einer bestimmten Steuerbemessungsgrundlage entspricht nicht der Überzeugungskraft einer formal geschlossenen Interpretation des obersten Besteuerungsprinzips, sondern entpuppt sich ... als *Ergebnis einer mehrheitlich getragenen Normenkonvention*".[43]

Allerdings sollte man die Ergebnisse der theoretischen Diskussion über Steuergerechtigkeit nicht überschätzen. Es ist zu bedenken, daß vermutlich allenfalls Wissenschaftler (relativ) neutral über Gerechtigkeitsideale diskutieren können. In der Praxis steht bei den betroffenen Steuerzahlern und Wählern oft die Furcht vor Änderungen mit ungewissen Folgen im Vordergrund. So wird lieber das vertraute Schlechte beibehalten, statt sich dem fremden Neuen auszuliefern.

Der Widerstand ist wohl umso größer, je weniger über die Folgen von Änderungen des Steuersystems bekannt ist. Hierbei geht es weniger um Kenntnisse der technischen Durchführung. Viel mehr interessiert die Frage, welche Änderungen der einzelwirtschaftlich[44] auftretenden Steuerbelastung im Vergleich zum jetzigen Zustand zu erwarten sind.

Dieser Widerstand gegen eine mögliche Einführung von Cash-Flow-Bemessungsgrundlagen würde in der Praxis weitgehend entschärft, wenn die traditionellen

---

41 Vgl. für einen Spiegel der Meinungen insbesondere Schneider, D., Grundzüge (1990), S. 24 ff. sowie Zimmermann, H./Henke, K.-D., Finanzwissenschaft (1990), S. 133 ff.

42 Vgl. z.B. Fisher, I., Double Taxation (AER 1939), S. 16 ff. Man darf allerdings nicht übersehen, daß die Arbeitseinkommensbesteuerung grundsätzlich eine Konsum- oder Cash-Flow-Besteuerung ist, da sich der Wert des Humanvermögens auch nicht annäherungsweise auf für steuerliche Zwecke praktikable Art ermitteln läßt. Eine Gleichbehandlung von Arbeits- und Kapitaleinkommen würde deshalb eher für die Wahl des Konsums bzw. der Cash-Flow-Besteuerung als Maßstab sprechen.

43 Mitschke, J., Lebenseinkommensbesteuerung (StuW 1980), S. 122 f. (Hervorhebung wie im Original). Vgl. ferner Wenger, E., Gleichmäßigkeit der Besteuerung (FA 1983), S. 210 f., S. 215.

44 Der einzelwirtschaftlichen Sichtweise steht der gesamtwirtschaftliche Blickwinkel gegenüber. Die makroökonomischen Konsequenzen z.B. auf Wirtschaftswachstum, Stabilität, Staatsausgaben und Beschäftigung sollen im Rahmen dieser - betriebswirtschaftlichen - Arbeit ausgespart bleiben. Zu solchen Untersuchungen vgl. z.B. Tolkemit, G., Makroökonomische Konsequenzen, in: Rose, M. (Hrsg.), Konsumorientierte Neuordnung des Steuersystems (1991), S. 261 ff.; Hinterberger, F./Müller, M./Petersen, H.-G., Simulation, in: Rose, M. (Hrsg.), Konsumorientierte Neuordnung des Steuersystems (1991), S. 399 ff.; Sinn, H.-W., Alternativen zur Einkommensteuer, Beihefte der Konjunkturpolitik (1987), Heft 33, S. 25 ff.; Wiegard, W., Einfluß des Steuersystems auf die wirtschaftliche Entwicklung, Beihefte der Konjunkturpolitik (1987), Heft 33, S. 55 ff.; Wenger, E., Wirtschaftswachstum unter dem Einfluß der Besteuerung (FA 1989), S. 182 ff.

Bemessungsgrundlagen und die Cash-Flow-Konzepte *annähernd* zur gleichen Steuerbelastung führten. Das gleiche würde gelten, wenn die Steuerbelastungen zwar nicht gleich wären, aber zumindest in einem näherungsweise konstanten Verhältnis zueinander stünden. Ein systematischer Unterschied könnte dann im Bedarfsfall immer noch auf anderem Weg, z.B. über die Gestaltung des Steuertarifs, berücksichtigt werden.

Der Gesetzgeber könnte sich dann anhand der beiden anderen Kriteriengruppen (Effizienz und Einfachheit) entscheiden, bei denen insgesamt eine klare Überlegenheit der Cash-Flow-Besteuerung nachgewiesen wurde.

Deshalb ist eine verläßliche Prognose der Auswirkungen dieser Steuersysteme auf die Steuerbelastung von Unternehmen erforderlich.

II. Begriff des Unternehmens

Diese Arbeit beschäftigt sich mit dem Einfluß verschiedener Bemessungsgrundlagen auf die Steuerbelastung von Unternehmen. Für die notwendige Abgrenzung des Untersuchungsgegenstands stellen sich zwei Fragen:

(1) Was ist grundsätzlich unter dem Begriff des "Unternehmens" zu verstehen?

(2) Welche Einschränkungen auf eine Teilmenge davon sind gegebenenfalls zu machen?

Die möglichen Interpretationen des Unternehmensbegriffs sind sehr breit gefächert. Sie reichen von engen, rechtsform- und institutionenbezogenen Abgrenzungen bis hin zu weiten, an den Motiven des Investors ausgerichteten Definitionen. Es erscheint eine Festlegung geboten, die sich *an der Zielsetzung der Arbeit* orientiert.

A. Unternehmen - Unternehmung

Kapitaleinkommen wird - ganz allgemein gesprochen - durch Investitionen geschaffen. Eine Investition liegt vor, wenn eine Person (Investor) heute Kapital für einen bestimmten Zweck zur Verfügung stellt in der Erwartung oder Hoffnung, hierfür später umso höhere Rückflüsse zu erhalten. Eine (reine) Investition beginnt mit Auszahlungen und schafft spätere Einzahlungen.[45]

---

45 Vgl. Schneider, D., Investition, Finanzierung und Besteuerung (1990), S. 26.

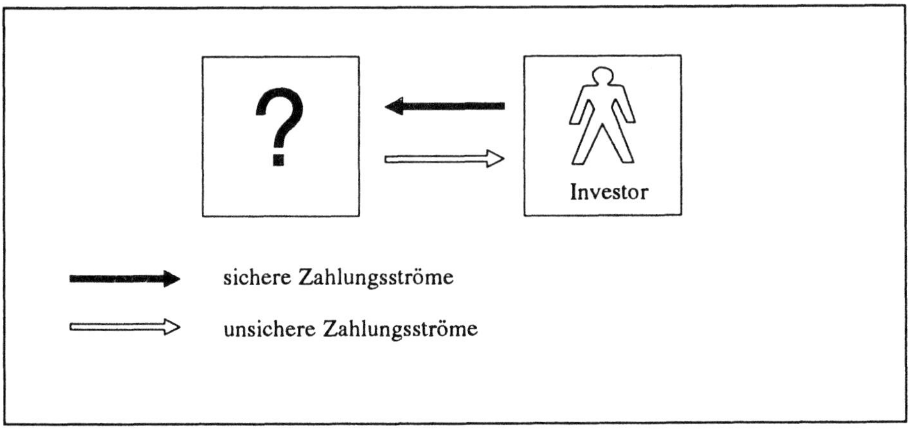

Abb. 2: Einfaches Investitionsmodell

Letztendlich ist das Ziel von Investitionen freilich nicht das bloße Schaffen und Horten von Überschüssen an Zahlungsmitteln. Das in allen heutigen Volkswirtschaften verwendete universelle Vergleichsgut "Geld" stellt nur einen temporären "Kraftspeicher" dar. In seiner Rolle als privater Haushalt tauscht der Investor das Gut "Geld" in Konsumgüter ein, deren Verbrauch oder Gebrauch einen subjektiven Nutzen verspricht. Als Indikator für das Ausmaß dieser Konsumnutzen-Ströme kann der Umfang des Geldstromes herangezogen werden.

Faßt man den Begriff des Unternehmens sehr weit, so läßt sich darunter - im Zusammenhang mit Kapitaleinkommen[46] - jeglicher aus wirtschaftlichen Gründen erfolgte, zeitweilige Kapitaleinsatz fassen. In diesem Fall ist die Spannweite möglicher Unternehmensformen recht groß. Sie reicht von der börsennotierten, global tätigen Aktiengesellschaft über mittelständische Unternehmen bis zum Bäcker an der Ecke oder einem Würstchenbudenbesitzer. Auch Freiberufler sowie Land- und Forstwirte betreiben Unternehmen. Ein jeder, der Kapital investiert - sei es in der Form von Wertpapieren, Grundbesitz oder chinesischen Vasen[47] - ist Unternehmer. Sogar die Schaffung von Humankapital durch Ausbildungsinvestitionen kann man als Unternehmen dieser Person interpretieren.

Jedoch würde es den Rahmen der Arbeit sprengen, die Steuerbelastung für alle angeführten Varianten des Kapitaleinsatzes zu vergleichen, da die obigen, in ihrer konkreten Ausgestaltung doch sehr unterschiedlichen "Unternehmen" heute grundsätzlich verschiedenen steuerlichen Regelungen unterliegen. Von hervorragender Bedeutung ist der Dualismus der Einkünfteermittlung, der für die Haushaltseinkunftsarten nicht den "Gewinn" (§ 2 II Nr. 1 EStG), sondern den "Überschuß der

46 Allgemein läßt sich sagen: "Jedermann ist in Hinblick auf die Unsicherheit im Einkommenserwerb Unternehmer seines Wissens, seiner Arbeitskraft und seines sonstigen Vermögens." (Schneider, D., Investition, Finanzierung und Besteuerung (1990), S. 20.)

47 Jedoch nicht, falls der Kauf als Sammler aus Freude am Sammeln vorgenommen wird.

Einnahmen über die Werbungskosten" (§ 2 II Nr. 2 EStG) zur Bemessungsgrundlage erhebt.[48] Aber auch die Existenz von Sondersteuern und zahlreichen Einzelvorschriften ist hier zu nennen.

In Hinblick darauf, daß insbesondere ein Vergleich der bilanziellen mit Cash-Flow-Bemessungsgrundlagen beabsichtigt ist, empfiehlt es sich deshalb, die Untersuchung auf solche Unternehmen - i.e. Investitionen - zu beschränken, deren Erfolg heute über eine bilanzielle Gewinnermittlung festgestellt wird. Dies deckt sich weitgehend mit der konventionellen Vorstellung von "Unternehmen".

Allerdings ist noch eine weitere Klarstellung erforderlich. Der übliche Sprachgebrauch versteht unter Unternehmen oft eine mehr oder weniger organisatorisch selbständige Institution, in der sich verschiedene Personengruppen zur Einkommenserzielung unter einem Sachzweck zusammengeschlossen haben,[49] die einen eigenen Namen trägt ("Firma", vgl. § 17 HGB) oder noch weitergehendere rechtliche Eigenständigkeiten (z.B. eigenes Betriebsvermögen) besitzt. Diese organisatorische Einheit ohne zugehörige Investoren soll im folgenden zur Abgrenzung als "Unternehmung" bezeichnet werden.[50]

Die Sphäre der Unternehmung, die in der vorstehenden Abbildung durch die mit einem Fragezeichen versehene "black box" verkörpert wird, stellt aber nur eine Seite der Medaille dar. Die Unternehmungsebene wird - bei Beachtung der Interessen der Investoren - zwingend ergänzt durch die Eigentümerebene.[51] Gedanklich darf die Unternehmung keinesfalls von den Investoren getrennt werden. Ihnen stehen die erwirtschafteten Überschüsse sowie Liquidationserlöse der in ihrem Eigentum stehenden Unternehmung zu. Die Eigentümer können - von unter ihnen bestehenden Unstimmigkeiten abgesehen - letztlich auch über sie verfügen. Eine Messung der *Unternehmens*-Steuerbelastung kann sich daher nicht auf die *Ebene der Unternehmung* beschränken. Vielmehr ist - zumindest im Rahmen der vorliegenden Fragestellung - auch die *Ebene der Eigentümer* mit einzubeziehen.

Die organisatorische Abtrennung der Unternehmung von der Person des Investors hat vor allem praktische Gründe. Solche Gründe sind etwa

- die Möglichkeit, fremden Dritten Dispositionsbefugnisse (z.B. Geschäftsführung, Prokura) über bestimmte Vermögensteile des Investors einzuräumen,

---

48 Z.B. für die Investition "Bau und Vermietung eines Wohnhauses".

49 Vgl. Sigloch, J., Externe Rechnungslegung, in: Westermann, H./Scherpf, P./Sigloch, J./Paulik, H./Crezelius, G./Hackbeil, W. (Hrsg.), Handbuch der Personengesellschaften (1967/91), Bd. 1, Rn. 267.

50 Sog. firmenbezogener, institutioneller Unternehmensbegriff. Vgl. Schneider, D., Investition, Finanzierung und Besteuerung (1990), S. 22 f. Man könnte auch von "Betrieb" sprechen.

51 Vgl. Sigloch, J., Wahl der Rechtsform, in: Westermann, H./Scherpf, P./Sigloch, J./Paulik, H./Crezelius, G./Hackbeil, W. (Hrsg.), Handbuch der Personengesellschaften (1967/91), Bd. 1, Rn. 230.

- der Wunsch des Investors, die Haftung auf Teile des Vermögens zu beschränken,

- die Lösung des Dilemmas, daß einerseits ökonomisches Handeln die Weitergabe gewisser Informationen über die Vermögens-, Finanz- und Ertragslage der gemeinsam mit anderen Personengruppen betriebenen Aktivitäten erfordert, andererseits der Investor auch keine Informationen über seine Privatsphäre z.B. seine privaten Vermögensverhältnisse (Ferienhaus, Yacht) preisgeben will,

- die leichtere Übertragbarkeit von zusammengehörigen Vermögenswerten und Lasten.

Folge der Institutionalisierung bestimmter Investitionen mittels des Konstrukts "Unternehmung" ist i.d.R. auch eine selbständige Kassenhaltung durch die Unternehmung.

B. Auswahl des Untersuchungsgegenstandes

Innerhalb des grundsätzlichen Unternehmensbegriffs lassen sich Belastungsfolgen für konkrete einzelne Unternehmen oder aber für bestimmte Gruppen von Unternehmen (Typen) ermitteln. Es erscheint nicht sehr sinnvoll, mit Daten einzelner Unternehmen zu rechnen. Einerseits ist eine Vollerhebung und Berechnung für alle Unternehmen ohnehin unmöglich, andererseits lassen die durch das willkürliche Herausgreifen von Einzelfällen gewonnenen Erkenntnisse keinerlei Hochrechnung oder Verallgemeinerung zu. Deshalb soll im folgenden von *typisierenden Fällen* ausgegangen werden. Konsequenz dieser Prämisse ist allerdings, daß Basis der Untersuchung vorhandene statistische Daten über solche Unternehmenstypen sein müssen.

Unternehmungsdaten, insbesondere Bilanzen und Erfolgsrechnungen, stellt z.B. das *Statistische Bundesamt* zur Verfügung. Jedoch ist der Kreis der bei den in Frage kommenden Statistiken einbezogenen Unternehmen nicht sehr weit gezogen.[52]

Als weitere Datenquelle kommt die *Deutsche Bundesbank* in Frage. Ihr müssen Jahresabschlüsse im Zusammenhang mit dem Rediskontgeschäft eingereicht werden.[53] Die Bundesbank hat die gesetzlich vorgeschriebene Pflicht, die Bonität der Wechselverpflichteten zu prüfen.[54] Da die Vergabe von Wechseln sehr verbreitet ist und bei allen Rechtsformen vorkommt, werden grundsätzlich sehr viele Unternehmen erfaßt.

---

52 Das Statistische Jahrbuch 1989 enthält z.B. nur Jahresabschlüsse von Aktiengesellschaften und von Großunternehmen nach dem Publizitätsgesetz sowie Konzernabschlüsse. Vgl. Statistisches Bundesamt (Hrsg.), Statistisches Jahrbuch 1989 für die Bundesrepublik Deutschland, S. 118 ff.

53 Vgl. Deutsche Bundesbank (Hrsg.), Jahresabschlüsse der Unternehmen in der Bundesrepublik Deutschland 1965 bis 1981, Sonderdrucke der Deutschen Bundesbank Nr. 5 (1983), S. 5; Deutsche Bundesbank (Hrsg.), Verhältniszahlen aus den Jahresabschlüssen der Unternehmen in der Bundesrepublik Deutschland für 1983, Sonderdrucke der Deutschen Bundesbank Nr. 6 (1985), S. 5.

54 Vgl. § 19 Nr. 1 BBankG.

Allerdings entspricht das Datenmaterial trotzdem nicht ganz der Struktur der Grundgesamtheit, da Großunternehmungen über- und bonitätsmäßig schlechte Unternehmungen unterproportional vertreten sind.[55] Die Deutsche Bundesbank nimmt jedoch zur Gewinnung ihrer Statistiken bereinigte Hochrechnungen vor.[56] Außerdem sind die Daten differenziert nach Rechtsformen sowie nach Branchen erhältlich und werden jährlich gegen Ende des Jahres in den Monatsberichten neu veröffentlicht.[57] Sie stellen somit ein gutes Ausgangsmaterial dar.

Die in den Monatsberichten und in den Sonderdrucken veröffentlichten Daten beschränken sich branchenmäßig auf das Verarbeitende Gewerbe (mit Untergliederungen), das Baugewerbe sowie Groß- und Einzelhandel. Daten für z.B. das Kreditgewerbe könnten zwar anderen Statistiken entnommen werden, jedoch wird darauf verzichtet, da Banken, Versicherungen usw. vom Unternehmensprozeß her so verschieden von den oben genannten Branchen sind, daß die Erstellung eines einheitlichen Unternehmensmodells ohnehin kaum möglich erscheint.

Zugrunde gelegt wird deshalb (primär) das genannte Datenmaterial der Deutschen Bundesbank mit den erwähnten branchenmäßigen Einschränkungen.

III. Grundsätzliche Aktivitäten von Unternehmen

Nach der genauen Eingrenzung des Untersuchungsbereichs auf bestimmte Formen der Kapitalbildung sollen die innerhalb solcher Unternehmen stattfindenden Vorgänge - stark vereinfacht und deshalb ebenfalls typisierend - beschrieben werden. Dies dient einer doppelten Zwecksetzung:

Alle Steuersysteme knüpfen stets an gewissen grundsätzlichen Sachverhalten an. Diese sind von Fall zu Fall verschieden. Eine vorherige Analyse der möglichen Ansatzpunkte erleichtert somit die Beschreibung der Steuersysteme.

---

55 Vgl. Deutsche Bundesbank (Hrsg.), Jahresabschlüsse der Unternehmen in der Bundesrepublik Deutschland 1965 bis 1981, Sonderdrucke der Deutschen Bundesbank Nr. 5 (1983), S. 5 f.; Deutsche Bundesbank (Hrsg.), Verhältniszahlen aus den Jahresabschlüssen der Unternehmen in der Bundesrepublik Deutschland für 1983, Sonderdrucke der Deutschen Bundesbank Nr. 6 (1985), S. 5.

56 Zur Technik der Hochrechnung vgl. Deutsche Bundesbank (Hrsg.), Jahresabschlüsse der Unternehmen in der Bundesrepublik Deutschland 1965 bis 1981, Sonderdrucke der Deutschen Bundesbank Nr. 5 (1983), S. 6 f.

57 Vgl. z.B. Deutsche Bundesbank (Hrsg.), Ertragslage und Finanzierungsverhältnisse der westdeutschen Unternehmen im Jahre 1990, Monatsberichte der Deutschen Bundesbank, November 1991, S. 15 ff.; Deutsche Bundesbank (Hrsg.), Ertragslage und Finanzierungsverhältnisse der westdeutschen Unternehmen im Jahre 1989, Monatsberichte der Deutschen Bundesbank, November 1990, S. 16 ff.; Deutsche Bundesbank (Hrsg.), Ertragslage und Finanzierungsverhältnisse der Unternehmen im Jahre 1988, Monatsberichte der Deutschen Bundesbank, November 1989, S. 13 ff.;

Außerdem werden Grundlagen für eine Simulation des Unternehmensgeschehens gelegt. Der zunächst relativ grobe und allgemeine Abriß des Unternehmensgeschehens kann später in einem Modell sukzessive durch repräsentative, konkrete Einzelaktivitäten ersetzt werden. Auf diese Weise ist die logische Vollständigkeit des Unternehmensmodells von vornherein gewährleistet.

Die Schnittstelle "Investor/Eigentümer - Unternehmung" dient als Ausgangspunkt der Betrachtungen. Sie führt zu zwei weitreichenden Fragen, die sowohl für den Vergleich der Steuerbelastung bei verschiedenen Steuersystemen als auch die Modellbildung von großer Bedeutung sind:

(1) Wie kommt in der Unternehmung ein Überschuß zustande, i.e. wie wird eine Vermehrung des eingesetzten Kapitals erreicht?

(2) Woher kommt das vom Investor eingesetzte Kapital und was geschieht mit den Rückflüssen aus der Unternehmung?

A. Aktivitätstypen auf Ebene der Unternehmung

Die Unternehmung stellte bisher aus Investorsicht eine "black box" dar. Der Eigentümer leistet Einlagen und hofft auf spätere Ausschüttungen. Die hinter dem notwendigen Transformationsprozeß stehenden Vorgänge sollen im folgenden näher betrachtet werden. Hierzu kann ein Kreislaufmodell des Unternehmungsgeschehens dienen.[58]

Die Unternehmung kauft auf den Beschaffungsmärkten Güter und Dienstleistungen ein. Es fließen somit Güterströme und entgegengesetzte Geldströme zwischen der Unternehmung und ihrer Umwelt. Dem Bezug von Produktionsfaktoren schließt sich ein innerbetrieblicher Transformationsprozeß an, in dem die Einsatzfaktoren in Absatzprodukte umgewandelt werden. Die geschaffenen Güter und Dienstleistungen werden auf Absatzmärkten verkauft. Wiederum entsprechen den Güterströmen gegengerichtete Geldströme.

Zwischen den durch Beschaffung und Absatz ausgelösten Zahlungsströmen besteht in der Regel eine zeitliche Lücke. Deshalb tritt ein Finanzierungsbedarf auf. Dieser läßt sich anfangs durch von *außen* zugeführte Gelder überbrücken.

---

[58] In Anlehnung an Sigloch, J., Externe Rechnungslegung, in: Westermann, H./Scherpf, P./Sigloch, J./Paulik, H./Crezelius, G./Hackbeil, W. (Hrsg.), Handbuch der Personengesellschaften (1967/91), Bd. 1, Rn. 269 ff.

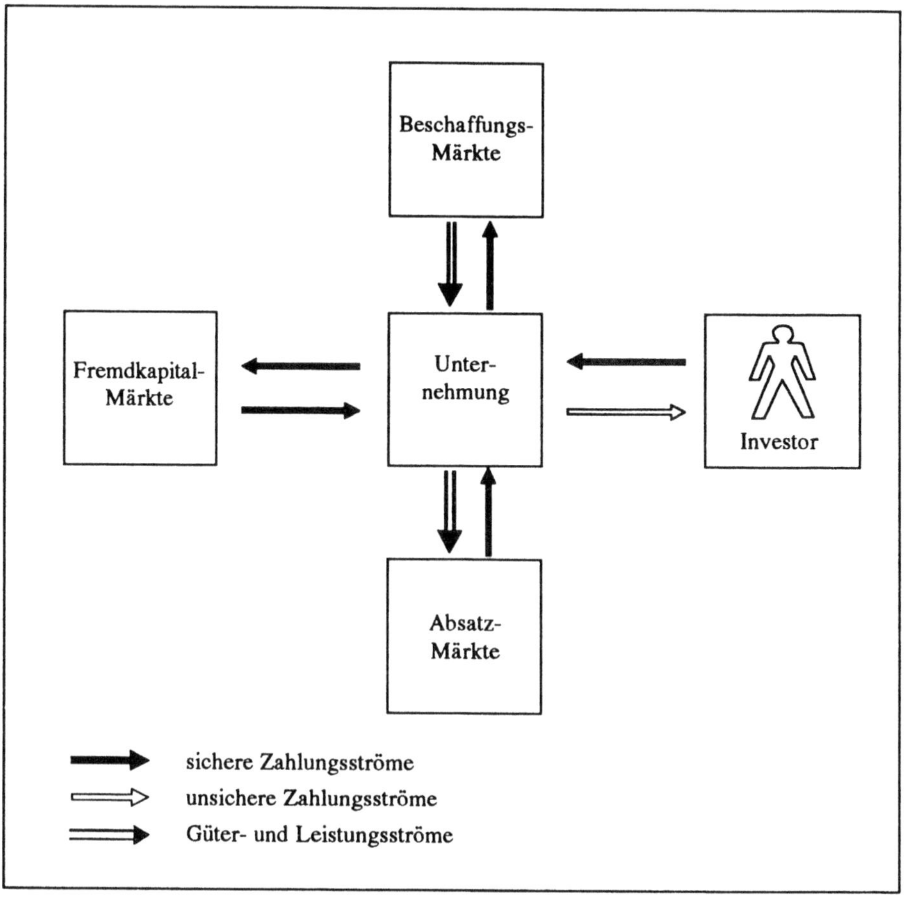

Abb. 3: Kreislaufmodell der Unternehmung

Zur Außenfinanzierung kann die Unternehmung Fremdkapital aufnehmen. Finanzierung mit reinem Fremdkapital (in wirtschaftlichem Sinn) bedeutet, daß - gemäß den Vertragsbedingungen - das Entgelt für die Kapitalüberlassung nicht von den Ergebnissen der wirtschaftlichen Tätigkeit oder irgendwelchen anderen Ereignissen abhängt, sondern stets in konstanter Höhe festgeschrieben ist (sog. "Zins").[59] Ferner bestehen auch feste vertragliche Regeln zum Zeitpunkt der Kapitalrückzahlung.

Für die Aufrechterhaltung des Unternehmens ist ein finanzielles Gleichgewicht zwingend erforderlich. Illiquidität stellt bei allen Unternehmensrechtsformen einen Konkursgrund dar.[60] Nun findet wirtschaftliche Aktivität in einer unsicheren Welt

59 Vgl. Schneider, D., Investition, Finanzierung und Besteuerung (1990), S. 58.

60 Vgl. § 102 KO.

(3) Drittens benötigen die Eigentümer auch *Finanzmärkte* zur zeitweiligen Anlage oder Aufnahme von Geld. Sofern das erzielte Einkommen nicht sofort, sondern erst später konsumiert wird, erfolgt in der Zwischenzeit eine Speicherung als Ersparnis. Umgekehrt kann ein zeitliches Vorziehen von Konsum durch Kredite finanziert werden. Beide Möglichkeiten lösen Zinsfolgen aus.[69]

Die in späteren Perioden anfallenden Rückflüsse aus dem Unternehmen werden zunächst dazu eingesetzt, früher aufgenommene Kredite zu tilgen bzw. die ehemalige Höhe der Kapitalanlagen wiederherzustellen. Hierbei sind auch inzwischen aufgelaufene Kreditzinsen bzw. entgangene Anlagezinsen zu berücksichtigen. Darüber hinausgehende Beträge schaffen *Zusatzkonsum*. Reichen die Rückflüsse nicht völlig zur Wiederherstellung der ursprünglichen Kapitalmarktposition aus, so muß das Betragsdefizit durch *relativen Minderkonsum* ausgeglichen werden. In der Erzielung von Nutzen durch Mehrkonsum liegt letztlich der ökonomische Gehalt der Unternehmens-Investition. Die soeben beschriebenen Zusammenhänge gibt die Abbildung 4 wieder.

Da sich die vorliegende Arbeit nur mit der Besteuerung von Unternehmens-Kapitaleinkommen befassen soll, kann von den soeben angesprochenen Punkten ein Teil wieder ausgeblendet werden. Entscheidend ist die Frage, was sich bei Durchführung der Unternehmens-Investition im Vergleich zur Nicht-Durchführung *ändert*. Nicht berührt werden[70]

- bei (1): das erzielte Arbeitseinkommen,
- bei (2): der Teil des Konsums, der aus dem Arbeitseinkommen bestritten wird sowie
- bei (3): diejenigen Kredite (Vorziehen des Konsums) oder Kapitalanlagen (Aufschieben des Konsums) mit ihren Zinsfolgen, die durch zeitliche Verschiebungen zwischen Arbeitseinkommen und Konsum ohnehin verursacht worden wären.

---

69 Da der Bereich risikobehafteter Investitionen bereits durch die "Unternehmung" repräsentiert wird, brauchen hier ergänzend nur noch risikolose Anlagen eingeführt werden. Eine Ersparnis in der Form zinsloser Kassenhaltung oder des sprichwörtlichen "Hortens unter dem Kopfkissen" berührt zwar den Kapitalmarkt nicht, sie kann aber mit einer zinslosen oder zinsarmen Geldanlage - z.B. Bestände auf Girokonten - verglichen werden.

70 Es handelt sich hierbei natürlich um eine künstliche Trennung, die in der Praxis kaum vorgenommen werden kann. Modellogisch ist sie jedoch sehr wohl möglich und vereinfacht die Analyse, da irrelevante Aspekte auch nicht untersucht werden müssen.

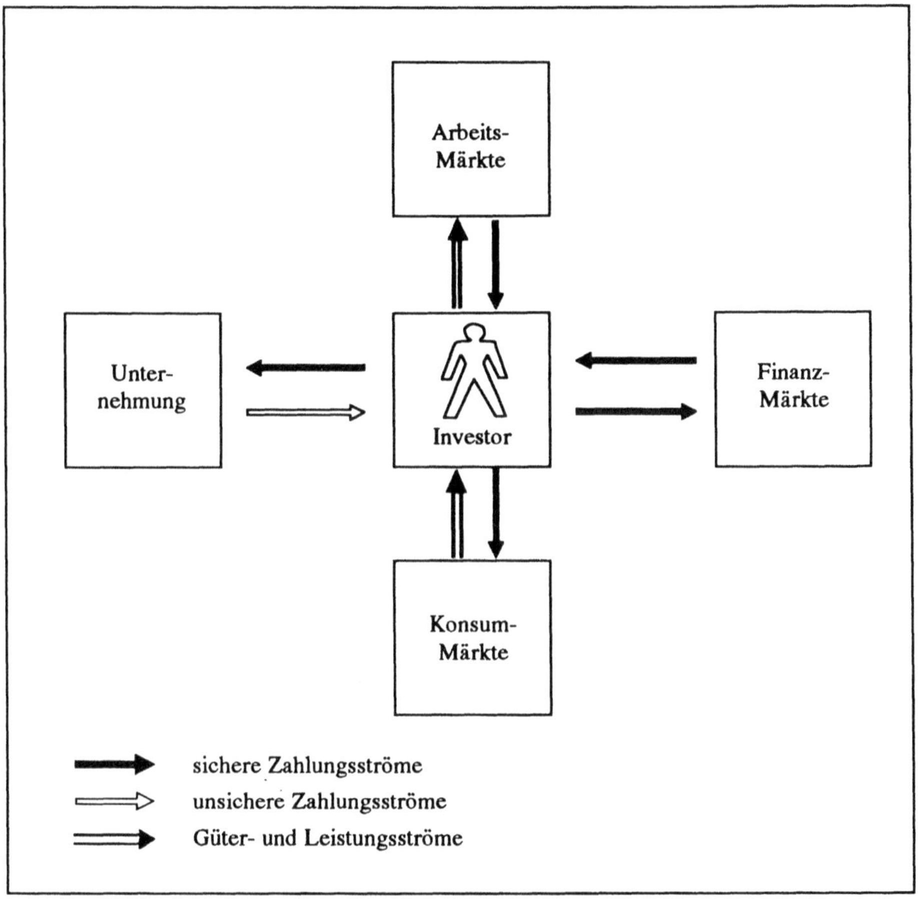

Abb. 4: Umfassendes Modell der Privatsphäre des Eigentümers

Diese Bereiche können außer acht bleiben, da sie sich durch die Investition von Geld in die Unternehmung und die in der Folge resultierenden Vorgänge nicht ändern. Sowohl die ursprünglichen Zahlungsströme als auch die steuerlichen Folgen bleiben gleich. Als für die Untersuchung relevante Bereiche der Eigentümerebene verbleiben somit lediglich:

- innerhalb von (1): (keine, da das Arbeitseinkommen gänzlich unberührt bleibt[71])
- innerhalb von (2): die Änderungen der Konsumausgaben als Folge der Unternehmens-Investition (durch den zusätzlichen Verzehr der mit dem Unternehmen erwirtschafteten Überschüsse) und
- innerhalb von (3): die Änderungen von Krediten und Kapitalanlagen aufgrund der Unternehmens-Investition (durch Auflösung von anderweitigen

71 Es wird angenommen, daß der Investor lediglich Geld und keine persönliche Arbeitskraft zur Verfügung stellt.

festverzinslichen Kapitalanlagen oder durch Eingehen einer höheren Verschuldung).

Das Modell der relevanten Aktivitäten kann auf diese Art und Weise wieder wesentlich vereinfacht werden (Abbildung 5).

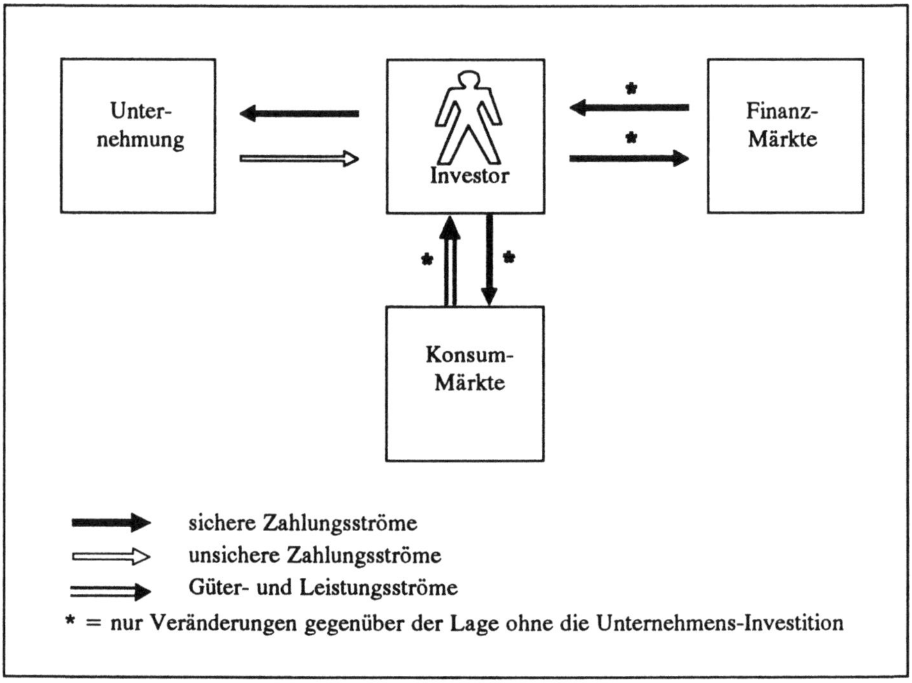

Abb. 5: Bereinigtes Modell der Privatsphäre des Eigentümers

C. Kombination beider Ebenen

Die Abbildungen von Unternehmungs- und Eigentümerebene lassen sich nun verbinden. Die realwirtschaftlichen Vorgänge (Sachzielverfolgung) auf den Absatz- und Beschaffungs-Märkten werden zusammengefaßt. Hier entsteht im "Geld-Ware-Mehr Geld"-Prozeß die Grundlage des Investitionsüberschusses.

Dem sollen die Transaktionen der Unternehmung im Verhältnis zu den Investoren, - also: Zuführung von Eigenkapital (Einschuß der Investitionsmittel), Eigenkapitalrückzahlung (Rückgewähr des investierten Kapitals) sowie Entnahme von Überschüssen - gegenübergestellt werden.[72]

---

72 Die Abgrenzung zwischen Überschußentnahme und Kapitalrückzahlung ist schwierig, da sich beide in Auszahlungen äußern. Die Frage, ab wann das Kapital angegriffen wird, ist abhängig von der Konzeption der Erfolgsermittlung.

Zwischengeschaltet ist noch die Aufnahme, Zinszahlung und Tilgung von Fremdkapital auf den Finanz-Märkten. Unter Umständen werden hier auch Geldanlagen getätigt, Zinserträge und Rückfluß vereinnahmt.

Die Überschüsse fließen von der Quelle links weiter nach rechts dem Investor zu. Dieser leitet sie weiter auf die Konsum-Märkte. Den Konsumausgaben steht der Zustrom von konsumierten Gütern und Leistungen gegenüber.

Auch beim Investor sorgen Finanzmärkte für die zeitliche Synchronisation von Zahlungsströmen.

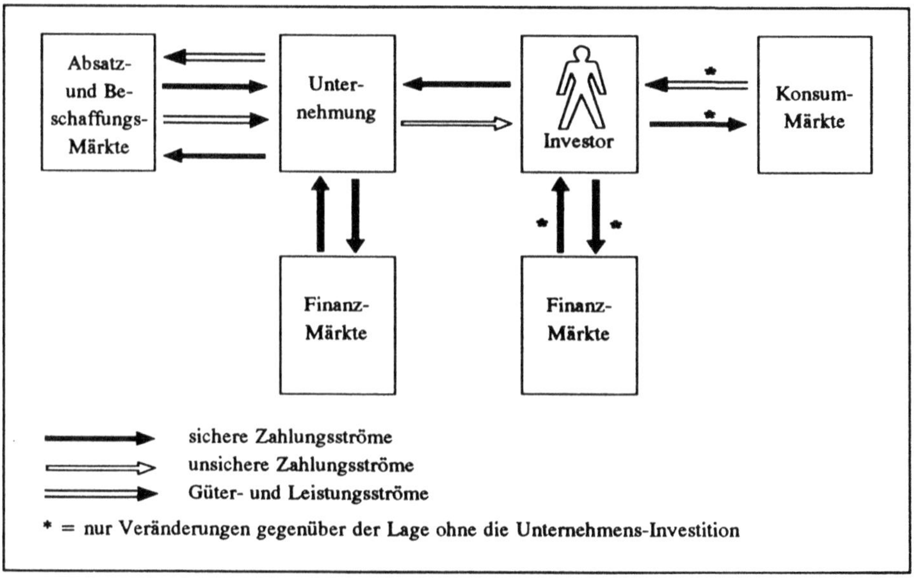

Abb. 6: Gesamtmodell von Unternehmung und Eigentümer

IV. Zusammenfassung

Ausgangspunkt der Arbeit ist eine kurze Darlegung des Meinungsstandes zu den spezifischen Vor- und Nachteilen verschiedener Ertragssteuerbemessungsgrundlagen. Sie wird anhand der allgemeinen Kriterien zur Beurteilung von Steuersystemen (Effizienz, Einfachheit, Gerechtigkeit) vorgenommen. Es zeigt sich, daß eigentlich nur noch hinsichtlich des letztgenannten Merkmals Wissensdefizite bestehen. Dies gibt Anlaß, eine Untersuchung der Steuerbelastung von Unternehmen für verschiedene Bemessungsgrundlagen durchzuführen.

Um den Untersuchungsgegenstand einzugrenzen, erfolgt zunächst eine Diskussion des Unternehmensbegriffs. Da sich das Augenmerk der Arbeit auf einen Vergleich von bilanziellen mit alternativen Bemessungsgrundlagen richtet, sollen - im konven-

tionellen Sinn - nur Investitionen, deren Erfolg steuerlich heute mit Hilfe einer Bilanz gemessen wird, berücksichtigt werden. Vom grundsätzlichen Umfang her umfaßt das "Unternehmen" sowohl die Institution "Unternehmung" als auch die mit ihr verbundenen Eigentümer ("Investoren").
Eine nähere Spezifizierung betrifft die Beschränkung auf bestimmte Branchen. Für das Verarbeitende Gewerbe, das Baugewerbe, den Groß- und Einzelhandel sind geeignete Daten der Deutschen Bundesbank vorhanden. Weiterhin sind diese Betriebe von ihrer Tätigkeit her nicht so heterogen, daß sich ein - später zur Belastungsmessung benötigtes Unternehmensmodell - nicht erstellen ließe. Dies wäre z.B. bei Einbeziehung von Banken oder Versicherungen kaum der Fall.

Es folgt eine systematische Untersuchung der ökonomischen Vorgänge, die zwischen der Unternehmung, den Investoren sowie der Unternehmensumwelt ablaufen. Auf Ebene der Unternehmung findet der Einkauf von Produktionsfaktoren und der Verkauf von Absatzgütern und -leistungen statt. Die zahlungsmäßige Verbindung der Unternehmung zum Investor stellen Einlagen und Entnahmen her. Ferner kommen finanzwirtschaftliche Aktivitäten auf (Fremd-)Kapitalmärkten vor.
Die nähere Untersuchung der Vorgänge beim Investor (Eigentümer) fördert ebenfalls gewisse charakteristische Aktivitätstypen zutage. Diese sind jedoch nur insoweit relevant, als daß im Vergleich zur Unterlassung der Investition Änderungen eintreten. Sie bestehen aus Einlagen und Entnahmen, aus Finanztransaktionen zur zeitlichen Verschiebung von Zahlungen sowie letzten Endes aus dem Konsum der Überschüsse.
Beide Ebenen werden schließlich in einer gemeinsamen Übersicht kombiniert. Diese Darstellung der ökonomischen Aktivitäten kann nun als Basis für die Besprechung der verschiedenen Steuersysteme dienen.

Zweiter Teil: Steuerliche Alternativen der Erfolgsmessung

I. Überblick

Jede theoretisch mögliche Form einer Einkommensbesteuerung beinhaltet Festlegungen bei den Komponenten

- Steuersubjekt(e),
- Steuertarif(e) und
- Steuerbemessungsgrundlage(n).

Zwar richtet sich das Augenmerk der Arbeit auf verschiedene Varianten der Bemessungsgrundlage, allerdings kann keine Rechnung ohne explizite oder implizite Regelungen zu den beiden erstgenannten Gebieten durchgeführt werden. Daher müssen eingangs für diese zwei Bereiche bestimmte Randannahmen gesetzt werden.

Die Steuerbemessungsgrundlage bildet den Schwerpunkt dieses Kapitels. Ihre Behandlung erfolgt in zwei Teilabschnitten:

Den Einstieg bildet ein Überblick zu den möglichen Alternativen. Hierbei werden die Fragen der

- Ist- oder Potentialbesteuerung,
- des Umfangs des Vermögensbegriffes zu einem Zeitpunkt
- sowie der Art des Vermögensvergleichs zwischen zwei Zeitpunkten angesprochen.

Anschließend wird aus dieser großen Vielzahl von Kombinationsmöglichkeiten eine Reihe von Vorschlägen ausgewählt, die bislang besondere Beachtung in der Bemessungsgrundlagen-Diskussion gefunden haben. Neben sechs Varianten der Einkommensbesteuerung soll zu Vergleichszwecken auch die (direkte) Konsumausgabensteuer mit einbezogen werden.

II. Randbedingungen

A. Steuersubjekt

1. Alternativen

Die Frage des Steuersubjekts ist von grundsätzlicher Bedeutung für die Zurechnung von Bemessungsgrundlagen und den darauf aufbauenden Steuertarif. Die hier auftretenden Streitfragen konzentrieren sich auf zwei Teilbereiche:

(1) Im Rahmen der Unternehmensbesteuerung geht es bei der Diskussion um das Steuersubjekt vor allem darum, ob Leistungsfähigkeit nur natürlichen Personen zugesprochen werden kann, oder ob auch die abstrakte Organisation "Unternehmung" eine eigene Leistungsfähigkeit aufweist. Insgesamt stehen drei Alternativen zur Auswahl:

- Zum einen wird die Auffassung vertreten, daß letzten Endes lediglich natürliche Personen Leistungsfähigkeit aufweisen können. Dies impliziert, daß Bemessungsgrundlagen, die zwar technisch auf Ebene der Unternehmung festgestellt werden, rechnerisch auf die Anspruchsberechtigten (Eigentümer) umgelegt werden (sog. "Durchschüttung" der Bemessungsgrundlage). Nur die Eigentümer sind Steuersubjekte. Man spricht hier vom sog. Integrationssystem[73] oder von einer Teilhabersteuer[74].
- Zum anderen kann man die organisatorische Selbständigkeit der Unternehmung so interpretieren, daß dieser Institution losgelöst von den Unternehmungsbeteiligten eine eigene Leistungsfähigkeit zugesprochen wird. Eine Zurechnung von Bemessungsgrundlagen erfolgt im Extremfall allein für das abstrakte Steuersubjekt "Unternehmung". Dieses Vorgehen wird mit Betriebsteuersystem bezeichnet.[75]
- Schließlich wird sowohl bei der Unternehmung als auch bei den Eigentümern Leistungsfähigkeit unterstellt.[76] Beide sind eigenständige Steuersubjekte und für beide werden Bemessungsgrundlagen ermittelt. Hier handelt es sich um das sog. Trennsystem.[77]

Steuerliche Leistungsfähigkeit kann letzten Endes nur natürlichen Personen zugesprochen werden. Trotz einer scheinbaren, auf den ersten Blick vielleicht bestehenden organisatorischen Selbständigkeit der Koalition "Unter-

---

73 Vgl. Sigloch, J., Abschreibungsfreiheit, in: Schneider, D. (Hrsg.), Kapitalmarkt und Finanzierung (1987), S. 169; Schneider, D., Gleichmäßigkeit (1975), S. 108; Musgrave, R. A./Musgrave, P. B./Kullmer, L., Öffentliche Finanzen (1988), Bd. 2, S. 224.

74 Vgl. Engels, W./Stützel, W., Teilhabersteuer (1968), S. 1 ff.

75 Als Varianten kann man z.B. die Vorschläge von Flume und Lang nennen. Vgl. Flume, W., Betriebsertragsteuer (DB 1971), S. 692 ff.; Flume, W., Besteuerung und Wirtschaftsordnung (1974), S. 53 ff.; Flume, W., Die Mitbestimmung (ZGR 1978), S. 678 ff.; Flume, W., Neues Unternehmensrecht (1980), S. 5 ff.; Lang, J., Reform der Unternehmensbesteuerung (StuW 1989), S. 13 ff.; Tipke, K./Lang, J., Steuerrecht (1991), S. 630.

76 Vgl. Schipporeit, E., Grundsätze (1979), S. 127 ff., insbesondere S. 160 f.

77 Vgl. Tipke, K./Lang, J., Steuerrecht (1991), S. 409.

nehmung", die die Eigentümer mit den anderen beteiligten Interessengruppen eingehen, sind alle erzielten Kapitaleinkommen über das Residualprinzip den Eigentümern zuzurechnen. Die Unternehmung an sich besitzt letztlich keine eigene Leistungsfähigkeit.[78] Von Steuern *belastet* können ausschließlich Menschen werden.

(2) Ein zweiter, grundsätzlicher Streitpunkt ist die Frage, ob natürliche Personen stets einzeln zur Steuer veranlagt werden sollten oder ob vielmehr bestimmte Personen aus Sicht der Besteuerung eine Einheit bilden.

Im deutschen Steuerrecht kann heute im Regelfall bei der Einkommensteuer eine gemeinsame Veranlagung von Ehegatten durchgeführt werden, was de facto bedeutet, daß der Besteuerung die gemeinsame Leistungsfähigkeit einer Personengruppe - hier: nicht dauernd getrennt lebende Ehegatten - zugrunde gelegt wird. Weitere Überlegungen führen dahin, den Kreis dieser Gruppe nicht auf Ehegatten zu beschränken, sondern auf die Familie - einschließlich der im Haushalt lebenden Kinder und unabhängig vom juristischen Tatbestand "Ehe" - festzulegen. Sinn einer Haushaltsbesteuerung wäre es, alle Personen, die aus "einem gemeinsamen Topf" wirtschaften, zusammen zu besteuern. Meines Erachtens kann die Leistungsfähigkeit von Haushaltsmitgliedern, die freiwillig oder gezwungenermaßen einseitige Transfers an andere Mitglieder leisten bzw. von diesen erhalten, nicht isoliert - d.h. ohne Berücksichtigung dieser Transfers - ermittelt werden.[79]

2. Grundannahmen

Aus den oben genannten Gründen wird im folgenden vom Modell eines Integrationssystems ausgegangen. Dieses ist z.B. in der Bundesrepublik Deutschland zur Zeit im Bereich der Einzelunternehmen und Personengesellschaften verwirklicht.[80]

Zur Vereinfachung und Ausschaltung weiterer Probleme soll die Unternehmung im Eigentum einer einzigen Person und nicht einer Personengruppe stehen. Es wird angenommen, daß dieser Eigentümer allein lebt und kinderlos ist.

B. Steuertarif

1. Alternativen

Der Steuertarif beantwortet die Frage, welcher Steuerbetrag bei einem gegebenen Umfang der Bemessungsgrundlage von einem gegebenen Steuersubjekt zu zahlen

---

78 Vgl. Musgrave, R. A./Musgrave, P. B./Kullmer, L., Öffentliche Finanzen (1988), Bd. 2, S. 226.

79 Vgl. die ähnliche Auffassung des Finanzgerichts des Saarlandes in: o.V., Grundfreibetrag (HB vom 25.3.91), S.4.

80 Vgl. Sigloch, J., Abschreibungsfreiheit, in: Schneider, D. (Hrsg.), Kapitalmarkt und Finanzierung (1987), S. 169.

ist. Beim Tarif lassen sich eine Vielzahl von Varianten unterscheiden. Der einfachste Fall wäre ein durchgehend proportionaler Tarifverlauf. Hier würde gelten:

$$\text{Steuerzahlung} = \text{konstanter Steuersatz} \cdot \text{Bemessungsgrundlage}$$

Beachte: Bei positiver Bemessungsgrundlage führt die Besteuerung zu einer *Auszahlung* aus Sicht des Steuersubjekts.

In der Praxis bestehen mehr oder weniger große Abweichungen von diesem einfachen Fall:

(1) An erster Stelle ist die Gewährung von Freibeträgen zu nennen. Freibeträge sollen das persönliche Existenzminimum des Steuersubjekts von der Besteuerung freistellen. Nur das disponible Einkommen darf besteuert werden. In der vorliegenden Arbeit wird jedoch ausschließlich die Besteuerung der Investition in ein bestimmtes Unternehmen betrachtet. Daneben kann durchaus noch weiteres Einkommen[81] vorliegen, das gegebenenfalls gewährte Freibeträge bereits aufzehrt.

(2) Weiterhin braucht - auch unter Außerachtlassung von Freibeträgen - das Verhältnis zwischen Bemessungsgrundlage und Höhe der Steuer nicht unbedingt linear bzw. proportional zu verlaufen. Die Steuer kann mit zunehmender Leistungsfähigkeit auch über- oder unterproportional steigen. Den ersten Fall bezeichnet man als (direkte) Progression, den zweiten - unüblichen - Fall als Regression. Der Streit um einen proportionalen oder progressiven Tarifverlauf ist bis heute noch nicht entschieden. Allerdings geht z.B. auch der heute verwendete Einkommensteuertarif ab einem zu versteuernden Einkommen von 120.042 DM bei Ledigen in einen linearen Bereich über,[82] so daß in Anbetracht der bei Unternehmensgewinnen oft möglichen Größenordnungen ein proportionaler Tarifverlauf unterstellt werden kann.

(3) Ein Problem, das auch die Tarifgestaltung berührt, ist die Behandlung von "Verlusten". Von Verlusten oder negativem Einkommen spricht man, wenn in einem Veranlagungszeitraum die Bemessungsgrundlage einen negativen Wert aufweist. Allerdings reduziert sich das Problem bereits auf der Ebene der Bemessungsgrundlage, falls die Kapital- und Arbeitseinkommensbesteuerung gemeinsam durchgeführt werden, d.h. keine Schedulensteuern oder sonstige Beschränkungen bestehen. Dann kann eine negative Bemessungsgrundlage (Verlust) aus der Erzielung von Kapitaleinkommen zunächst mit einer positiven Bemessungsgrundlage beim Arbeitseinkommen verrechnet werden (z.B. im Rahmen des geltenden Rechts der innerperiodische Verlustausgleich gem. § 2 II EStG).

Im Falle eines absolut proportionalen Tarifs, der auch in den negativen Bereich der Bemessungsgrundlage mit hineinreicht, würde bei danach immer noch verbleibenden Verlusten eine sofortige Steuererstattung erfolgen. In der Praxis sind Steuertarife jedoch nur für den positiven Bereich der Bemessungsgrundlage definiert, d.h. es gibt keine "Negativsteuer". Deshalb obliegt dem Gesetzgeber die Entscheidung, ob

---

81 Z.B. aus dem hier nicht betrachteten Bereich des Arbeitseinkommens.

82 Vgl. § 32a I Nr. 4 EStG.

er das Prinzip der Abschnittsbesteuerung streng anwenden will. Bei einer isolierten Abschnittsbesteuerung würden "Verluste" einer Rechnungsperiode ohne irgendeine Berücksichtigung verfallen, obwohl das aus Gerechtigkeitsgesichtspunkten sicher nicht wünschenswert erscheint. Andernfalls kann eine gewisse Verrechnung von Verlusten mit positiven Bemessungsgrundlagen früherer (sog. Verlustrücktrag) oder späterer (sog. Verlustvortrag) Veranlagungszeiträume zugelassen werden.

Beim Verlustrücktrag vergütet der Fiskus lediglich Steuern, die der Steuerpflichtige zu einem früheren Zeitpunkt bereits bezahlt hat. Hier ist in Hinblick auf den Erstattungszeitpunkt kein prinzipieller Unterschied zum sofortigen Verlustausgleich festzustellen. Der wesentliche Unterschied liegt darin, daß die Höhe der Steuererstattung auf bestimmte frühere Steuern beschränkt ist. Je weiter zurückliegende "Gewinne" noch verrechnet werden dürfen, desto geringeres Gewicht besitzt diese Einschränkung. Voraussetzung ist natürlich, daß in der Vergangenheit bereits nennenswerte positive Bemessungsgrundlagen erzielt wurden. Ansonsten werden auch bei einem zeitlich uneingeschränkten Verlustrücktrag z.B. Unternehmensgründer ohne hohes früheres anderweitiges Einkommen benachteiligt.

Bei einem Verlustvortrag kann die Steuerminderung erst später geltend gemacht werden. Es tritt somit - gemessen am Referenzpunkt "sofortige Verlustverrechnung"[83] - ein Zinsverlust auf. Abhilfe könnte jedoch hier auch durch eine Zinskorrektur des Verlustvortrags geschaffen werden.

2. Grundannahmen

Ein völlig proportionaler Tarif hat den Vorteil, daß progressionsbedingt verschiedene, in den Teilperioden gerade zufällig zur Anwendung kommende Steuersätze nicht mehr vorkommen können. Diese einfache Tarifform ermöglicht es somit, die Wirkungen verschiedener Bemessungsgrundlagen vom Tarifeinfluß zu separieren.

Die in der Praxis bestehenden Einschränkungen der sofortigen Verlustverrechnung besitzen unter bestimmten Annahmen - früher ausreichendes Einkommen, parallele Erzielung von anderweitigen Einkommen - demgegenüber kein ausschlaggebendes Gewicht. Sie gelten überdies für alle zu untersuchenden Steuersysteme grundsätzlich gleichermaßen. Es soll deshalb im Rahmen dieser Arbeit ein sofortiger Ausgleich aller eventuell auftretenden Verluste zugelassen werden.

Insgesamt wird von einem sowohl im positiven als auch im negativen Bereich (Verluste, siehe oben) absolut proportionalen Tarif ausgegangen. Freibeträge, eine direkte Progression oder eine Regression seien ausgeschlossen.

---

83 Mit einem auch in die Verlustzone hineinreichenden vollständig proportionalen Tarif.

III. Erfolgsmessung durch Steuerbemessungsgrundlagen

A. Alternativen

Wegen der möglicherweise sehr langen Laufzeit von Unternehmensinvestitionen wäre eine einmalige Besteuerung des Totalerfolgs i.d.R. unpraktikabel. Deshalb führt man eine Abschnittsbesteuerung durch. Diese beinhaltet die Notwendigkeit, je Besteuerungsperiode einen Periodenerfolg zu ermitteln.[84]

Die zur zahlenmäßigen Ermittlung des Periodenerfolgs denkbaren Bemessungsgrundlagen sind außerordentlich vielseitig. Es ist deshalb sinnvoll, zunächst einige Kriterien zu untersuchen, anhand derer sich eine Systematisierung sowohl der grundsätzlichen Möglichkeiten als auch der konkret diskutierten Vorschläge vornehmen läßt. Diese Kriterien können durch die folgende Reihe von Fragen beschrieben werden:

(1) Ist- oder Potentialbesteuerung?

Wird das - wie auch immer definierte - tatsächlich erzielte Einkommen zugrunde gelegt oder soll schon die bloße Möglichkeit zur Kapitaleinkommenserzielung besteuert werden?

(2) Umfang des Vermögensbegriffs zu einem Zeitpunkt?

Werden nur die Kassenbestände zwischen Beginn und Ende des Besteuerungszeitraums verglichen[85] (reine Zahlungsstromrechnung) oder erfolgt eine Umperiodisierung der Zahlungen mittels eines weiteren Vermögensbegriffs (Ertragswertbilanz, traditionelle Einzelwertebilanz)?

Welche konkrete Variante z.B. der Einzelwertebilanz wird auf der Basis einer solchen grundsätzlichen Festlegung eingesetzt?

(3) Art des Vermögensvergleichs zwischen zwei Zeitpunkten?

Gilt beim Vergleich von Anfangs- und Endvermögen der Rechnungsperiode das Nominalwertprinzip oder werden bestimmte Korrekturen (zur Berücksichtigung von Inflation, Zins oder einzelnen Preisänderungen) vorgenommen?

In den folgenden Abschnitten sollen diese Fragen im einzelnen angesprochen werden.

---

84 Dies gilt auch für Methoden, die zur Festlegung der Steuer neben der aktuellen Rechnungsperiode auch die Ergebnisse und Steuern der früheren Perioden mit einbeziehen, z.B. die kumulative Durchschnittsbesteuerung nach *Vickrey* mit interperiodischem Progressionsausgleich. Vgl. Vickrey, W., Averaging of Income (JPolE 1939), S. 379 ff.; Wenger, E., Gleichmäßigkeit der Besteuerung (FA 1983), S. 233.

85 Ein Vermögensvergleich ist nur bei einer Ist-Einkommensbesteuerung notwendig, allerdings muß für eine Soll-Einkommensbesteuerung auch die Höhe des Vermögens als Ausgangsbasis bestimmt werden.

1. Ist- oder Potentialbesteuerung?

Heute denkt man beim Begriff des "Einkommens" meist intuitiv an bestimmte, während einer Periode durch Ausübung einer Wirtschaftstätigkeit *tatsächlich* erworbene Mittel. Die Messung von Ist-Einkommensgrößen setzt jedoch bereits relativ zuverlässige Erfassungs- und Kontrollmethoden voraus, da sonst durch zwischenzeitliche, vor der Besteuerung verheimlichte Entnahmen für Konsumzwecke die scheinbare Höhe des Einkommes vermindert und somit die Steuerbelastung reduziert werden kann.

Im Altertum fehlten für genaue Erfassungsmethoden noch die Grundlagen. Hier hatten die Substanz- oder Sollertragsteuern ihren Ursprung. Sie besteuerten das aus einem leicht erfaßbaren Faktorbestand erzielbare Einkommenspotential. Erleichternd für die Eignung dieser Besteuerungsmethode kam früher hinzu, daß noch eine sehr homogene Wirtschaftsstruktur bestand, die sich im wesentlichen auf die Bewirtschaftung von Land stützte. Bei den Sollertragsteuern handelte es sich deshalb meist um Kapitalvermögenssteuern, insbesondere auf Boden. Teilweise wurde auch das durch Einsatz der körperlichen Arbeitskraft erzielbare Einkommen pauschal besteuert ("Kopfsteuern"). Indizien für eine gewollte Ausrichtung an *erzielbaren* Erträgen lassen sich z.B. in Ägypten finden, wo sich die Höhe der Steuern nach dem Ausmaß der jährlichen Nilüberschwemmung richtete.[86] Erst mit weiter fortentwickelten Staatsgebilden konnte sich allmählich eine Besteuerung von tatsächlich verwirklichten (Ist-)Einkommen etablieren.[87]

Die Soll-Einkommenssteuern sind - wenn man Leistungsfähigkeit als *tatsächlich* vorhandene Kraft versteht - eigentlich mit dem Entstehen praktikabler Ist-Einkommenssteuern überholt.

Eine Soll-Einkommenssteuer ist heute nur noch begründbar, wenn man unter Leistungsfähigkeit bereits das *Potential* zur Einkommenserzielung faßt. Da der Inhalt des Leistungsfähigkeitsbegriffs nicht aufgrund objektiver Kriterien eindeutig feststeht, sondern immer subjektive Meinungen eine gewisse Rolle spielen, läßt sich diese Auffassung zumindest vertreten. Begreift man Leistungsfähigkeit wörtlich als "Fähigkeit, (Steuern) zu leisten", so folgt daraus, daß auch jemand zu besteuern ist, der lediglich wegen fehlenden Einsatzes, Faulheit u.a. ein geringes Ist-Einkommen erzielt hat, obwohl er eigentlich die Fähigkeit zu höherem Einkommen besitzt.

Allerdings erscheint es meines Erachtens zumindest fragwürdig, von jemandem Steuern zu verlangen, der von seinem "eigentlich" vorhandenen Einkommenspoten-

---

86 Ein Wasserstandsmesser existiert noch heute auf der Insel Elephantine bei Assuan. Vgl. Nomachi, K./Konzelmann, G., Nil (1989), S. 161.

87 Zu den seither verfolgten Konzepten zählen die Quellentheorie nach Fuisting (vgl. Fuisting, B., Grundzüge der Steuerlehre (1902), S. 109 ff.) und die Reinvermögenszugangstheorie nach Schanz (vgl. Schanz, G., Einkommensbegriff (FA 1896), S. 1 ff). Vgl. ferner Biergans, E./Stockinger, R., Einkommensbegriff (FR 1982), S. 1 ff.).

tial wegen besonderer Umstände keinen Gebrauch machen konnte.[88] Da man in der Praxis zwischen auf Faulheit und auf nicht zu vertretenden Mißerfolgen beruhenden Ergebnissen kaum trennen kann, sollte man schon aus diesem Grund einer Besteuerung des Einkommenspotentials eine Absage erteilen.

Will man trotz dieses Einwandes bereits an der bloßen Möglichkeit zur Einkommenserzielung anknüpfen, so scheint es geboten, daß zumindest jegliches Potential, "vermöge" dessen Einkommen geschaffen werden kann, der gleichen Besteuerung unterzogen wird. Diskriminierende Vorschriften, wie z.B. die Außerachtlassung des körperlichen und geistigen "Arbeitsvermögens", gravierende Abweichungen innerhalb verschiedener Arten des Kapitalvermögens und Erhebungsprobleme[89] führen zu bedeutsamen Mehr- oder Minderbelastungen zwischen verschiedenen Personen. Diese sind unter dem Aspekt der Steuergerechtigkeit abzulehnen.

In Hinblick auf Effizienzgesichtspunkte sei zusätzlich darauf hingewiesen, daß Potential- bzw. Substanzsteuern erhebliche allokative Zerrwirkungen entfalten. Sie vermindern den Umfang der grundsätzlich durchgeführten Investitionen, da sie einen Steuerkeil zwischen die Grenzrate der Transformation von heutigen in künftige Güter und die Grenzrate der Substitution von Gegenwarts- durch Zukunftskonsum treiben.[90] Die unterschiedliche Belastung verschiedener Substanzarten verzerrt zudem die Zusammensetzung der Investitionen. Da Substanzsteuern in jedem Falle - also auch bei Verlusten - zu zahlen sind, wird durch sie das Investitionsrisiko künstlich verstärkt. Bei risikoaverser Einstellung der Investoren werden somit prospektive, risikohaltige Investitionen zugunsten risikoarmer, lediglich bewahrender Kapitalanlagen zurückgedrängt.[91]

Eine Soll-Einkommensbesteuerung (Vermögensbesteuerung) weist somit im Vergleich zur Ist-Einkommensbesteuerung erhebliche Nachteile auf. Um überdies den Kreis der zu untersuchenden Bemessungsgrundlagen nicht über Gebühr auszudehnen, bleiben im folgenden Soll-Einkommenssteuern außer acht.

2. Umfang des Vermögensbegriffs zu einem Zeitpunkt?

Vermögensgrößen spielen nicht nur unmittelbar bei den Soll-Einkommenssteuern, sondern auch für die Ist-Einkommenssteuern eine wichtige Rolle. Einkommen läßt sich als Veränderung einer bestimmten Bestandsgröße zwischen zwei Zeitpunkten interpretieren.

---

88 Solche Umstände können in den besonderen Umwelt- und Konkurrenzbedingungen liegen, unter denen die unternehmerische Aktivität abläuft. Oft entstehen durch "Glück" oder "Pech" sog. windfall-gains oder windfall-losses.

89 Vgl. Hicks, J., Concept of Income, Taxation and Business Management, in: Roskamp, K./Forte, F. (Hrsg.), Reforms of Tax Systems (1981), S. 84.

90 Vgl. Nachtkamp, H., Allokationswirkungen der Bestandsbesteuerung (FA 1986), S. 216.

91 Vgl. Schneider, D., Für die Wagemutigen (FAZ vom 20.4.1991), S. 13.

Ausgangspunkt für die Bestimmung von Ist-Bemessungsgrundlagen sind grundsätzlich die tatsächlich[92] in der betrachteten Besteuerungsperiode geflossenen Zahlungen. Zahlungsströme können durch Veränderungen des Kassenvermögens gemessen werden.

Nun bedeutet eine Änderung des Kassenvermögens nicht unbedingt eine Änderung des Gesamtvermögens eines Steuersubjekts. Wird für die Hingabe von Geld ein anderer, äquivalenter Vermögenswert - z.B. eingekaufte Ware - erworben, so bleibt das Gesamtvermögen hiervon unberührt. Beim Weiterverkauf der Ware erhält das Unternehmen nun wieder Geldvermögen, allerdings nur unter Verzicht auf das entsprechende Warenvermögen. Errechnet man den Totalerfolg aus dem Geschäft als

Totalerfolg = Geldbestand nach dem Verkauf - Geldbestand vor dem Einkauf

so ändert sich durch die zwischenzeitliche Einbeziehung des Warenvermögens - nach dem Einkauf bis vor dem Verkauf - hieran nichts. Es erfolgt "lediglich" eine andere Verteilung der Periodenerfolge, falls sich das Geschäft über mehrere Abrechnungsperioden erstreckt hat. Allerdings vermeidet eine Erweiterung des Vermögensbegriffs um künftige Potentiale und Lasten den Eindruck, daß Auszahlungen generell unvorteilhaft und Einzahlungen generell vorteilhaft sind.

Die praktizierten Bemessungsgrundlagen verwenden deshalb einen Vermögensbegriff, der wesentlich über das Kassenvermögen hinausgeht. Unterschiedliche Vermögensbegriffe führen grundsätzlich "nur" zu verschiedenen Umperiodisierungen der als Ausgangspunkt dienenden Zahlungsströme der Periode. Diese Periodisierungsregeln sind jedoch in der Praxis der Besteuerung sehr bedeutsam für die Höhe der Steuerbelastung. Sie stehen deshalb im Zentrum dieser Arbeit. Zur Bestimmung des Vermögens kann man sich zwei Extrempunkte vorstellen. Zwischen diesen beiden Konzepten vermittelt ein drittes Verfahren einen Kompromiß. Einen Überblick verschafft die folgende Abbildung.[93]

---

92 U.U. müssen diese Zahlungen im Fall von Tauschgeschäften, Sacheinlagen oder Sachentnahmen fingiert oder bei fehlenden Interessengegensätzen zwischen nahestehenden Personen korrigiert werden.

93 In Anlehnung an Sigloch, J., Abschreibungsfreiheit, in: Schneider, D. (Hrsg.), Kapitalmarkt (1987), S. 184.

Grundsätzliche Vermögensbegriffe

Kassenvermögen	Einzelvermögen	Gesamtvermögen
= Kassenbestand	= Kassenbestand	= Kassenbestand
± 0	± (vorsichtige) Schätzung des Barwerts bestimmter künftiger Zahlungen durch einzelne positive und negative Wirtschaftsgüter	± realistische Prognose des Barwerts aller künftiger Zahlungen

Abb. 7: Vermögensbegriffe bei der Einkommensbesteuerung

Die konkrete rechnerische Ermittlung der Höhe von Vermögenswerten, die nicht unmittelbar in Geldbeständen bestehen, ist äußerst schwierig. Für umfangreichere Vermögensbegriffe, wie einen additiv ermittelten Einzelvermögenswert oder den Ertragswert, ist somit hilfsweise auch die Einbeziehung anderer Zahlungen als derjenigen der aktuellen Steuerperiode nötig. Hierbei kann es sich um

- Zahlungen, die bereits früher (tatsächlich) angefallen sind,
- Zahlungen, die heute fiktiv unter bestimmten Voraussetzungen anfallen könnten, oder
- Zahlungen, die in der Zukunft sicher oder voraussichtlich (tatsächlich) anfallen werden,

handeln. Beim Ertragswert des Gesamtvermögens wird die Kenntnis der Zukunft unterstellt. Bei Einzelvermögensbilanzen wie der gegenwärtigen Steuerbilanz leitet man Bilanzansatz und Bilanzbewertung mit Hilfe bestimmter Fiktionen - z.B. Rationalität des Kaufmanns, Vorsicht - aus objektiven historischen Zahlungen und aus Zahlungserwartungen ab.[94]

Die drei grundlegenden Konzepte sollen nun in den nächsten Abschnitten näher beleuchtet werden.

---

94 Vgl. Sigloch, J., Externe Rechnungslegung, in: Westermann, H./Scherpf, P./Sigloch, J./Paulik, H./Crezelius, G./Hackbeil, W. (Hrsg.), Handbuch der Personengesellschaften (1967/91), Bd. 1, Rn. 281.

a) Kassenvermögensbilanzen

Im einfachsten Fall gilt als zu messendes Vermögen lediglich solches, das bereits in Geldform vorliegt. Eine gesonderte Bewertung erübrigt sich somit. Die bilanzielle Vermögensübersicht besteht nur aus Aktiva in der Form verschiedener Geldbestände wie Bargeld und Sichteinlagen. Alle anderen möglichen positiven und negativen Vermögenspositionen (Schulden) bleiben außer acht. Dieser Form des Vermögensbestandes bedienen sich die sog. Cash-Flow-Steuern.

Das Konzept der Cash-Flow-Steuern beruht somit auf einem einfachen Vergleich des Kassenvermögens. Umperiodisierungen finden nicht statt, mithin entfallen auch alle damit verbundenen Probleme. Eine Kassenbestandsmessung kann auf simple Art und Weise sowohl bei der Unternehmung als auch beim Anteilseigner vorgenommen werden. Daraus lassen sich verschiedene Varianten der Cash-Flow-Steuer ableiten.

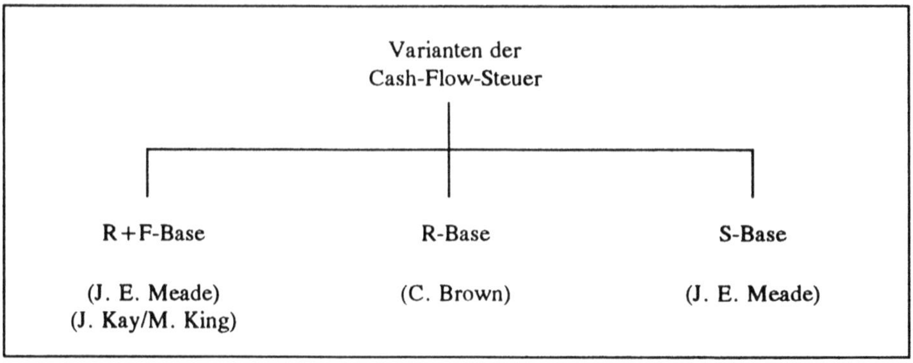

Abb. 8: Varianten der Cash-Flow-Steuer

Die R+F-Base[95] entspricht in ihrer Ausgangsbasis grundsätzlich dem konventionellen System. Zur Gewinnermittlung wird der (Zahlungs-)Überschuß aus den real- und finanzwirtschaftlichen Aktivitäten ermittelt, d.h. Transaktionen mit dem Anteilseigner bleiben - wie im geltenden Recht - außer acht.

Sieht man von Schwankungen des Kassenbestandes ab, so kann die Bemessungsgrundlage auch mittelbar zwischen Unternehmung und Investor gemessen werden. Sie ergibt sich als Ausschüttungen minus Einlagen einer Rechnungsperiode (S-Base).[96]

---

95 Vgl. Meade, J. E., Reform of Direct Taxation (1978), insbesondere S. 233; Kay, J./King, M., The British Tax System (1990), S. 108 ff.

96 Vgl. Meade, J. E., Reform of Direct Taxation (1978), insbesondere S. 233 f.

Gegenüber der R+F-Base verzichtet die R-Base[97] auf eine Erfassung der finanzwirtschaftlichen Zahlungen. Diese Vorgehensweise wirft zwei Fragen auf:

(1) Womit läßt sich der Verzicht auf diese vom Konzept her grundsätzlich einzubeziehenden Zahlungen begründen?

(2) Wie sind festverzinsliche Geldanlagen und Kredite der Investoren selbst zu behandeln? Soll man sie à la R+F-Base auch in die Bemessungsgrundlage einbeziehen oder à la R-Base ignorieren?

Zunächst wäre eine vollständige Einbeziehung von Kreditaufnahme und Geldanlage, laufenden bezahlten und erhaltenen Zinsen sowie Kredittilgung und Geldrückfluß eine logische Fortführung des Cash-Flow-Gedankens, insbesondere vor dem Hintergrund, daß eine strikte Abgrenzung zwischen R-Aktivitäten und F-Aktivitäten zwangsläufig Probleme bereitet.

Andererseits läßt sich durch Beschränkung auf den R-Bereich eine erhebliche Vereinfachung erzielen.

Die Steuerbelastung bleibt konstant, wenn die steuerlich unberücksichtigten Finanztransaktionen nur zum allgemeinen Kapitalmarktzins stattfinden. Zwischen Einbeziehung und Ignorierung besteht in diesem Fall *vom Ergebnis her* kein Unterschied.[98] Dies soll das folgende Beispiel zeigen, bei dem eine sofortige Wiederanlagemöglichkeit von Steuererstattungsbeträgen am (vollkommenen) Kapitalmarkt unterstellt wird:

---

97 Vgl. Brown, C., Business Income Taxation, in: Hansen, A. H. (Hrsg.), Income, Employment and Public Policy (1948), S. 300 ff.; Meade, J. E., Reform of Direct Taxation (1978), insbesondere S. 230 ff.

98 Vgl. Warren, A., The Timing of Taxes (NTJ 1986), S. 499 f.; McLure, C./Zodrow, G., Administrative Vorteile, in: Rose, M. (Hrsg.), Konsumorientierte Neuordnung des Steuersystems (1991), S. 129.

Rechnung ohne Steuer:		t_0	t_1
	Bruttozahlung (= netto)	-600	+660
Rechnung mit Steuer:		t_0	t_1
1)	(ursprüngliche) $Bruttozahlung_1$	-600	+660
	$Steuer_1$	+240	-264
2)	neue $Anlagezahlung_2$ (brutto)	-240	+264
	$Steuer_2$	+96	-105,60
3)	neue $Anlagezahlung_3$ (brutto)	-96	+105,60
	$Steuer_3$	+38,4	-42,24
	usw. ...	...	...
Σ	Bruttozahlungen	-1.000	+1.100
Σ	Steuer	+400	-440
Σ	Nettozahlung	-600	+660

Annahmen:
- in t_0 zur Anlage für eine Periode verfügbare Mittel: 600 DM
- Rendite der ursprünglichen Investition = 10 %
- Kapitalmarktzins zur Anlage der Steuererstattungen i = 10 %
- Steuersatz s = 40 %

Abb. 9: Wirkung der Cash-Flow-Besteuerung bei Normalverzinsung

Durch den Einsatz der ursprünglich vorhandenen 600 DM läßt sich in t_1 sowohl ohne Besteuerung als auch mit Cash-Flow-Besteuerung stets ein Zahlungsüberschuß von 660 DM erwirtschaften.

Das der Anschaulichkeit halber auf eine Kapitalanlage bezogene Beispiel läßt sich natürlich entsprechend auf Finanzierungen übertragen.

Allerdings besteht ein Unterschied, wenn durch geschickte Finanzgeschäfte höhere Überschüsse geschaffen werden, wie die folgende Modifikation des Beispiels zeigt. Die Zahlung von 660 (Verzinsung 10 %) in t_1 soll durch eine Einnahme von 720 (Verzinsung 20 %) ersetzt werden. Da z.B. Banken neben ihren Provisionserträgen aus dem Dienstleistungsgeschäft primär von solchen Zinsdifferenzen leben, wurde die Nicht-Besteuerung von Banken(-Übergewinnen) als Argument gegen die R-Base vorgebracht:[99]

---

99 Vgl. Meade, J. E., Reform of Direct Taxation (1978), S. 233; Feldhoff, M., Problematik (StuW 1989), S. 55; McLure, C./Zodrow, G., Administrative Vorteile, in: Rose, M. (Hrsg.), Konsumorientierte Neuordnung des Steuersystems (1991), S. 119 f.; Cansier, D., Ersatz der Gewerbesteuer (BB 1990), S. 253.

Rechnung ohne Steuer:		t_0	t_1
	Bruttozahlung (= netto)	-600	+720
Rechnung mit Steuer:		t_0	t_1
1)	(ursprüngliche) Bruttozahlung$_1$	-600	+720
	Steuer1	+240	-288
2)	neue Anlagezahlung$_2$ (brutto)	-240	+264
	Steuer$_2$	+96	-105,60
3)	neue Anlagezahlung$_3$ (brutto)	-96	+105,60
	Steuer$_3$	+38,4	-42,24
	usw. ...	...	...
Σ	Bruttozahlungen	-1.000	+1.160
Σ	Steuer	+400	-464
Σ	Nettozahlung	-600	+696

Annahmen:
- in t_0 zur Anlage für eine Periode verfügbare Mittel: 600 DM
- Rendite der ursprünglichen Investition = 20 %
- Kapitalmarktzins zur Anlage der Steuererstattungen i = 10 %
- Steuersatz s = 40 %

Abb. 10: Wirkung der Cash-Flow-Besteuerung bei Überverzinsung

Die Rechnung mit Steuern liefert hier ein niedrigeres Endvermögen als der Fall ohne Steuern. Effektiv wird der Übergewinn in Höhe von

$$720 - (600 \cdot 1{,}10) = 720 - 660 = 60$$

mit s = 40 % besteuert. Es ergibt sich daher eine Ergebnisminderung von

$$60 \cdot 0{,}40 = 24 = 720 - 696.$$

Nicht unter den Begriff einer Cash-Flow-Steuer i.e.S. fällt die sog. Konsumausgabensteuer.[100] Sie beruht auf der Messung der Konsumauszahlungen zwischen Investor und den Konsumgütermärkten. Man könnte sie daher mit "C-Base" bezeichnen. Im Unterschied zur (indirekten) Umsatzsteuer wird die Erfassung des Konsums direkt beim Steuerpflichtigen vorgenommen. Kommen keine Schwankungen des Kassenbestands vor, so ist die Konsumausgabensteuer rechnerisch äquiva-

100 Vgl. Musgrave, R. A./Musgrave, P. B./Kullmer, L., Öffentliche Finanzen (1988), Bd. 2, S. 312 ff.; Swoboda, P., Cash-flow-Steuern, in: Rose, M. (Hrsg.), Konsumorientierte Neuordnung des Steuersystems (1991), S. 475.

lent zu einer umfassenden Cash-Flow-Steuer. Zwischen der Besteuerung des Einkommens - i.e. der Einkommenserzielung - und des Konsums - i.e. der Einkommensverwendung - besteht somit kein grundsätzlicher Gegensatz. Sie lassen sich vielmehr im Grenzfall nahtlos ineinander überführen.

Für steuerliche Zwecke sind die Vorzüge von Cash-Flow-Systemen in Hinblick auf Einfachheit und Effizienz bereits weiter oben angesprochen worden[101]. Im Gegenzug dafür hat der Kassenvermögensvergleich einen wesentlichen Nachteil: Da er andere Werte und Verpflichtungen nicht erfaßt, ist er blind für die Zukunft. Mit einem solchen Vermögenskonzept kann man kein Schuldendeckungspotential messen. Das macht es untauglich für die *handelsrechtliche* Rechnungslegung, die u.a. dem Gläubigerschutz dienen soll.[102]

b) Gesamtvermögensbilanz

Völlig umfassend und zukunftsbezogen ist der zweite Extrempunkt, die Ertragswertbilanz als Idealfall des Vermögensbegriffs. Sie erfaßt alle künftigen Ein- und Auszahlungen und diskontiert sie mit dem Kapitalmarktzins auf den heutigen Zeitpunkt. Vermögen ist neben dem Kassenbestand (direkte Zahlungskraft heute) der Ertragswert der künftigen Zahlungen, mithin der Netto-Barwert aller Konsummöglichkeiten.

Vermögensänderungen entstehen, wenn sich aufgrund einer Entscheidung (z.B. Erkennen und Aufgreifen einer neuen Produktidee) die Zahlungsstromerwartungen ändern.[103] Ertragswerte sind grundsätzlich personenbezogen. Allenfalls lassen sich den aus den Entscheidungen resultierenden "Investitions"-Projekten - insbesondere ganzen Unternehmungen - gewisse Teilertragswerte zurechnen. Dies gilt jedoch nur, sofern zwischen den Projekten keinerlei Interdependenzen bestehen.

Auch die Ertragswertbilanz läßt sich theoretisch für alle Einkommensarten einsetzen, da man Ertragswerte nicht lediglich für Investitionen in Kapitalvermögen, sondern auch für künftiges Arbeitseinkommen oder Rentenansprüche ermitteln kann. Eine Gleichbehandlung der verschiedenen Vermögensarten ist somit gewährleistet.

---

[101] Vgl. S. 8 und S. 10.

[102] Vgl. Sigloch, J., Externe Rechnungslegung, in: Westermann, H./Scherpf, P./Sigloch, J./Paulik, H./Crezelius, G./Hackbeil, W. (Hrsg.), Handbuch der Personengesellschaften (1967/91), Bd. 1, Rn. 282 f.; Coenenberg, A., Jahresabschluß (1991), S. 12 f.

[103] Weitere Ursachen von Vermögensänderungen sind natürlich Entnahmen und Einlagen - um sie wird der Vermögensvergleich bereinigt -, aber auch Änderungen beim Diskontierungsfaktor oder der reine Zeitablauf. Vgl. Swoboda, P., Eignung des Gewinns als Besteuerungsgrundlage, in: Bös, D./Rose, M./ Seidl, C. (Hrsg.), Beiträge zur neueren Steuertheorie (1984), S. 242.

Leider ist das Konzept einer Einkommensermittlung mit Hilfe von Ertragswertbilanzen für Zwecke der Besteuerung undurchführbar.[104] Die Steuer sollte aus Praktikabilitäts- und Gerechtigkeitsgründen nach Möglichkeit auf intersubjektiv nachprüfbaren Tatsachen aufbauen. Wegen der generellen Unsicherheit der Zukunft lassen sich die künftigen Zahlungen nicht sicher voraussehen. Für die meisten unsicheren Zahlungserwartungen besteht wegen der Unvollständigkeit des Marktsystems auch kein Marktpreis, zu dem sie in sichere Ansprüche umgerechnet werden können.[105] Nur wenige, bestimmte unsichere Ansprüche können durch Versicherungen (z.B. Krankentagegeld-, Haftpflicht-, Berufsunfähigkeitsversicherungen) oder andere Hedginginstrumente (z.B. Devisenoptionen) zu bestimmten Preisen in - aus individueller Sicht - sichere Gesamtpositionen umgewandelt werden. Das Problem der Unsicherheit bleibt deshalb in der großen Mehrzahl aller Fälle bestehen.

Da die Einkommensbesteuerung auf der Basis eines Gesamtvermögensvergleichs nicht praktisch durchgeführt werden kann, spielen die allokativen Nachteile, die schon diese idealtypische Bemessungsgrundlage gegenüber einer Konsum- oder Cash-Flow-Steuer hat, nur noch eine untergeordnete Rolle.[106]

c) Traditionelle Einzelwertebilanzen

In der heute verwirklichten Einkommensbesteuerung haben sich angesichts der Mängel der oben beschriebenen Konzepte verschiedene Varianten eines Vermögensvergleichs herausgebildet, die einen Kompromiß zwischen dem umfassenden, aber nicht durchführbaren Gesamtvermögensvergleich und dem einfachen, aber extrem begrenzten Kassenvermögensvergleich darstellen. Sie gehen von der additiven Bilanzierung und Bewertung einzelner Bruttovermögensteile und Schulden (sog. "Wirtschaftsgüter") aus. Damit eröffnen sich zwei Grundsatzfragen:

(1) Was stellt ein einzelnes aufzunehmendes Bilanzobjekt dar?
(Ansatz dem Grunde nach)

(2) Wie sind die aufgenommenen Objekte zu bewerten?
(Ansatz der Höhe nach)

"Was dabei als Aktivum, was als Passivum zu gelten hat und wie diese Aktiven und Passiven zu bewerten und zu gliedern sind, hängt davon ab, wozu die Vermögens- bzw. Gewinnermittlung erfolgen soll."[107] Die beiden Kernfragen können also je nach konkretem Zweck durchaus verschieden beantwortet werden. Muß eine ein-

---

104 Vgl. Swoboda, P., Eignung des Gewinns als Besteuerungsgrundlage, in: Bös, D./Rose, M./ Seidl, C. (Hrsg.), Beiträge zur neueren Steuertheorie (1984), S. 241 ff. und Sinn, H.-W., Alternativen zur Einkommensteuer, Beihefte der Konjunkturpolitik, Heft 33, S. 12 ff. mit Angabe weiterer Mängel der praktizierten Einkommensbesteuerung in Vergleich zum theoretischen Ideal.

105 Vgl. Beaver, W./Demski, J., Nature of Income Measurement (AR 1979), S. 41.

106 Vgl. die Ausführungen auf Seite 8.

107 Moxter, A., Bilanztheorie (1984), S. 1.

heitliche Bilanz mehreren Zielsetzungen genügen,[108] so ist ein Kompromiß notwendig. Bei diesem Kompromiß kann sich im Zeitablauf die Gewichtung der verschiedenen Aspekte durchaus ändern, so daß sowohl der Begriff "Wirtschaftsgut" als auch die anzulegenden Wertmaßstäbe einem Wandel unterliegen.

Die Kriterien, die zur Festlegung von positiven und negativen Wirtschaftsgütern Verwendung finden können, sind höchst umstritten. Die theoretische Diskussion über diese, zwar dem ersten Anschein nach recht einfache, bei genauerem Hinsehen und in konkreten Fällen jedoch äußerst problematische Frage, läßt sich kaum mehr überblicken.[109] Im wesentlichen werden folgende Abgrenzungskriterien vertreten:[110]

- bei positiven Wirtschaftsgütern:
  - Einzelveräußerbarkeit,
  - Einzelverwertbarkeit,
  - Nutzenerhöhung im Gesamtbetriebszusammenhang;
- bei negativen Wirtschaftsgütern:
  - rechtliche Belastung,
  - wirtschaftliche (und rechtliche) Belastung;
  - nötiger Wahrscheinlichkeitsgrad einer potentiellen Belastung?

Nicht minder schwierig und in der Praxis von noch größerer Relevanz ist die Frage der Bewertung. Im Rahmen der Bewertung müssen ebenfalls verschiedene Festlegungen getroffen werden, die im gegenwärtigen Recht überdies noch zu einer Mischkonzeption zusammengefaßt werden.[111] Undeutlich gefaßte Gesetzesstellen oder bewußte Verweise auf die Grundsätze ordnungsmäßiger Buchführung lassen der Interpretation weiten Raum:

- Ausgangsgrößen:[112]
  - historische Anschaffungsauszahlungen,
  - absatzmarkt-orientierte Liquidationswerte,

---

108 Die nach gesetzlichen Vorschriften aufgestellte Handelsbilanz soll als sog. "Bilanz im Rechtssinne" z.B. die Aufgaben der Schuldendeckungskontrolle, der Ausschüttungssperre und der Gewinnverteilung erfüllen. Darüber hinaus wirkt sie über das Maßgeblichkeitsprinzip auch auf den Zweck "steuerliche Gewinnermittlung". Vgl. Moxter, A., Bilanztheorie (1984), S. 81 ff., S. 156.

109 Vgl. beispielsweise Freericks, W., Bilanzierungsfähigkeit und Bilanzierungspflicht (1976), S. 142; Schneider, D., Steuerbilanzen (1978), S. 113 ff.; Moxter, A., Aktivierungsgrenzen (BB 1978), S. 823; Lamers, A., Immaterielle Werte (1981), S. 205 ff.; Fabri, S., Nutzungsverhältnisse (1986), S. 48 ff.; Coenenberg, A., Jahresabschluß (1991), S. 61 ff.; Knobbe-Keuk, B., Bilanz- und Unternehmenssteuerrecht (1991), S. 77.

110 Vgl. Sigloch, J., Externe Rechnungslegung, in: Westermann, H./Scherpf, P./Sigloch, J./Paulik, H./Crezelius, G./Hackbeil, W. (Hrsg.), Handbuch der Personengesellschaften (1967/91), Bd. 1, Rn. 378 ff.

111 Vgl. beispielsweise Schneider, D., Steuerbilanzen (1978), S. 132 ff.

112 Vgl. Sigloch, J., Externe Rechnungslegung, in: Westermann, H./Scherpf, P./Sigloch, J./Paulik, H./Crezelius, G./Hackbeil, W. (Hrsg.), Handbuch der Personengesellschaften (1967/91), Bd. 1, Rn. 416.

- (gedachte) Einzelertragswerte,
- beschaffungsmarkt-orientierte Wiederbeschaffungskosten;

- bei der Vor- oder Rückrechnung angewandte Zuordnungsprinzipien:[113]
  - Vollkosten,
  - Grenzkosten,
  - Einzelkosten.

Im Gegensatz zu Kassenvermögens- und Ertragswertbilanzen tritt bei den traditionellen Einzelwertebilanzen auch die Frage auf, wie und wann Wertänderungen bei den einzelnen Wirtschaftsgütern zu behandeln sind.

Die Erfolgsrealisation ist im geltenden Recht asymmetrisch geregelt: absehbare Verluste sind bereits im Zeitpunkt ihrer Erkennbarkeit, voraussichtliche Gewinne erst bei Abgabe der wirtschaftlichen Verfügungsmacht über das Bewertungsobjekt auszuweisen.[114]

Dies muß indes nicht so sein, als Alternativen kämen grundsätzlich auch eine symmetrische Behandlung von Gewinnen und Verlusten sowie andere Realisationszeitpunkte wie etwa

- Vetragsabschluß,
- Rechnungstellung,
- Gefahrübergang oder
- Abschlußzahlung in Betracht.

Nicht von vornherein bestimmt ist ferner die bewertungstechnische Behandlung von Wirtschaftsgütern, die durch Gebrauch (z.B. Kraftfahrzeug), Ausbeutung (z.B. Kiesgrube) oder Zeitverlauf (z.B. auf eine bestimmte Laufzeit beschränkte Lizenz) vorhersehbar einem Werteschwund unterliegen (sog. abnutzbare Wirtschaftsgüter). Im Extremfall könnten alle Wertänderungen bis zum Ausscheiden des Wirtschaftsgutes ignoriert werden; es käme erst dann zu einem abschließenden Wertsprung.[115] Üblicherweise werden Wertminderungen jedoch in der Form planmäßiger Abschreibungen bereits früher bei der Vermögensbewertung berücksichtigt.

Neben diesen grundsätzlich schon äußerst vielfältigen Möglichkeiten, mit einer bestimmten Bilanzierungsvariante die Periodisierung des Totalgewinns zu regeln, müssen auch bei der konventionellen Bilanzierung nicht unbedingt alle Zahlungen in die Bemessungsgrundlage einbezogen werden:

---

113 Vgl. Sigloch, J., Externe Rechnungslegung, in: Westermann, H./Scherpf, P./Sigloch, J./Paulik, H./Crezelius, G./Hackbeil, W. (Hrsg.), Handbuch der Personengesellschaften (1967/91), Bd. 1, Rn. 503 ff.

114 Vgl. Schneider, D., Steuerbilanzen (1978), S. 62 ff.

115 Vgl. Schneider, D., Steuerbilanzen (1978), S. 65.

(1) Im gegenwärtigen Steuerrecht gibt es Sonderregeln, die für Einzelfälle bestimmte Zahlungen aus der Bemessungsgrundlage herausnehmen (z.B. heute steuerfreie Erträge gem. §§ 3, 3a, 3b EStG, nichtabzugsfähige Aufwendungen gem. § 4 V EStG). Ursache hiervon sind einerseits Abgrenzungsprobleme zwischen den Bereichen Einkommenserzielung und Einkommensverwendung, andererseits steuertechnische Gründe (z.B. nichtabzugsfähige Steuerarten) sowie die bewußte Hemmung und Förderung bestimmter Aktivitäten.[116]

(2) Bei den Haushaltseinkunftsarten wird der Überschuß der Einnahmen über die Werbungskosten gem. §§ 8-9a EStG besteuert. Es handelt sich bei dieser Methode der Einkünfteermittlung um den ideologischen Ausfluß der Quellentheorie, die vom Ansatz her *eigentlich kein* Vermögensvergleich ist. Die Quellentheorie besagt, daß mit dem Erwerb und der Veräußerung eines sog. "Vermögensstamms" verbundene Zahlungen steuerlich grundsätzlich unbeachtlich bleiben. Nur die den "Früchten" entsprechenden Einzahlungen und die zur "Ernte" notwendigen Auszahlungen bilden die Bemessungsgrundlage. Beleuchtet man die Quellentheorie unter dem Blickwinkel eines Vermögensvergleichs, so sieht man, daß auch sie nicht auf eine gewisse bilanzielle Vermögensmessung verzichten kann, wie z.B. die planmäßigen Abschreibungen belegen. Der Vermögensumfang ist jedoch unvollständig und - wie eben erläutert - systematisch um bestimmte Einnahmen und Ausgaben gekürzt.

Die konkrete Bilanzierung wirft in der Praxis erhebliche Schwierigkeiten auf, da eine Vielzahl von Abgrenzungsproblemen besteht. Das traditionelle Bilanzsteuerrecht ist deshalb außerordentlich kompliziert, insbesondere wenn man es mit den Kassenvermögensbilanzen vergleicht. Diese sind "gegenüber den traditionellen ... Vermögensvergleichen ... weniger vollständig, weil sie keine Nicht-Kassenbestände in der Form künstlicher Verrechnungszahlungen ausweisen, sind aber gegenüber diesen Konzepten einfacher, allgemeiner anwendbar, weniger ungleich und weniger verzerrend, eben weil sie auf solche Verrechnungszahlungen verzichten."[117]

3. Art des Vermögensvergleichs zwischen zwei Zeitpunkten?

Die Erfassung eines auf bestimmte Art und Weise abgegrenzten Vermögens für verschiedene Zeitpunkte bildet nur die erste Stufe der Einkommensermittlung. Für die Berechnung des Periodeneinkommens wird in der zweiten Stufe das Periodenanfangsvermögen mit dem Periodenendvermögen verglichen. Hierbei kann man unterscheiden, ob beim Vergleich das Nominalwertprinzip beachtet wird, d.h. ob man das Periodenanfangsvermögen einfach vom Periodenendvermögen subtrahiert, oder ob zunächst eine bestimmte Umrechnung der Vermögenswerte erforderlich ist.[118] Mögliche Konzepte spiegelt die nachstehende Abbildung wider.

---

[116] Die gleichen Probleme würden aber auch für Cash-Flow-Steuern gelten.

[117] Sigloch, J., Abschreibungsfreiheit, in: Schneider, D.(Hrsg.), Kapitalmarkt (1987), S. 175.

[118] Vgl. zum folgenden insbesondere Wenger, E., Periodisierungsregeln I (ZfB 1985), S. 712 ff.

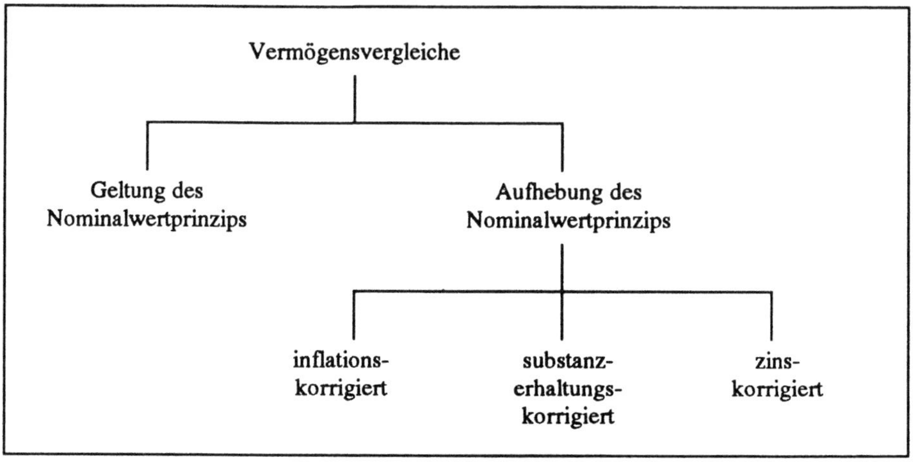

Abb. 11: Arten des Vermögensvergleichs zwischen zwei Zeitpunkten

a) Geltung des Nominalwertprinzips

Im Falle eines unkorrigierten Vergleichs entspricht eine Geldeinheit des Anfangsvermögens exakt einer Geldeinheit des Endvermögens. Die beiden Geldeinheiten werden als vollständig vergleichbar angesehen (Mark gleich Mark), eine Umrechnung ist somit nicht erforderlich bzw. der Umrechnungsfaktor wäre eins.

Nehmen wir an, daß innerhalb der Rechnungsperiode keine Entnahmen und Einlagen erfolgt sind, und definieren wir

BG_t = Höhe der Bemessungsgrundlage der Periode t,

V_t^* = Bestand des relevanten Vermögens am Ende der Periode t,

V_t = Bestand des relevanten Vermögens am Ende der Periode t, soweit es nicht aus Kasse besteht,

$ZÜ_t$ = Zahlungsüberschuß der Periode t,

so gilt unter der Voraussetzung, daß Endvermögen der einen und Anfangsvermögen der nächsten Periode identisch sind, nach dem Prinzip des Vermögensvergleichs:

$$BG_t = V_t^* - V_{t-1}^*$$

Die Höhe der Bemessungsgrundlage der Periode t ergibt sich durch Vergleich des Periodenendvermögens (V_t^*) mit dem Periodenanfangsvermögen, d.h. dem Endvermögen der Vorperiode (V_{t-1}^*).

Durch die explizite Ausgliederung des Wachstums des Kassenvermögens (= Zahlungsüberschuß in t) läßt sich folgende äquivalente Schreibweise erreichen:

$$BG_t = ZÜ_t + V_t - V_{t-1}$$

Die Bemessungsgrundlage einer Periode errechnet sich aus dem Zahlungsüberschuß der Periode, korrigiert um das Wachstum derjenigen Vermögensteile, die über das Kassenvermögen hinausgehen.

Wenn wir davon ausgehen, daß vor Beginn aller Investitionen definitionsgemäß kein Anfangsvermögen (neben Geld) existiert und nach ihrem Abschluß kein Endvermögen (neben Geld) mehr vorhanden ist, so entspricht über die Totalperiode hinweg gesehen die Summe der steuerlichen Bemessungsgrundlagen exakt der Summe der entsprechenden Zahlungsüberschüsse.

Dies läßt sich wie folgt zeigen:

Zunächst wird die Summe aller Bemessungsgrundlagen über alle Perioden der Lebensdauer des Unternehmens errechnet.

$$\sum_{t=0}^{n} BG_t = \sum_{t=1}^{n} (ZÜ_t + V_t - V_{t-1})$$

Anschließend wird die Klammer auf der rechten Seite der Gleichung aufgelöst. Durch mathematische Umformungen lassen sich alle Vermögensbestände bis auf V_n und V_0 herauskürzen. Das Summenzeichen bezieht sich jetzt nur noch auf die Zahlungsüberschüsse $ZÜ_t$.

$$\sum_{t=0}^{n} BG_t = \sum_{t=1}^{n} ZÜ_t + V_n - V_0$$

Anfangs- (V_0) und Endvermögen (V_n) sollen definitionsgemäß gleich null sein.

$$\sum_{t=0}^{n} BG_t = \sum_{t=1}^{n} ZÜ_t + 0 - 0$$

Damit entspricht die kumulierte Bemessungsgrundlage stets dem in der Totalperiode erzielten Zahlungsüberschuß:

$$\sum_{t=0}^{n} BG_t = \sum_{t=1}^{n} ZÜ_t$$

Es findet demnach bei Geltung des Nominalwertprinzips stets nur eine reine Umperiodisierung von Zahlungen statt.

Dieser Sachverhalt läßt sich auch grafisch darstellen. In einer vereinfachten Darstellung weichen die Linien des kumulierten Erfolgsausweises zwar zwischenzeitlich voneinander ab, haben jedoch wegen des identischen Totalgewinns stets den gleichen Endpunkt:[119]

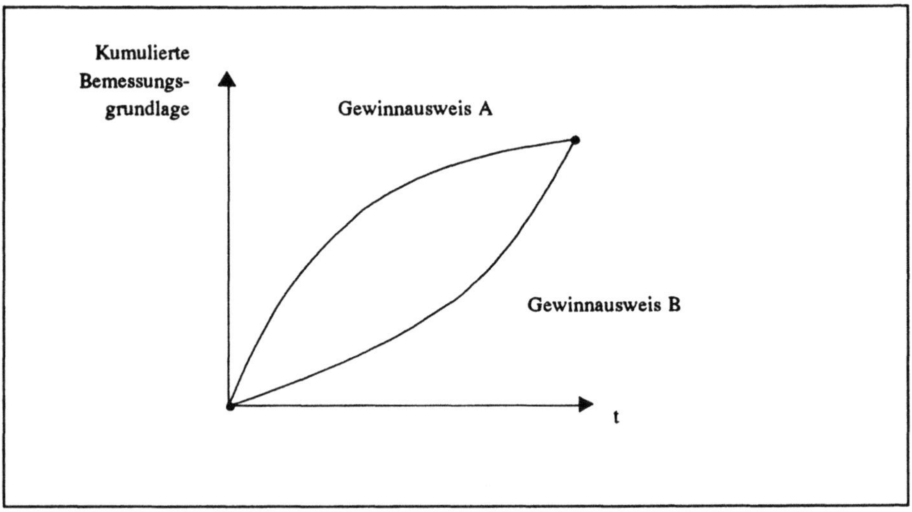

Abb. 12: Totalgewinngleichheit bei Bemessungsgrundlagen mit lediglich unterschiedlichen Periodisierungsregeln

Eine solche Totalgewinngleichheit kann jedoch strenggenommen nur für die reine Erfolgsermittlung behauptet werden. An den Gewinnausweis knüpfen indes in der Realität Steuerzahlungen an, die dem Unternehmen finanzielle Mittel entziehen.

In diesem Fall tritt ein wichtiger zusätzlicher Effekt ein. Bemessungsgrundlagen, die z.B. den Erfolgsausweis und somit die Steuerzahlung auf spätere Perioden verlegen, führen relativ gesehen zu einer zeitweiligen "Steuerstundung". Die Steuerstundung ist zinslos, da die Steuerschuld rechtlich gesehen noch gar nicht entstanden ist. Sie vermindert für diese Zeit den Bedarf an zu verzinsendem Fremdkapital.[120] Indirekt entstehen somit auch Auswirkungen auf die Gewinne. Da der Totalgewinn Zinsausgaben und -einnahmen beinhaltet, wird die ursprüngliche Gesamtgewinngleichheit nicht mehr aufrecht erhalten. Steuerbemessungsgrundlagen, bei denen der Erfolg erst später ausgewiesen wird, führen so zu einem relativ höheren Totalgewinn und

---

[119] Die beiden Linien haben natürlich auch den gleichen Ausgangspunkt, da der kumulierte Gewinn anfangs null beträgt.

[120] Statt für die Tilgung von Fremdkapital könnte der Steuerkredit auch zur verzinslichen Anlage von Mitteln eingesetzt werden. Grundsätzlich ergeben sich aufgrund dieser Modifikation jedoch keine Änderungen.

einer niedrigeren Steuerbelastung.[121] Hierauf beruht insbesondere der Fördereffekt von Sonderabschreibungen und erhöhten Absetzungen.[122]

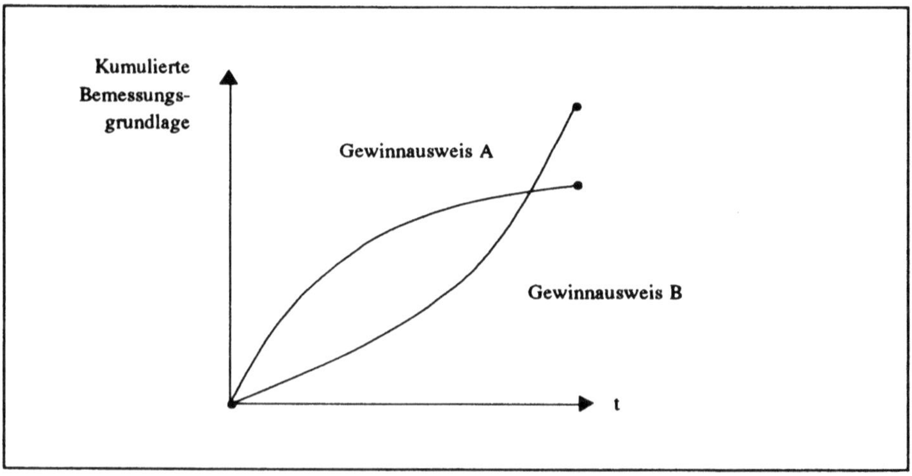

Abb. 13: Folgen von Zinseffekten bei der Steuerzahlung auf den Totalgewinn

Neben der Umperiodisierung *aller Zahlungen* können aber auch bestimmte Teile der wirtschaftlichen Aktivität - d.h. *bestimmte Zahlungen* - schon von vornherein bei der Steuerbemessungsgrundlage *ausgeklammert* worden sein.[123] In diesem Fall weicht der Totalerfolg von verschiedenen Bemessungsgrundlagen grundsätzlich voneinander ab.

Beschränkt man sich allerdings auch hier nicht auf die Ermittlung der Bemessungsgrundlage, sondern schließt die hieraus folgenden Steuerzahlungen mit ein, so kann sich ebenfalls das Bild wandeln.

Wie bereits auf Seite 38 ff. gezeigt wurde, spielt es nämlich unter bestimmten Bedingungen keine Rolle, ob die Bemessungsgrundlage vollständig (R+F-Base) oder lückenhaft (R-Base) ist. Der ursprüngliche Totalgewinnunterschied (wegen der Steuerbarkeit bzw. Steuerfreiheit von Finanzerträgen und -aufwendungen) wird

---

121 Unterstellt wird ein konstanter Steuersatz. Weichen die Steuersätze der Perioden z.B. wegen eines progressiven Tarifs voneinander ab, so wird die Belastungswirkung der zeitlichen Verteilung der Bemessungsgrundlage noch durch Tarifeffekte überlagert. Hierdurch können sowohl Mehr- als auch Minderbelastungen entstehen. Vgl. Garhammer, C., Steuerliche Investitionsförderung (1988), S. 78 und S 129 ff.

122 Vgl. Garhammer, C., Steuerliche Investitionsförderung (1988), S. 129 ff.

123 Dies ist heute z.B. bei den Haushaltseinkunftsarten der Fall. Hier werden Zahlungen, die in Zusammenhang mit einem sog. "Vermögensstamm" stehen, außer acht gelassen. Auch bei der R-Base bleiben systematisch gewisse Zahlungen unberücksichtigt. Weiterhin können vom Gesetzgeber steuerfreie Erträge und nichtabziehbare Aufwendungen festgesetzt werden (siehe insbesondere §§ 3, 3a, 3b, 4 V EStG).

durch die Zinseffekte auf Steuerzahlungen bzw. -erstattungen kompensiert, wenn die Finanztransaktionen am vollkommenen Kapitalmarkt vorgenommen werden.

Eine Zusammenfassung der Überlegungen läßt sich der nachstehenden Tabelle entnehmen:

Bemessungsgrundlage beruht auf:	grundsätzlicher Totalgewinn (ohne Steuerzahlungen):	Änderungen bei Einbeziehung der Steuerzahlungen:
a) allen Zahlungen (z.B. Steuerbilanz, R+F-Base)	Totalgewinne gleich	Steuerbelastung i.d.R. verschieden
b) nur Teil der Zahlungen (z.B. R-Base)	Totalgewinn weicht ab	Steuerbelastung kann (!) gleich sein

Abb. 14: Umperiodisierungen bei Geltung des Nominalwertprinzips

b) Aufhebung des Nominalwertprinzips

Das Nominalwertprinzip beim Vermögensvergleich wird im geltenden Steuerrecht angewendet. Allerdings gibt es auch einige Reformvorschläge, die seine Aufhebung fordern.

Bei korrigierten Vermögensvergleichen können Geldeinheiten des Anfangsvermögens nicht direkt mit Geldeinheiten des Endvermögens verglichen werden. Um beide Recheneinheiten vergleichbar zu machen, muß eine Umrechnung des Gesamtvermögens bzw. einzelner Vermögensteile mit einem bzw. mehreren Faktoren vorgenommen werden, die vom Wert Eins verschieden sind. Damit weicht auch über die Totalperiode die Summe der Zahlungen grundsätzlich von der Summe der Bemessungsgrundlagen ab:

$$\sum_{t=0}^{n} BG_t \neq \sum_{t=1}^{n} Z\ddot{U}_t$$

Für eine Korrektur beim Vergleich von Anfangs- und Endvermögen gibt es mehrere Ansatzpunkte:

(1) Inflationskorrektur;

(2) Substanzerhaltungskorrektur(en);

(3) Normalverzinsungskorrektur.

ad (1) Inflationskorrektur:

Der erste Ansatz versucht die Einflüsse der Inflation auf die Gewinnermittlung auszuschalten. Durch Inflation entstehen nominale Wertsteigerungen, die aber aus Sicht des Investors kein erhöhtes Konsumpotential bedeuten, da sich die Preise der Konsumgüter im gleichen Maße erhöhen. Ein "realer" Gewinn ist somit nicht eingetreten. Alle Größen müssen auf ein einheitliches Preisniveau umgerechnet werden. Das in Geldeinheiten zu Periodenbeginn gemessene Anfangsvermögen wird deshalb zunächst durch Berücksichtigung der Inflationsrate i in Geldeinheiten zu Periodenende umgerechnet. Erst dann darf die Differenz zum Endvermögen gebildet werden:

$$BG_t = \quad Z\ddot{U}_t + V_t - (1+i) \cdot V_{t-1}$$

Es erfolgt eine Indizierung der Vermögenswerte zu verschiedenen Zeitpunkten. Dadurch soll dem Postulat der realen Kapitalerhaltung Rechnung getragen werden.[124]

ad (2) Substanzerhaltungskorrektur(en):

Die Konzeption der Substanzerhaltung wird damit begründet, daß eine Inflationskorrektur des Einkommens noch nicht geeignet sei, den Erhalt des Unternehmens zu sichern.[125] Charakteristisch hierfür ist die Forderung, nur das als Einkommen auszuweisen, was entnommen werden kann, ohne die mengenmäßige Substanz der Einkommensquelle anzugreifen. Da für einzelne Sach-Vermögensteile k jeweils andere spezifische Preissteigerungsraten i_k gelten, kann keine Umrechnung mehr mit einem allgemeingültigen Faktor wie der Inflationsrate i vorgenommen werden. Die Korrekturen sind vielmehr für alle unterschiedlichen Vermögensteile getrennt vorzunehmen.[126]

Für Nominalgüter wie Forderungen und Schulden existieren keine spezifischen Preissteigerungsraten. Nimmt man für diese Nominalgüter $i_k = 0$ an, so spricht man von Bruttosubstanzerhaltung. Man unterstellt hierbei, daß der Netto-Fremdfinanzierungsumfang auch bei Preissteigerungen nicht ausgedehnt werden kann. Die Unter-

---

124 Vgl. Schildbach, T., Inflation Accounting I (WISU 1984), S. 123; Schildbach, T., Inflation Accounting II (WISU 1984), S. 215 ff.; Wenger, E., Periodisierungsregeln I (ZfB 1985), S. 719; Shoven, J./Bulow, J., Inflation Accounting (BPEA 1975), S. 561, S. 563 ff.

125 Vgl. Schildbach, T., Inflation Accounting I (WISU 1984), S. 123; Schildbach, T., Inflation Accounting II (WISU 1984), S. 217 ff.; Wenger, E., Periodisierungsregeln I (ZfB 1985), S. 719.

126 Vgl. Shoven, J./Bulow, J., Inflation Accounting (BPEA 1975), S. 563 ff.

nehmung muß den gesamten preissteigerungsbedingten Kapitalmehrbedarf (erfolgsneutral) aus thesauriertem Eigenkapital bilden. Das führt zu einem im Zeitablauf wachsenden Eigenkapitalanteil.[127]

Die Nettosubstanzerhaltung erlaubt eine Ausweitung der nominalen Verschuldung, lediglich die Kapitalstruktur soll erhalten bleiben. Stammt der preissteigerungsbedingte Kapitalmehrbedarf aus bisher eigenfinanziertem Vermögen, so ist er durch (erfolgsneutrale) interne Bildung von Eigenkapital zu decken, stammt er aus bisher fremdfinanziertem Vermögen, so soll er durch zusätzliche Kreditaufnahme gedeckt werden.[128] Der Preissteigerungsfaktor i_k bei den Sach-Vermögensteilen wird deshalb durch den Faktor $i_k \cdot EK_k$ ersetzt, wobei EK_k den Bruchteil ($0 \leq EK_k \leq 1$) des Wirtschaftsgutes k angibt, der durch Eigenkapital finanziert wurde. Die Zurechnung der Finanzierungsarten auf verschiedene Wirtschaftsgüter ist jedoch ein prinzipiell unlösbares Problem.[129]

Außerdem können die Substanzerhaltungskorrekturen keine befriedigende Antwort auf die Frage geben, was bei qualitativen Änderungen der (körperlichen) Unternehmenssubstanz - die ja im Zuge des technischen Fortschritts unvermeidbar sind - geschehen soll.[130]

Substanzerhaltungskonzeptionen werden deshalb hier nicht weiter behandelt.

ad (3) Normalverzinsungskorrektur:

Mit der formell gleichen Rechentechnik wie bei der Inflationskorrektur wird eine Zinsbereinigung des Einkommens vorgenommen. An die Stelle der Inflationsrate tritt lediglich der nominale Zinssatz r.

$$BG_t = Z\ddot{U}_t + V_t - (1+r) \cdot V_{t-1}$$

"Eine systematische Zinsbereinigung des Einkommens hat die ... bedeutsame Eigenschaft, daß sie im Falle eines linearen, zeitlich konstanten Einkommensteuertarifs zu einer Besteuerung des Kapitalwerts führt."[131]

Mit Hilfe einer Zinskorrektur werden also Normalgewinne in Höhe des Zinssatzes effektiv steuerfrei gestellt, lediglich die über diese Verzinsung hinausgehenden Kapitalerträge unterliegen der Besteuerung.

---

127 Vgl. Schildbach, T., Inflation Accounting II (WISU 1984), S. 218.

128 Vgl. Schildbach, T., Inflation Accounting II (WISU 1984), S. 218.

129 Von einer Wiedergabe der hierdurch recht komplex werdenden Formel wird deshalb abgesehen. Sie entspricht von Grundaufbau her den beiden oben angeführten, nur tritt an die Stelle des Faktors (1+i) bzw. (1+r) ein umfangreicherer Ausdruck. Vgl. Wenger, E., Periodisierungsregeln I (ZfB 1985), S. 720.

130 Vgl. Wenger, E., Periodisierungsregeln I (ZfB 1985), S. 723.

131 Wenger, E., Periodisierungsregeln I (ZfB 1985), S. 724.

B. Charakterisierung der untersuchten Bemessungsgrundlagen

Unter die heute im Steuerrecht praktizierten Formen der Bemessungsgrundlage fallen die konventionelle Steuerbilanz gem. § 4 I i.V.m. § 5 EStG und die lückenhafte "Bilanz" der Einnahmen-Überschuß-Rechnung gem. § 4 III EStG. Sie sollen durch die wichtigsten Reformvorschläge ergänzt werden: R+F-Base, R-Base, ein Mischsystem nach *Sinn* sowie eine zinskorrigierte Bilanz. Zu Vergleichszwecken wird ferner die direkte Konsumausgabensteuer mit einbezogen.

1. Konventionelle Steuerbilanz

Die erste Bemessungsgrundlage soll sich an Regelungen zur konventionellen Steuerbilanz gem. § 5 i.V.m. § 4 I EStG anlehnen. Allerdings ist das Bilanzsteuerrecht sehr umfassend. Es ist deshalb eine Beschränkung auf die tragenden Grundprinzipien notwendig.[132]

Den primären Wertmaßstab der Handelsbilanz und somit auch der Steuerbilanz bilden unter Objektivierungsgesichtspunkten die historischen Anschaffungs- oder Herstellungskosten. Sie werden aus Gründen der Vorsicht auf niedrigere Tageswerte, die sich aus Wiederbeschaffungs- oder Veräußerungswerten ableiten, überprüft.[133,134] Hinzu können aus weiteren Ursachen (steuerliche "Begünstigung") noch niedrigere tertiäre Werte kommen.

Im Rahmen dieser Arbeit müssen die Regeln der Praxis vereinfacht werden. Es soll deshalb eine Beschränkung auf die primäre Wertart "Anschaffungskosten" vorgenommen werden. Gekaufte Wirtschaftsgüter werden mit ihren Anschaffungsauszahlungen (Einzelkosten) bewertet. Soweit keine Lagerung von unfertigen oder fertigen Erzeugnissen vorgenommen wird, stellt sich das Problem der Herstellungskosten mit einer Weiterverrechnung von Gemeinkosten nicht. Niedrigere Tageswerte sollen ebensowenig wie tertiäre Wertarten in Betracht kommen.

---

132 Vgl. Wenger, E., Periodisierungsregeln II (ZfB 1986), S. 133 f.

133 Vgl. Sigloch, J., Externe Rechnungslegung, in: Westermann, H./Scherpf, P./Sigloch, J./Paulik, H./Crezelius, G./Hackbeil, W. (Hrsg.), Handbuch der Personengesellschaften (1967/91), Bd. 1, Rn. 281; Henselmann, K., Bilanzierung (1990), S. 13 ff.

134 Es läßt sich zeigen, daß die kaufmännische Konvention eine unter pragmatischen Gesichtspunkten durchaus taugliche Antwort auf die Bedingungen der realen Welt (unsichere künftige Zahlungen, unvollständiges Marktsystem, Ressourcenverbrauch beim Bewerten, Interessengegensatz zwischen Unternehmensleitung und anderen Gruppen) darstellt. Vgl. Ordelheide, D., Kaufmännische Konvention, in: Hax, H./Kern, W./Schröder, H.-H. (Hrsg.), Zeitaspekte in betriebswirtschaftlicher Theorie und Praxis (1989), S. 21 ff.

Kredite und Geldanlagen werden bilanziert, die Zinsaufwendungen und -erträge unterliegen der Besteuerung. Bilanzierungs- und Steuerpflicht soll aus Gründen der durchgängigen Behandlung auch für alle Finanztransaktionen gelten, die der Investor direkt vornimmt.[135]

Das gegenwärtige Einkommensteuergesetz bestimmt für Gewerbetreibende, daß der bilanzielle Gewinn nach Wirtschaftsjahren zu ermitteln ist (§ 4a I S. 1 EStG). Der Gewinn wird dann dem Veranlagungszeitraum (Kalenderjahr) zugerechnet, in dem das Wirtschaftsjahr endet (§ 4a II Nr. 2 EStG). Hier soll unterstellt werden, daß Wirtschaftsjahr und Kalenderjahr identisch sind.

Beim Vermögensvergleich findet das Nominalwertprinzip Anwendung. Dies ergibt sich implizit aus der Formulierung des § 4 I Nr. 1 S. 1 EStG: "Gewinn ist der Unterschiedsbetrag zwischen dem Betriebsvermögen am Schluß des Wirtschaftsjahrs und dem Betriebsvermögen am Schluß des vorangegangenen Wirtschaftsjahrs, vermehrt um den Wert der Entnahmen und vermindert um den Wert der Einlagen."

2. Lückenbilanz gem. § 4 III EStG

Die Einkünfteermittlung gem. § 4 III EStG stellt eine Mischung aus konventioneller Bilanz und einer reinen Zahlungsrechnung dar. Die Ermittlung des Überschusses der Betriebseinnahmen über die Betriebsausgaben ist zwar grundsätzlich als Zahlungsrechnung konzipiert, die aber eine Vielzahl von (bilanziellen) Durchbrechungen aufweist. Dies gilt ungeachtet der Tatsache, daß formell gar keine Bilanz aufgestellt wird. Im Vergleich zur Steuerbilanz fehlen jedoch die Positionen Vorräte, Forderungen, Verbindlichkeiten, Rückstellungen und steuerfreie Rücklagen.

Die im Rahmen der idealisierten Steuerbilanz geschilderte Behandlung ist also etwas zu modifizieren. In Hinblick auf die mit oben genannten Positionen verbundenen Aktivitäten werden also die reinen Zahlungen besteuert; bei Aktivitäten, die die verbleibenden "Aktiva" und "Passiva" berühren, erfolgt wie in der Steuerbilanz eine Korrektur der Zahlungen um - über Kassenbestandsänderungen hinausgehende - Vermögensmehrungen oder -minderungen.

An der Besteuerung des Investors selbst ändert sich gegenüber dem vorherigen Fall nichts.

---

135 Das impliziert, daß entgegen der heutigen Rechtslage Zinsaufwendungen des Investores generell steuerlich abzugsfähig sind und nicht nur, sofern ein wirtschaftlicher Zusammenhang mit der Investition hergestellt werden kann.

3. Cash-Flow 1: R+F-Base

Im Rahmen der R+F-Base bilden alle realwirtschaftlichen und finanzwirtschaftlichen Zahlungen unmittelbar die Bemessungsgrundlage, eine bilanzielle Umperiodisierung entfällt völlig.[136] Bei konstantem Kassenvermögen entspricht die S-Base - mit umgekehrten Vorzeichen - genau der R+F-Base.[137] Auf eine zusätzliche Untersuchung der Steuerbelastungswirkungen der S-Base kann somit verzichtet werden.

Die Zinsbesteuerung des Investors folgt den soeben geschilderten Grundprinzipien: alle Zahlungen gegenüber dem Finanzmarkt sind unmittelbar Bestandteil der Bemessungsgrundlage. Somit geht z.B. ein Teil von Brutto-Kreditaufnahmen (Einzahlung gleich Ertrag) durch die sofortige Besteuerung verloren, demgegenüber erfolgt bei Kredittilgungen (Auszahlung gleich Aufwand) eine entsprechende Steuererstattung.

4. Cash-Flow 2: R-Base

Die R-Base beschränkt sich auf jene Zahlungen, die Folge realwirtschaftlicher Transaktionen sind.[138] Kredite und festverzinsliche Geldanlagen einschließlich der daraus stammenden Zinsen bleiben sowohl auf Ebene der Unternehmung als auch beim Investor außer Betracht.

Auf Ebene des Eigentümers wird somit kein weiterer Steuertatbestand geschaffen. Lediglich die von der Unternehmung durchgeschüttete Bemessungsgrundlage unterliegt der Besteuerung.

5. Mischsystem nach Sinn

Sinn hat sich ausführlich mit verschiedenen Steuersystemen befaßt.[139] Da er die Widerstände bei einer radikalen Reform als sehr hoch einschätzt,[140] schlägt er einen

---

136 Vgl. Meade, J. E., Reform of Direct Taxation (1978), insbesondere S. 233; McLure, C./Zodrow, G., Administrative Vorteile, in: Rose, M. (Hrsg.), Konsumorientierte Neuordnung des Steuersystems (1991), S. 123 f.

137 Vgl. Meade, J. E., Reform of Direct Taxation (1978), insbesondere S. 233 f.; Swoboda, P., Cash-flow-Steuern, in: Rose, M. (Hrsg.), Konsumorientierte Neuordnung des Steuersystems (1991), S. 476.

138 Vgl. Brown, C., Business Income Taxation, in: Hansen, A. H. (Hrsg.), Income, Employment and Public Policy (1948), S. 300 ff.; Meade, J. E., Reform of Direct Taxation (1978), insbesondere S. 230 ff.; Swoboda, P., Cash-flow-Steuern, in: Rose, M. (Hrsg.), Konsumorientierte Neuordnung des Steuersystems (1991), S. 477 f.; McLure, C./Zodrow, G., Administrative Vorteile, in: Rose, M. (Hrsg.), Konsumorientierte Neuordnung des Steuersystems (1991), S. 124 f.

139 Vgl. ausführlich Sinn, H.-W., Kapitaleinkommensbesteuerung (1985) oder kürzer Sinn, H.-W., Systeme, in: Bös, D./Rose, M./ Seidl, C. (Hrsg.), Beiträge zur neueren Steuertheorie (1984), S. 209 ff.

140 Vgl. Sinn, H.-W., Systeme, in: Bös, D./Rose, M./ Seidl, C. (Hrsg.), Beiträge zur neueren Steuertheorie (1984), S. 230 f.

Kompromiß vor, der formell an der heute praktizierten Besteuerung nur wenig ändert. Dieses System entspricht bezüglich der Behandlung finanzwirtschaftlicher Transaktionen der bilanziellen Einkommenssteuer, aber realwirtschaftliche Transaktionen werden wie bei den Cash-Flow-Systemen behandelt.[141] Von den angeführten Varianten soll diejenige untersucht werden, bei der die Steuersätze auf einbehaltene und ausgeschüttete Gewinne sowie auf persönlich vorgenommene Kapitalmarktanlagen identisch sind.[142] Der Reformvorschlag von *Sinn* kombiniert somit die Cash-Flow-Besteuerung mit bilanziellen Bemessungsgrundlagen. Für R-Aktivitäten werden die reinen Zahlungen der Besteuerung zugrunde gelegt, bei F-Aktivitäten erfolgt eine Bilanzierung. Auch bei Finanztransaktionen unmittelbar durch den Investor wird demnach eine konventionelle Zinsbesteuerung vorgenommen.

6. Zinskorrigierte Bilanz

Die zinskorrigierte Bilanz geht von gleichen Vermögensbegriff wie die oben geschilderte konventionelle Steuerbilanz aus. Allerdings wird beim Vergleich von Periodenanfangs- und Periodenendvermögen das Nominalwertprinzip aufgegeben. Es erfolgt eine Umrechnung des Anfangsvermögens in Geldeinheiten des Endvermögens durch Multiplikation mit dem Faktor $(1+r)$.[143] Dies bedeutet eine Zinsbereinigung des Einkommens.[144] Gleichermaßen soll für Finanzanlagen und -kredite des Investors vorgegangen werden.

7. Konsumausgabensteuer

Bei der Konsumausgabensteuer handelt es sich um eine Steuer auf die Einkommensverwendung des Investors (Konsum).[145]

---

141 Vgl. Sinn, H.-W., Systeme, in: Bös, D./Rose, M./ Seidl, C. (Hrsg.), Beiträge zur neueren Steuertheorie (1984), S. 214.

142 Vgl. Sinn, H.-W., Systeme, in: Bös, D./Rose, M./ Seidl, C. (Hrsg.), Beiträge zur neueren Steuertheorie (1984), S. 211, S. 214 f.; Swoboda, P., Cash-flow-Steuern, in: Rose, M. (Hrsg.), Konsumorientierte Neuordnung des Steuersystems (1991), S. 481 ff.

143 Vgl. Wenger, E., Periodisierungsregeln I (ZfB 1985), S. 723; Wenger, E., Besteuerung und Kapitalbildung, in: Hax, H./Kern, W./Schröder, H.-H. (Hrsg.), Zeitaspekte in betriebswirtschaftlicher Theorie und Praxis (1989), S. 279.

144 Gleichbedeutend mit einer Zinsbereinigung der einzelnen, im Verhältnis zum Zahlungszeitpunkt nach- oder vorverrechneten Bemessungsgrundlagenteile ist ein Vorschlag von *Boadway/Bruce*. Sie erlauben nicht nur einen Abzug von Schuldzinsen auf Fremdkapital, sondern auch den einer fiktiven Verzinsung des in der Steuerbilanz ausgewiesenen Eigenkapitals. Das Eigenkapital stellt den aggregierten Überhang der aktivierten über die passivierten Werte dar, also das Ausmaß, im dem die Nachteile der bilanziellen Verschiebung die damit verbundenen Vorteile überwiegen. Vgl. Boadway, R./Bruce, N., Neutral Business Tax (JPubE 1984), S. 231 ff.; Rose, M., Strategisch (be)steuern (WiWo vom 23.2.1990), S. 83.

145 Vgl. Musgrave, R. A./Musgrave, P. B./Kullmer, L., Öffentliche Finanzen (1988), Bd. 2, S. 312 ff.

Die direkte Ermittlung der Konsumausgaben von privaten Haushalten ist praktisch nicht durchführbar.[146] Man behilft sich deshalb entweder durch Umsatz- oder Verbrauchsteuern (sog. indirekte Steuern), die durch die Konsumgüter verkaufenden Unternehmungen erhoben werden oder man ermittelt die Konsumausgaben indirekt.[147] Im zweiten Fall geht die Konsumbesteuerung materiell in eine Cash-Flow-Einkommenssteuer über. Formell wird zwar das Einkommen, materiell jedoch der Konsum besteuert.[148]

Die direkte Konsumausgabensteuer (hier mit C-Base bezeichnet) soll trotz der in der Praxis vorhandenen Schwierigkeiten bei einer Ermittlung der Bemessungsgrundlage zu Kontrollzwecken und als Vergleichsgröße in die Untersuchung einbezogen werden. Modellmäßig bereitet die Bestimmung der für den Konsum aufgewendeten Beträge keine Probleme.

IV. Zusammenfassung

Mit den ausgewählten Konzeptionen werden die heutigen Bemessungsgrundlagen der Unternehmensbesteuerung in ihrer idealtypischen Form sowie die wesentlichen Reformvorschläge abgedeckt. Die Zusammensetzung der Bemessungsgrundlage für die sieben ausgewählten Steuersysteme läßt sich im Vergleich der Abbildung 15 entnehmen:

Eine durchgezogene Doppellinie in der Grafik bedeutet die unmittelbare Heranziehung der Zahlungen für die Bemessungsgrundlage; bei einer gestrichelten Doppellinie werden die Zahlungen - nominell oder zinskorrigiert - umperiodisiert. Im Fall der Einnahmen-Überschuß-Rechnung gem. § 4 III EStG erfolgt die Behandlung nicht einheitlich, sondern je nach konkretem Sachverhalt so oder so. Das Fehlen einer Linie zeigt an, daß die betreffenden Zahlungsströme für die Bemessungsgrundlage nicht herangezogen werden. Nicht aus der Abbildung ersichtlich ist bei der sechsten Bemessungsgrundlage (zinskorrigierte Bilanz) die Abweichung vom Nominalwertprinzip.

---

[146] Vgl. Kay, J./King, M., The British Tax System (1990), S. 100; Musgrave, R. A./Musgrave, P. B./Kullmer, L., Öffentliche Finanzen (1988), Bd. 2, S. 312 ff.

[147] Vgl. Musgrave, R. A./Musgrave, P. B./Kullmer, L., Öffentliche Finanzen (1988), Bd. 2, S. 313 f.

[148] Vgl. Wagner, F., Leistungsfähigkeit, in: Hax, H./Kern, W./Schröder, H.-H. (Hrsg.), Zeitaspekte in betriebswirtschaftlicher Theorie und Praxis (1988), S. 271.

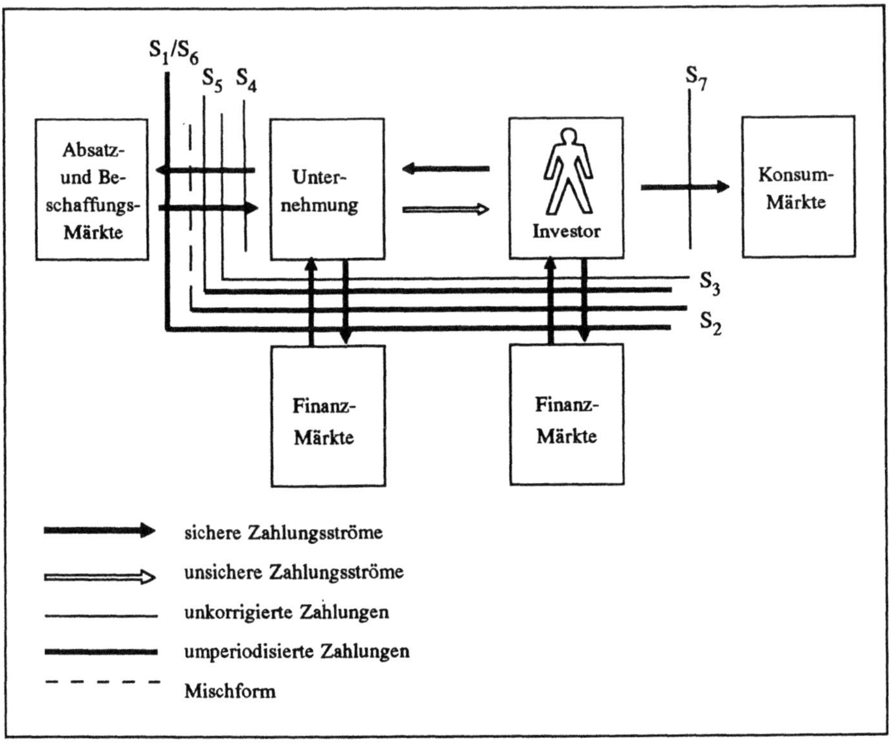

Abb. 15: Vergleich der sieben verschiedenen Bemessungsgrundlagen

Dritter Teil: Konzeption der Steuerbelastungsmessung

Die einfachste Stufe eines Vergleichs von Steuersystemen ist die systematische Gegenüberstellung von Rechtsnormen. Sie wird z.B. im internationalen Kontext gerne durchgeführt, indem man etwa Steuerarten, Steuertarife und/oder markante Regelungen zur Bemessungsgrundlage (Abschreibungen, Rückstellungen, Vorratsbewertung) darstellt.[149]

Allerdings handelt es sich um bloße, meist recht lückenhafte Auflistungen ohne die Berechnung von Steuerzahlungen. Solche resultieren erst aus dem Zusammenspiel aller Komponenten und setzen die Anwendung der Rechtsnormen auf eine tatsächliche oder fiktive Menge von Sachverhalten voraus.

Eine Analyse der steuerlichen Regeln bei verschiedenen Alternativen der Erfolgsmessung wurde bereits im zweiten Teil vorgenommen. Jedoch erlaubt der Rechtsnormenvergleich[150] noch keine quantitativen Aussagen zur absoluten (in DM) oder prozentualen (d.h. relativen) Höhe der Steuerbelastung.

Ziel dieses Abschnitts ist es, ein schlüssiges und problemadäquates Konzept zur quantitativen Messung der Steuerbelastung herzuleiten. Dabei soll folgendermaßen vorgegangen werden:

Zunächst schließt sich ein kurzer Abriß bisher schon durchgeführter Belastungsvergleiche für die oben genannten Bemessungsgrundlagen an. Danach wird die Konzeption der hier ausgewählten Rechnung abgeleitet. Hierzu müssen schrittweise alle relevanten Problemkreise durchleuchtet und zielentsprechende Festlegungen zur Methodik getroffen werden.

I. Bisherige Untersuchungen

Gerade die grundlegende Frage, welche Änderungen der Steuerbelastung sich durch eine Reform der Bemessungsgrundlagen ergeben, ist noch nicht hinreichend geklärt.

Es existiert zwar schon eine sehr große Anzahl von Untersuchungen zur Steuerbelastung, von denen jedoch die meisten eine völlig andere Blickrichtung haben.[151] Sie

---

149 Vgl. z.B. Bundesministerium der Finanzen (Hrsg.), Steuern im internationalen Vergleich (1989), S. 1 ff.; Esser, K., Unternehmensbesteuerung im internationalen Vergleich (BB 1990), S. 463 ff.; Müller-Dott, J. P., Messung der Steuerlast (BB 1990), Beilage 8, S. 1* ff.; Napp, H.-G./Rahmann, B., Internationaler Vergleich (WSI-Mitteilungen 1989), S. 308 ff.; Schneider, D., Unternehmenssteuerbelastung (BB 1990), S. 536; Fuest, W./Kroker, R., Unternehmensbesteuerung im internationalen Vergleich (iw-Trends 2/1985), S. 19.

150 Vgl. Schneider, D., Reform (StuW 1989), S. 332 ff.

151 Vgl. Fullerton, D., Which Effective Tax Rate (NTJ 1984), S. 23 ff.

untersuchen - ungeachtet von Problemen, die ihre Aussagekraft einschränken[152] - abweichende Fragestellungen, insbesondere den Vergleich der Steuerbelastung in verschiedenen Ländern oder innerhalb eines Landes in verschiedenen Branchen. Sie gehen jedoch stets von (unterschiedlichen) konventionellen Bemessungsgrundlagen aus. Ein Vergleich mit Cash-Flow-Systemen ist nicht vorgesehen.

Selbst Steuerbelastungsvergleiche, die von Zielrichtung und Methodik her auch alternative Bemessungsgrundlagen erfassen können, befriedigen aus mehreren Gründen nicht:

Zunächst bestehen Belastungsvergleiche für besonders markante Teile der Bemessungsgrundlage, wie z.B. Abschreibungen und Rückstellungen. Hierbei ist offensichtlich, daß zum einen Aufwandsvorverlagerungen z.B. bei Rückstellungen einen vorteilhaften Effekt darstellen. Er kann im Extremfall sogar dazu führen, daß Pensionszusagen über Zinseffekte völlig vom Fiskus (d.h. der Allgemeinheit) bezahlt werden.[153] Umgekehrt stellen Aufwandsnachverrechnungen wie bei Abschreibungen eine Beeinträchtigung dar. Da aber bei Unternehmen solche positiven und negativen Wirkungen gleichzeitig auftreten, entscheidet über die Höhe der Steuerbelastung der Nettoeffekt. Dieser bleibt indessen bei solchen Einzelfallrechnungen im Dunkeln.

Weiterhin beschäftigen sich Untersuchungen über Zerrwirkungen des Steuersystems mit der Frage, ob der Umfang von Investition und Ersparnis sowie die Art der Investitionen und der Finanzierung durch die Besteuerung beeinflußt werden. Hierzu werden Grenzprojekte betrachtet, d.h. solche Investitionen, die gerade noch lohnend für einen Investor sind. Von angelsächsischen Autoren wurden sog. "effektive Grenzsteuerbelastungen" (marginal effective tax rates) für diese Investitionsprojekte entwickelt.[154] Sie erfassen die kombinierte Belastungswirkung von Steuertarif und Steuerbemessungsgrundlage. Die effektive Grenzsteuerbelastung zeigt an, welcher Prozentsatz der Bruttorendite einer gerade noch rentablen Investition dem Investor netto noch verbleibt.[155] Für Cash-Flow-Bemessungsgrundlagen ist die marginal effective tax rate stets gleich 0 %.[156] In der Realität führt man jedoch gerade Pro-

---

152 Diese lassen sich mit Stichworten wie Umfang der Belastungssphäre, einbezogene Steuerarten, Bezugsbasis der Steuerbelastung, Verhältnis von Ertrag- und Substanzsteuern, Verhältnis zwischen laufender und aperiodischer Besteuerung oder auch instrumentelle Austauschbarkeit von steuerlichen und außersteuerlichen Subventionen umreißen.

153 Vgl. insbesondere Haueisen, P., Altersversorgung (1983), S. 253; Sigloch, J./Haueisen, P., Direktversicherung und Pensionszusage (DB 1983), S. 349 ff.

154 Vgl. Fullerton, D., Which Effective Tax Rate? (NTJ 1984), S. 23 ff.; King, M./Fullerton, D. (Hrsg.), Taxation (1984), S. 8 f.; Boadway, R., Theory, in: Mintz, J./Purvis, D. (Hrsg.), Impact of Taxation on Investment Activity (1988), S. 61 ff.; Schneider, D., Hochsteuerland (WPg 1988), S. 330 ff.

155 Eine Ausnahme bildet lediglich ein Beitrag von *Schneider/Siegel,* in dem effektive Steuerbelastungen auch für inframarginale Investitionen berechnet werden. Hierzu muß jedoch eine identische Reinvestitionsmöglichkeit unterstellt werden. Vgl. Schneider, D./Siegel, T., Marginal Effective Tax Rates (1988), S. 1 ff., insbesondere S. 2, S. 7.

156 Vgl. King, M./Fullerton, D. (Hrsg.), Taxation (1984), S. 26.

jekte durch, die übermarginale Erträge erwarten lassen. Von der Belastung der Marginalinvestition kann nicht auf die Belastung der Mehrheit oder des Durchschnitts von Investitionen geschlossen werden.[157] Überdies bleiben wesentliche Investitions- und Finanzierungsarten[158] ausgeklammert. Weiterhin problematisch ist der Versuch, durch gewichtete Durchschnitte der effektiven Steuerbelastung von Einzelprojekten eine Belastung von ganzen Unternehmen zu ermitteln.

Schließlich versucht man mit kleinen Modellbeispielen für Investitionen die Auswirkungen verschiedener Steuersysteme exemplarisch darzustellen. So beinhaltet das Beispiel von *Feldhoff* lediglich drei Zahlungszeitpunkte und eine einzige Realinvestition.[159] Diese Rechnungen können jedoch nur als illustrativ bezeichnet werden. Ihr Aufbau ist viel zu einfach und begrenzt. Eine Verallgemeinerung und Übertragung der Ergebnisse auf die Realität erscheint schwerlich möglich.

II. Vorgehensweise der vorliegenden Untersuchung

In Abhängigkeit vom Untersuchungszweck treffen Belastungsrechnungen eine Reihe von Festlegungen, die Konsequenzen für die Durchführung des Vergleichs und für die sich hieraus ergebenden Resultate haben.

Ausgangsbasis ist die Abgrenzung des Untersuchungsobjekts "Unternehmen". Diese wurde schon im Ersten Teil, Abschnitt II vorgenommen. Bei den noch zu klärenden Punkten handelt es sich um

(1) den Blickwinkel der Untersuchung (einzelwirtschaftlich/mikroökonomisch oder gesamtwirtschaftlich/makroökonomisch);

(2) den technischen Weg (empirische oder modellmäßige Rechnung);

(3) die Art der Betrachtungsweise (Grenz- oder Durchschnittsbelastung);

(4) den Belastungsbegriff (Steuerzahllast oder Steuertraglast) und

(5) die Bezugsbasis für die Steuerbelastung (Vergleichsgröße).

Eine Antwort auf diese Fragen soll in den kommenden Abschnitten gegeben werden.

---

157 *Fullerton* unterscheidet elf verschiedene Gründe für Abweichungen. Vgl. Fullerton, D., Which Effective Tax Rate? (NTJ 1984), S. 28 f.

158 Z.B. spielt in der Bundesrepublik Deutschland die Finanzierung aus Pensionsrückstellungen eine bedeutende Rolle. Vgl. Schneider, D., Hochsteuerland (WPg 1988), S. 332.

159 Vgl. Feldhoff, M., Problematik (StuW 1989), S. 53 ff.

A. Blickwinkel der Untersuchung
- einzel- oder gesamtwirtschaftlicher Ansatz? -

Steuerbelastungsvergleiche können - je nach Zielsetzung der Analyse - sowohl unter gesamtwirtschaftlichem als auch einzelwirtschaftlichem Blickwinkel vorgenommen werden.

Gesamtwirtschaftliche Untersuchungen zu Steuer- und Abgabenquoten sollen insbesondere Aufschluß über den relativen Umfang der Staatstätigkeit liefern.[160] Einzelwirtschaftliche Untersuchungen haben demgegenüber die Höhe der Steuerbelastung eines einzelnen Wirtschaftssubjekts zum Gegenstand. Das schließt jedoch nicht aus, daß mit Hilfe einzelwirtschaftlicher Analysen z.B. zu Verzerrungswirkungen der Besteuerung bei Investitions- und Finanzierungsentscheidungen auch gesamtwirtschaftlich relevante Fragen wie etwa die nach der sinnvollen Gestaltung eines Steuersystems beantwortet werden können.

Aufgabe der vorliegenden Arbeit ist es, die Belastung einer bestimmten individuellen Wirtschaftseinheit (Unternehmen) bei verschiedenen theoretisch denkbaren Bemessungsgrundlagen und nicht eine gesamtwirtschaftliche (makroökonomische) Steuerlast zu messen.

Entsprechend der Zielsetzung wird daher ein einzelwirtschaftlicher (betriebswirtschaftlicher bzw. mikroökonomischer) Steuerlastvergleich gewählt. Eine weitergehende finanzwissenschaftliche Analyse wird nicht angestrebt; Aussagen über Veränderungen der Steuereinnahmen des Staates insgesamt, die Finanzierbarkeit der verschiedenen Vorschläge o.ä. unterbleiben.

B. Technischer Weg
- empirische oder modellmäßige Belastungsrechnung? -

Für die Durchführung von Steuerlastvergleichen stehen zwei grundsätzliche Wege zur Wahl. Einerseits können empirische Vergleiche der Steuerlast zwischen verschiedenen "Gruppen" (z.B. Gruppe 1: deutsche Großunternehmen; Gruppe 2: italienische Großunternehmen[161]) vorgenommen werden, andererseits kann die Steuerlast auch mit Hilfe von theoretischen Modellrechnungen untersucht werden.

Bei empirischen Vergleichen läßt sich nur bereits Vorhandenes (z.B. Unternehmen und Steuersysteme in der Bundesrepublik Deutschland und in Italien) erfassen und auswerten. Da die Cash-Flow-Steuersysteme jedoch heute noch nirgends in der Realität vorkommen, scheidet dieser Weg für die verfolgte Zielsetzung aus. In Frage kommt deshalb allein eine Modellrechnung, in der das Verhalten der Untersu-

---

[160] Vgl. Schneider, D., Wider leichtfertige Steuerbelastungsvergleiche (WPg 1988), S. 281 ff.; Leibfritz, W., Unternehmensbesteuerung (1986), S. 6 f.

[161] Vgl. Friz, A., Besteuerung in der Bundesrepublik Deutschland und Italien (1990), S. 5.

chungsobjekte unter verschiedenen Bedingungen *simuliert* wird. Hiermit können grundsätzlich beliebige Steuersysteme verglichen werden. An die Stelle der sog. "Realität", aus der unmittelbar eine Steuerlastgröße abgeleitet wird, rückt ein modellmäßiges Abbild der Realität.

Ein (Computer-)Simulationsmodell stellt ein Abbild eines realen Systems dar.[162] Simulationsmodelle dienen zur Beantwortung sog. "What-If-Fragen". In Veränderungsrechnungen werden eine oder mehrere Eingangsgrößen variiert und Verhalten sowie Ergebnisse des Modells studiert.[163] Im vorliegenden Fall geht es insbesondere um Änderungen der Steuerbemessungsgrundlage sowie gegebenenfalls um andere durch die Besteuerung mittelbar ausgelöste Effekte. Die Simulationstechnik besitzt als Vorzüge,[164] daß sie

- auch auf komplexe Probleme angewendet werden kann und daß
- die Ergebnisse grundsätzlich leicht nachvollzogen werden können.

Ein Modell ist jedoch stets eine Vereinfachung der Realität auf bestimmte, als relevant erachtete Sachverhalte.

Diese Vereinfachung betrifft vor allem die *Modellstruktur*. So können in dem Modellteil, der die wirtschaftlichen Sachverhalte des Unternehmens nachbildet, nicht alle denkbaren Aktivitäten vorkommen, sondern man muß sich auf einige wichtige, "typisierte" Vorgänge beschränken. Ferner können i.d.R. in dem Teil des Modells, der die steuerlichen Folgen bestimmt, nicht alle Regeln eines komplexen Steuersystems genau nachgebildet werden.[165]

Neben der Modellstruktur sind zur konkreten Ermittlung von Ergebnissen (Output) als zweite Komponente der Rechnung *Modelldaten* (Input) erforderlich. Grundsätzlich könnte eine Modellrechnung mit beliebigen Daten durchgeführt werden. Ist allerdings eine gewisse Übertragbarkeit der Modellergebnisse auf die Realität gewollt, so sollten die Daten so gewählt werden, daß sie den in der Realität vorliegenden Bedingungen möglichst gut entsprechen.[166] Die Modelldaten müssen daher aus Daten über die Realität abgeleitet werden. Jedoch ist keine Übernahme im Verhältnis 1:1 möglich, da ja die Modellstruktur auch keine exakte Kopie der Vorgänge

---

162 Vgl. Anderson, D./Sweeney, D./Williams, T., Management Science (1985), S. 479; Hulme, T., Simulation, in: Kidd, J. (Hrsg.), Managing with Operational Reasearch (1985), S. 217.

163 Vgl. Davis, G./Olson, M., Management Information Systems (1984), S. 384; Dirrigl, H., Bewertung von Beteiligungen (1988), S. 177.

164 Vgl. Anderson, D./Sweeney, D./Williams, T., Management Science (1985), S. 480.

165 Dieser Aspekt tritt z.B. bei internationalen Steuerbelastungsvergleichen auf. Er ist aber im Rahmen der vorliegenden Arbeit nicht relevant, da nur idealisierte Steuersysteme verglichen werden sollen.

166 Solche Bedingungen sind z.B. die Anteile der Anzahlungen, der Barverkäufe und der Verkäufe auf Ziel an den gesamten Umsätzen, die relative Höhe der Vorratsbestände, die relative Höhe der Rückstellungen etc.

in der Realität darstellt. Es sind deshalb zur Überleitung *ergänzende Annahmen* erforderlich, die zu einer weiteren Vereinfachung führen können. Eine Ableitung von Daten aus der Realität kann außerdem dann nicht erfolgen, wenn es sich um fiktive Zustände, wie z.B. Simulation einer neuen Bemessungsgrundlage, handelt. Hier ergeben sich die Modelldaten aus den zu untersuchenden Steuersystemen.

Die Modellrechnung hat somit auch einen - indirekten - Zusammenhang mit der Realität. Er besteht in

- der Ableitung der wirtschaftlichen *Modellstruktur* aus typischen Aktivitäten der Realität und im
- Setzen von *Modelldaten* (Umweltannahmen) in Anlehnung an die Verhältnisse der Realität.

Eine Gegenüberstellung der Konzepte bei empirischen und modellmäßigen Belastungsvergleichen liefert die folgende Abbildung:

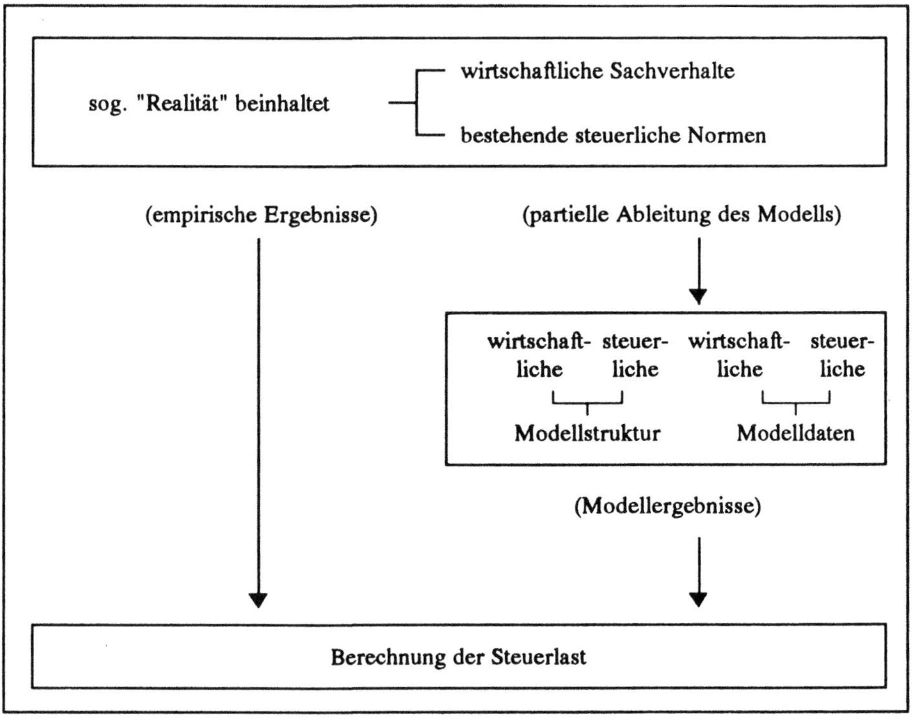

Abb. 16: Empirische und modellmäßige Belastungsrechnungen im Vergleich

Modellgestützte Steuerbelastungsvergleiche stellen "Musterbeispiele auf der Grundlage modellmäßiger Erklärungszusammenhänge"[167] dar. Eine exakte Nachbildung der Realität ist mit ihnen zwar nicht möglich, jedoch können die aus dem Modell

167 Schneider, D., Investition, Finanzierung und Besteuerung (1990), S. 166.

unter Setzung bestimmter Umweltannahmen gewonnenen Erkenntnisse über die Belastung bei verschiedenen Steuersystemen als *Tendenzaussagen* für die Belastungen in der realen Umwelt herangezogen werden. Sie erfüllen damit eine vergleichbare Funktion wie die DIN-Kraftstoffverbrauchsmessung beim Autotest.[168] Der DIN-Verbrauch unter standardisierten Bedingungen wird auch nicht bei jedem Fahrer dem tatsächlichen Verbrauch entsprechen, allerdings wird ein Fahrzeug, das laut DIN einen höheren Verbrauch aufweist als ein anderes, tendenziell auch in der Realität einen höheren Verbrauch haben - sofern die DIN-Norm die Struktur der Realität einigermaßen korrekt widerspiegelt.

Anhand der rechten Seite der obigen Abbildung lassen sich außerdem die weiteren Schritte der Arbeit ableiten:

Der verbleibende Rest dieses Kapitels beschäftigt sich mit der genaueren Spezifizierung eines Konzepts zur Ermittlung der Steuerlast. Die späteren Teile der Untersuchung behandeln die Umsetzung wirtschaftlicher Aktivitäten in die Modellstruktur, die Einbeziehung verschiedener Steuersysteme in die Modellstruktur sowie die Gewinnung der steuerlichen und wirtschaftlichen Modelldaten für die Musterbeispiele. Schließlich werden alle Komponenten in einer Auswertung zusammengeführt.

C. Betrachtungsweise - Grenz- oder Durchschnittsbelastung? -

1. Grundsätzliche Blickwinkel

Für die Berechnung der Steuerbelastung kann entweder eine Grenz- oder eine Durchschnittsbetrachtung vorgenommen werden. Die Wahl hängt entscheidend von der jeweils verfolgten Zielsetzung ab:[169]

- Die Durchschnittsbetrachtung zielt auf die Messung von Verteilungsfolgen (volkswirtschaftlich: Distributionswirkungen) der Besteuerung ab. Hier wird die gesamte Steuerlast einer Person oder Personengruppe im Verhältnis zu einem Maßstab der gesamten Leistungsfähigkeit gesetzt.[170] Aus der Durchschnittsbetrachtung werden in einem nachfolgenden Schritt Aussagen über die Höhe der Steuerbelastung ermöglicht und vielfach Urteile über die "Steuergerechtigkeit" abgeleitet.
- Die Grenzbetrachtung stellt auf die Messung von Entscheidungsfolgen (volkswirtschaftlich: Allokationswirkungen) der Besteuerung ab. Es wird für verschiedene Handlungsalternativen - wobei eine auch im Nichts-Tun beste-

168 Vgl. Schneider, D., Wider leichtfertige Steuerbelastungsvergleiche (WPg 1988), S. 291.

169 Vgl. insbesondere Fullerton, D., Which Effective Tax Rate? (NTJ 1984), S. 24 ff.; King, M./Fullerton, D. (Hrsg.), Taxation (1984), S. 2; Boadway, R., Theory, in: Mintz, J./Purvis, D. (Hrsg.), Impact of Taxation on Investment Activity (1988), S. 61; Schneider, D., Wider leichtfertige Steuerbelastungsvergleiche (WPg 1988), S. 284; Schneider, D., Reform (StuW 1989), S. 334.

170 Vgl. Schneider, D., Wider leichtfertige Steuerbelastungsvergleiche (WPg 1988), S. 284.

hen kann - ermittelt, welcher zusätzliche Brutto-Zielbeitrag hiermit erreicht und welche zusätzliche Steuerlast hierdurch induziert wird.[171] Durch die Aneutralität der Besteuerung kann eine Umkehrung der Vorziehenswürdigkeit verschiedener Alternativen erfolgen.[172] Es findet eine Grenzbetrachtung statt, da nur Änderungen der Steuer und der Zielgröße des Wirtschaftens entscheidungsrelevant sind.

Im Rahmen der Grenzbetrachtung sind - genau genommen - zwei verschiedene Konzepte zu unterscheiden:

Das erste, aus dem angelsächsischen Raum stammende, volkswirtschaftliche Konzept der sog. *marginal effective tax rates* untersucht, welcher Steuerbelastung marginal rentable Investitionsprojekte ausgesetzt sind.[173] Es wird praktisch die Frage untersucht, inwieweit *die Grenze gerade noch* durchgeführter Aktivitäten durch die Besteuerung künstlich eingeschränkt oder ausgedehnt wird. Durch die Untersuchung des Grenzbereichs lassen sich Aussagen über intertemporale (z.B. Förderung des Gegenwarts- zu Lasten des Zukunftskonsums) und intersektorale Allokationsstörungen (z.B. Hemmung der Anlage- im Vergleich zu Vorratsinvestitionen) gewinnen. Als Folge davon hat der volkswirtschaftliche Kapitalstock die falsche Größe und/oder Zusammensetzung. Es entstehen Wohlfahrtsverluste.

Das zweite, betriebswirtschaftliche Konzept fragt nach der zusätzlichen Steuerbelastung der durch eine weitere Investition zuletzt - zusätzlich - verdienten Zielgröße.[174] Es werden jedoch nicht unbedingt nur die "auf der Kippe" stehenden Aktivitäten betrachtet. Damit verliert diese Rechnung mehr oder weniger ihren Sinn, denn

- die gewonnenen Ergebnisse sind unter *Effizienz*gesichtspunkten unbrauchbar;
- eine vernünftige Zielsetzung von Investoren sollte sich gerade nicht auf die Höhe der Besteuerung bzw. Steuerersparnisse reduzieren, sondern gleich die Änderung der *Netto-Zielgröße* ins Auge fassen;[175]
- für einen Investor ist - zumindest bei unteilbarem Investitionsumfang - auch nicht die Besteuerung der zuletzt verdienten Mark, sondern das *Gesamtergebnis* eines Projekts maßgeblich.

---

[171] Vgl. Schneider, D., Wider leichtfertige Steuerbelastungsvergleiche (WPg 1988), S. 284.

[172] Vgl. Sigloch, J., Steuersparen (1984), S. 103.

[173] Vgl. Fullerton, D., Which Effective Tax Rate? (NTJ 1984), S. 23 ff.; King, M./Fullerton, D. (Hrsg.), Taxation (1984), S. 8 f.; Boadway, R., Theory, in: Mintz, J./Purvis, D. (Hrsg.), Impact of Taxation on Investment Activity (1988), S. 61 ff.; Schneider, D., Hochsteuerland (WPg 1988), S. 330 ff.

[174] Vgl. insbesondere Schneider, D., Wider leichtfertige Steuerbelastungsvergleiche (WPg 1988), S. 284.

[175] Vgl. Sigloch, J., Steuersparen (1984), S. 110 f.; Sigloch, J., Steuerbegünstigte Kapitalanlagen, in: Wossidlo, P./Freter, H./Schmidt, K. G./Sigloch, J. (Hrsg.), Mittelstand und Betriebswirtschaft, Band 3, 1983, S. 111 ff.

In der Diskussion werden diese beiden Interpretationen der Grenzbetrachtung nicht immer klar voneinander getrennt mit der Folge unnötiger Verwirrungen und Mißverständnisse.

2. Betrachtungsweise der Untersuchung

Welche Sichtweise soll der vorliegenden Arbeit zugrunde gelegt werden?

Untersuchungsgegenstand ist der Einfluß verschiedener Bemessungsgrundlagen auf die steuerliche Belastung von Unternehmens-Investitionen einer (natürlichen) Person. Grundsätzlich muß deshalb auf die Betrachtung der Durchschnittsbelastung abgestellt werden. Dabei kann jedoch nur das *vom Unternehmen insgesamt* (zusätzlich) erzielte Ergebnis und die hierauf insgesamt (zusätzlich) entfallende Steuerbelastung in die Analyse einbezogen werden.[176] Dafür ermittelt die Rechnung die Durchschnittsbelastung.[177]

Die Bezeichnung dieses Sachverhalts als effektive Durchschnittssteuerbelastung ist auch im angelsächsischen Sprachraum akzeptiert.[178] Demnach wird in dieser Arbeit - den üblichen Sprachgebrauch unterstellt - keine Grenzsteuerbelastung, sondern eine (partielle) Durchschnittssteuerbelastung berechnet.

D. Belastungsbegriff
- Steuerzahllast oder Steuertraglast? -

1. Steuerzahlungen als Ausgangspunkt der Steuerbelastung

Von grundlegender Bedeutung ist die Frage, welche "Belastungen" eines Unternehmens die Besteuerung eigentlich auslöst. Beschränkt man sich aus einzelwirtschaftlicher Sicht auf die Belastungen, die das Unternehmen selbst (und nicht die Finanzverwaltung) treffen und ignoriert solche (Kosten-)Belastungen des Unternehmens, die sich unter dem Problemkreis "Einfachheit der Besteuerung" zusammenfassen lassen - d.h. etwa Deklarationskosten, Steuerplanungskosten, Kosten von Rechtsstrei-

---

176 Nun kann der Investor neben Einkommen in Zusammenhang mit dem Unternehmen auch Arbeitseinkommen erzielen oder festverzinsliche Geldanlagen tätigen, die auch ohne Unternehmen stattgefunden hätten. Diese Bereiche sind von der Untersuchung ausgeschlossen. Es ist deshalb hier - und generell für Untersuchungen, die sich auf einzelne Einkommensteile beschränken - unmöglich, eine Durchschnittsbelastung in dem Sinn zu berechnen, daß die *gesamte* durch die Steuer verursachte Belastung der Person ins Verhältnis zum *gesamten* wirtschaftlichen Ergebnis gesetzt wird.

177 Insbesondere wird nicht lediglich nach der Belastung der als letztes verdienten Mark gefragt.

178 Vgl. die Literatur zur sog. *average effective tax rate* z.B. Fullerton, D., Which Effective Tax Rate? (NTJ 1984), S. 23 ff.; Feldstein, M./Poterba, J./Dicks-Mireau, L., Effective Tax Rate (JPubE 1983), S. 129 ff.; Shoven, J./Bulow, J., Inflation Accounting (BPEA 1976), S. 15 ff.

tigkeiten -, so kann als Ausgangspunkt für die Höhe der absoluten Steuerbelastung (in DM) zunächst die folgende Vorstellung gelten:[179]

absolute Steuerbelastung = alle Steuerzahlungen des Unternehmens

In diesem Fall würde man genau die von der Wirtschaftseinheit "Unternehmen" (Unternehmung und Eigentümer) gezahlten Steuern ansetzen.

2. Anpassungsreaktionen und Steuerüberwälzung

Jedoch erweist sich bei genauerer Überlegung eine Abgrenzung nach der Steuerentrichtungspflicht als problematisch:

(1) Die Unternehmung zahlt eine Reihe von Steuern, die nach dem Willen des Gesetzgebers lediglich in der Erhebungsform des Quellenabzugs[180] *für andere einbehalten* werden (Lohnsteuer, Kapitalertragsteuer).

(2) Bei einigen anderen Steuern soll nach der Vorstellung des Gesetzgebers das Unternehmen diese Steuern nicht selbst wirtschaftlich tragen, sondern in Form höherer Preisen an die Kunden "überwälzen" (Umsatzsteuer, spezielle Verbrauchsteuern wie z.B. Mineralölsteuer, Biersteuer und Salzsteuer). Man spricht von der sog. Steuerinzidenz.[181]

Es ist daher üblich, diese beiden Steuerarten als nicht das wirtschaftliche Ergebnis des Unternehmens belastend einzustufen und sie deshalb nicht in Steuerbelastungsrechnungen aufzunehmen.[182] Die Definition der Steuerbelastung des Unternehmens müßte deshalb auf die Form

absolute Steuerbelastung = alle Steuerzahlungen des Unternehmens
minus
bestimmte (vom Unternehmen überwälzte) Steuerzahlungen des Unternehmens

korrigiert werden.

---

[179] Die folgenden Ausführungen sollen sich zunächst auf die absolute Belastung beschränken. Sie kann später mittels Division durch eine Bezugsgröße in ein relatives (prozentuales) Belastungsmaß umgerechnet werden.

[180] Unter bestimmten Umständen können diese Steuern auch Definitivsteuern sein. Vgl. Schneider, D. Grundzüge (1985), S. 246.

[181] Vgl. Musgrave, R. A./Musgrave, P. B./Kullmer, L., Öffentliche Finanzen (1988), Bd. 2, S. 36 ff., insbesondere S. 40 f.; Schneider, H./Nachtkamp, H., Wirkungslehre, in: Albers, W. (Hrsg.), Handwörterbuch der Wirtschaftswissenschaften (1977), Bd. 7, S. 356.

[182] Bei indirekten Steuern hat der Gesetzgeber die Fiktion, der Steuerzahler würde sie auf den Steuerträger "Konsument" weiterwälzen. Dies ist die sog. gesetzliche Inzidenz. Vgl. Musgrave, R. A./Musgrave, P. B./Kullmer, L., Öffentliche Finanzen (1988), Bd. 2, S. 39 f.

Daß diese pauschale Aufteilung - nicht überwälzte vs. völlig überwälzte Steuerarten - unrealistisch ist, steht außer Frage. Ob eine tatsächliche Überwälzung von Steuern erfolgt, hängt nicht von der Absicht des Gesetzgebers ab, sondern von den Verhältnissen auf den Märkten für Güter und Dienstleistungen, über die das Unternehmen mit seiner Umwelt interagiert. Wie die Diskussion um eine ökologische Umgestaltung des Steuersystems zeigt, ist gerade für international konkurrierende Unternehmen eine Preiserhöhung z.B. aufgrund höherer Verbrauchsteuern problematisch.[183] Die "wahre" Steuerüberwälzung ließe sich nur durch einen Vergleich "Welt ohne Steuern" versus "Welt mit Steuern"[184] ermitteln. Weil wir jedoch in einer Welt mit einem (bestimmten) Steuersystem leben, entziehen sich andere Zustände unserer Kenntnis. Da Experimente in der Realität nicht möglich sind, muß stets eine Überwälzungs*annahme* getroffen werden.[185] Dies gilt sowohl für Modellrechnungen als auch für empirische Untersuchungen.

Wenn man einerseits gewisse Steuern, die das Unternehmen direkt zahlt, trotzdem als nicht belastend einstuft, schließt sich sofort die Frage an, ob als Äquivalent dazu andere Belastungen durch Steuern, die das Unternehmen nicht direkt zahlt, einzubeziehen sind. Die Preise für von Marktpartnern bezogene Güter und Dienstleistungen sind ja um die auf das Unternehmen überwälzten Steuern höher als im Nicht-Steuerfall. Solche "marktbestimmte Steuerlasten"[186] sind die Kehrseite überwälzter Steuern. Sie lassen sich genauso wenig wie die Steuerüberwälzung auf andere messen und können nur durch Annahmen berücksichtigt werden. Der obige Begriff der Steuerbelastung ist daher nochmals zu modifizieren:

absolute Steuerbelastung = alle Steuerzahlungen des Unternehmens
minus
bestimmte (vom Unternehmen überwälzte) Steuerzahlungen des Unternehmens
plus
bestimmte (auf das Unternehmen überwälzte) Steuerzahlungen Dritter

Diese Definitionsweise hat leider den Nachteil, daß sie in der Unternehmensrealität keine unmittelbare Entsprechung findet.

In der Praxis äußern sich geglückte Steuerüberwälzungen durch Anpassungsreaktionen, d.h. Verhaltensänderungen.[187] Diese kommen sowohl beim Unternehmen

---

183 Vgl. Nahrendorf, R., Wettbewerbsverzerrungen (HB vom 1.8.1989), S. 3.

184 Vgl. Krause-Junk, G., Verteilungslehren, in: Albers, W. (Hrsg.), Handwörterbuch der Wirtschaftswissenschaft (1977), Band 7, S. 334.

185 Vgl. Zimmermann, H./Henke, K.-D., Finanzwissenschaft (1990), S. 230, S. 234.

186 Schneider, D., Investition, Finanzierung und Besteuerung (1990), S. 162; vgl. auch Schneider, D. Grundzüge (1985), S. 10 f., S. 15.

187 Vgl. Zimmermann, H./Henke, K.-D., Finanzwissenschaft (1990), S. 200 ff.

(insbesondere dem Teil der Unternehmung) als auch bei seinen Marktpartnern vor. Solche möglichen Anpassungsreaktionen sind aus Sicht des Unternehmens von positiver Natur, wenn es ihm gelingt, Preissteigerungen bei den Absatzprodukten und/oder Preissenkungen bei den Einsatzfaktoren durchzusetzen (vom Unternehmen "weggewälzte" Steuern). Andererseits haben sie einen negativen Einfluß, wenn das Unternehmen durch die Besteuerung der Kunden erzwungene Preissenkungen bei den Absatzprodukten und/oder im Falle von Lieferanten Preissteigerungen bei den Einsatzfaktoren hinnehmen muß (auf das Unternehmen "aufgewälzte" Steuern).

Als Folge der Preisänderungen können Änderungen bei der absoluten Menge und/oder der Qualität der abgesetzten Produkte sowie der eingesetzten Produktionsfaktoren auftreten (mittelbare Wirkungen der Steuer).[188]

Eine zu oben äquivalente, aber in der Darstellungsweise realitätsnähere Definition der Steuerbelastung unter Berücksichtigung von Steuerüberwälzungen lautet demnach folgendermaßen:

absolute Steuerbelastung = "Wirtschaftliches (Netto-)Ergebnis" ohne Steuer
minus
"Wirtschaftliches Netto-Ergebnis" mit Steuer

Hierbei gilt folgendes:

- Das "wirtschaftliche (Netto-)Ergebnis"[189] des Unternehmens *ohne* Steuer ist ein noch näher zu bestimmender Unternehmens-Überschuß unter Zugrundelegung der *ohne Besteuerung ursprünglich* geltenden Preise und Mengen. (Der Begriff "Netto" kann in Klammern gesetzt werden, da in einer Welt ohne Steuern zwischen Brutto- und Nettobetrachtung kein Unterschied besteht.)
- Das "wirtschaftliche Netto-Ergebnis" des Unternehmens *mit* Steuer ist der Unternehmens-Überschuß, der sich ergibt, wenn man die *nach Einführung der Besteuerung geänderten* Preise und Mengen sowie alle vom Unternehmen abgeführten *Steuerzahlungen* berücksichtigt.

Kommen keinerlei Steuerüberwälzungen vor (Verhaltenskonstanz), so ist die obige Differenz genau gleich den vom Unternehmen bezahlten Steuern. Dies gilt wohlgemerkt unabhängig davon, was genau unter "wirtschaftlichem Ergebnis" zu verstehen ist. Beispielsweise könnte hierfür auch eine steuertechnische Größe wie etwa der Steuerbilanzgewinn i.S.d. EStG herangezogen werden.

Steuerüberwälzungen können leicht in ein Unternehmensmodell eingeführt werden, indem man bei Änderung oder Aufhebung der steuerlichen Rahmenbedingungen auch die Daten für Preise und/oder Mengen der verschiedenen ökonomischen Aktivitäten ändert.

---

[188] Vgl. Schneider, D., Investition, Finanzierung und Besteuerung (1990), S. 162 f.

[189] *Dieter Schneider* spricht hier von "finanzieller Zielgröße" der Person des Steuerzahlers. Vgl. Schneider, D., Investition, Finanzierung und Besteuerung (1990), S. 162.

3. Einfluß der Bemessungsgrundlage auf das Verhalten

Problematisch ist nunmehr die Frage, welche Preis- und/oder Mengenanpassungen ein Wechsel zwischen verschiedenen Systemen der Kapitaleinkommensbesteuerung oder im Vergleich zu einer steuerlosen Welt hervorrufen würde.

In der Praxis lassen sich Preis-, Mengen- und Qualitätsänderungen nicht zuverlässig vorhersagen.[190] Hierzu müßten u.a. die Verhältnisse auf allen Märkten, auf denen das Unternehmen als Anbieter oder Nachfrager auftritt, bekannt sein.[191] Überdies sind die auf Steuern und die auf andere Faktoren, wie z.B. Nachfrageverschiebungen, zurückzuführenden Änderungen nicht trennbar.

Im Anbetracht der schwierigen Sachlage soll deshalb - mit Ausnahme des Kapitalmarktzinses - unterstellt werden, daß keine Änderungen von Preisen oder mengenmäßige Verschiebungen der wirtschaftlichen Aktivitäten, wie z.B. Ersatz von Arbeitskräften durch Maschinen, Anstieg des Barlohn-Arbeitsentgelts im Verhältnis zum Pensionszusagen-Arbeitsentgelt etc., erfolgen.[192] Das entspricht der in der steuerlichen Betriebswirtschaftslehre üblichen Vorgehensweise.[193] Sie impliziert, daß grundsätzlich keine Steuerüberwälzungen stattfinden.

Grundsätzliche Bestätigung kann diese Annahme in den folgenden Argumenten finden:

(1) Erstens werden alle Wirtschaftssubjekte versuchen, Steuern auf Marktpartner überzuwälzen. Solche wechselseitigen Anstrengungen werden sich in gewisser Weise kompensieren. Dies dürfte zumindest dann gelten, wenn die Steuer wie z.B. eine allgemeine Einkommenssteuer alle Wirtschaftssubjekte trifft und somit einen generellen Anpassungsdruck ausübt.[194] Im Falle z.B. einer Mineralölsteuer(-erhöhung) würde dies nicht zutreffen, da nur eine kleine Minderheit unmittelbar von der Steuerzahlung Betroffener den für sie allein gestiegenen Kostendruck auf die Marktpartner (Mineralölverbraucher) weiterzugeben versucht.[195]

(2) Kommen dennoch Steuerüberwälzungen vor, so läßt sich jedenfalls nicht vorhersagen, ob bei einem konkreten Steuersubjekt positive oder negative

---

190 Vgl. Schneider, D., Investition, Finanzierung und Besteuerung (1990), S. 162 f.

191 Vgl. Zimmermann, H./Henke, K.-D., Finanzwissenschaft (1990), S. 206 f.; Musgrave, R. A./Musgrave, P. B./Kullmer, L., Öffentliche Finanzen (1988), Bd. 2, S. 66.

192 Sollte man dieser Unterstellung nicht zustimmen, so ist es ohne weiteres möglich, durch einfache Veränderung der Modelldaten entsprechende Untersuchungen vorzunehmen.

193 Vgl. Schneider, D., Investition, Finanzierung und Besteuerung (1990), S. 162.

194 Vgl. Zimmermann, H./Henke, K.-D., Finanzwissenschaft (1990), S. 228 ff. mit weiteren Quellenangaben.

195 Vgl. Musgrave, R. A./Musgrave, P. B./Kullmer, L., Öffentliche Finanzen (1988), Bd. 2, S. 83. Zum Ausmaß der Steuerüberwälzung bei verschiedenen fiktiven Marktverhältnissen (vollständige Konkurrenz, Angebotsmonopol, Angebotsoligopol) vgl. Zimmermann, H./Henke, K.-D., Finanzwissenschaft (1990), S. 212 ff.

Effekte überwiegen werden.[196] Nach dem Prinzip des fehlenden Grundes wäre es dann immer noch am besten, von insgesamt unbeeinträchtigten Verhältnissen auszugehen.

(3) Drittens können z.B. produktionstechnische Rigiditäten[197] bestehen, die eine Verhaltensänderung[198] hemmen. Eine bestimmte, nach wie vor günstigste Produktionstechnik kann in Kombination mit einer dahinterstehenden limitationalen Produktionsfunktion ein bestimmtes Verhältnis der Einsatzfaktoren vorgeben.

Die Annahme konstanter Verhältnisse kann freilich *nicht ohne weiteres* in dem Bereich gelten, der durch Vorschläge wie die Cash-Flow-Besteuerung auf das Stärkste betroffen ist: beim *Zinsniveau*.[199]

Im konventionellen Einkommenssteuersystem erfolgt eine Zinsbesteuerung. Deshalb besteht ein Unterschied zwischen dem vertraglich vereinbarten (Brutto-)Zins und der einem Sparer tatsächlich zukommenden Nettorendite. Die Einführung von Cash-Flow-Steuern bedeutet effektiv einen Verzicht auf die Besteuerung von Fremdkapitalzinsen.[200] Beim formellen (R-Base, Konsumausgabensteuer) oder auch lediglich effektiven (R+F-Base, zinskorrigierte Bilanz) Verzicht auf eine Zinsbesteuerung sind Brutto- und Nettorendite gleich.

Gilt z.B. ursprünglich bei einem Steuertarif von 40 % ein (Brutto-)Zinssatz von 8 %, so erhält der Sparer netto nur 8 % · (1 - 0,40) = 4,8 %. Wird die Besteuerung aufgehoben, so braucht der Sparer nur noch 4,8 % Zins verlangen, um auf das gleiche Ergebnis zu gelangen.[201]

Allerdings hängen die Investitionen und die Ersparnis in einer Volkswirtschaft nicht ausschließlich vom Zinssatz ab, deshalb sorgt der Zinsatz nicht (allein) für eine

---

196 Vgl. Zimmermann, H./Henke, K.-D., Finanzwissenschaft (1990), S. 229 f.

197 Vgl. Zimmermann, H./Henke, K.-D., Finanzwissenschaft (1990), S. 206.

198 Für die möglichen Anpassungsreaktionen vgl. Zimmermann, H./Henke, K.-D., Finanzwissenschaft (1990), S. 200 ff.

199 Vgl. insbesondere die Erläuterungen von Sinn, H.-W., Alternativen zur Einkommensteuer, Beihefte der Konjunkturpolitik, Heft 33, S. 20 ff.

200 Dies wurde auch schon anhand der Rechnung auf Seite 39 gezeigt. Vgl. außerdem Cansier, D., Neue Wege?, (Wirtschaftsdienst 1989/I), S. 52; Wagner, F., Leistungsfähigkeit, in: Hax, H./Kern, W./Schröder, H.-H. (Hrsg.), Zeitaspekte in betriebswirtschaftlicher Theorie und Praxis (1989), S. 271; Schneider, D., Investition, Finanzierung und Besteuerung (1990), S. 600.

201 Vgl. Sinn, H.-W., Antwort auf die Antwort, (Wirtschaftsdienst 1989/V), S. 257.

Gleichheit von gesamtwirtschaftlicher Investition und Ersparnis.[202] Ferner ist es nicht sicher, ob sich die Bruttozinssätze überhaupt vollständig an die geänderte Besteuerung[203] anpassen würden.[204] Um eine unter Umständen voreilige Problembegrenzung bei dieser komplizierten Frage zu vermeiden, soll in der vorliegenden Untersuchung deshalb bei Steuersystemen, die aus ökonomischer Sicht einen Verzicht auf die Zinsbesteuerung beinhalten, die Rechnung in zwei Varianten durchgeführt werden:

(1) mit konstanten Brutto-Zinssätzen
(d.h. entsprechend dem Wegfall der Steuer gestiegenen Nettozinsen)

(2) mit konstanten Netto-Zinssätzen
(d.h. entsprechend dem Wegfall der Steuer gesunkenen Bruttozinsen)

Das Zinsniveau wird sich in jedem Fall zwischen diesen beiden Extrempunkten einstellen. Der Effekt unvollständiger Anpassungen an die Aufhebung der Zinsbesteuerung (z.B. Sinken des Zinssatzes von 8 % auf 6 % statt wie theoretisch vorhergesagt auf 4,8 %) kann mit Hilfe der obigen Rechnungen ebenfalls abgeschätzt werden.

4. Ergebnis

Als Resultat der vorangegangenen Überlegungen läßt sich somit festhalten, daß die Steuerbelastung mit Hilfe eines - allerdings in Hinblick auf Anpassungsreaktionen auf das Zinsniveau eingeschränkten - Steuertraglastkonzepts gemessen wird. Ohne Anpassungsreaktionen entspräche die Steuertraglast (Differenz des "Ergebnisses" ohne und mit Steuern) stets der Steuerzahlung des Unternehmens. In diesem Fall wäre zur Berechnung der absoluten Steuerbelastung eine genauere Definition des Begriffs "Ergebnis" nicht erforderlich, da die Steuern unmittelbar herangezogen

---

202 Vgl. Cansier, D., Antwort auf eine Replik (Wirtschaftsdienst 1989/V), S. 252. Die Höhe der Ersparnis der Haushalte wird nach herrschender Meinung von den Konsumwünschen dominiert. Mögliche Determinanten des Konsumverhaltens sind das aktuelle Einkommen, die soziale Position (Stellung in der Einkommenspyramide), das in der Vergangenheit maximal erreichte Konsumniveau (Gewöhnung an einen bestimmten Lebensstandard), das insgesamt erwartete Lebenseinkommen sowie die Einschätzung der Dauerhaftigkeit von Einkommensänderungen. Investitionen hängen neben dem Zins grundsätzlich auch von den Ertragserwartungen ab, wobei je nach dem zeitlichen Anpassungsverhalten an Veränderungen der gesamtwirtschaftlichen Nachfrage ebenfalls verschiedene Investitionsfunktionen unterschieden werden können. Zu den angesprochenen Spar- und Investitionsmotiven vgl. Siebke, J./Thieme, J., Einkommen, Beschäftigung, Preisniveau, in: Bender, D. u.a. (Hrsg.), Kompendium der Wirtschaftstheorie und Wirtschaftspolitik (1990), S. 108 ff.

203 Wegen der großen Durchsetzungsprobleme ist es fraglich, ob man heute überhaupt von einer faktischen Besteuerung der Zinsen beim Empfänger ausgehen kann. Vgl. das Urteil des Bundesverfassungsgerichts vom 27.6.1991, AZ 2 BvR 1493/89.

204 Neben der Besteuerung wirken auch andere Einflüsse auf den Zins, z.B. die Geldpolitik der Bundesbank, das Defizit des Staatshaushalts sowie die internationalen Kapitalströme zwischen offenen Volkswirtschaften. Vgl. Cansier, D., Antwort auf eine Replik (Wirtschaftsdienst 1989/V), S. 253.

werden könnten. Aus zwei Gründen ist es jedoch nicht möglich, hierauf zu verzichten:

(1) Zunächst soll das Belastungskonzept offen für die Auswirkungen von *Anpassungsreaktionen* sein. Zwar werden hier lediglich Änderungen des Zinsniveaus untersucht, allerdings besteht grundsätzlich die Möglichkeit, alle anderen Daten aufgrund von alternativen Überwälzungshypothesen zu variieren. In allen Fällen von Verhaltensänderungen weicht die Steuertraglast von der Steuerzahlung ab. Sie muß dann anhand der Veränderung des noch näher zu bestimmenden "Netto-Ergebnisses" gemessen werden.

(2) Üblicherweise verwendet man keine absoluten Belastungsgrößen, da diese z.B. zwischen verschiedenen Unternehmen schlecht vergleichbar sind. Man setzt deshalb das absolute Belastungsmaß ins Verhältnis zu einer Bezugsgröße und erhält so einen *prozentualen* Steuerbelastungssatz.

Nach der erfolgten Festlegung auf eine allgemeine Definition der Steuerbelastung bleibt noch zu klären, welche konkrete Bezugsgröße zur Messung des "wirtschaftlichen Ergebnisses" heranzuziehen ist. Dies soll Aufgabe des nächsten Abschnitts sein.

E. Bezugsgröße der Steuerbelastung - rechtlich oder ökonomisch? -

1. Funktion und grundsätzliche Arten der Bezugsgröße

Eine in absoluten Werten (DM) ausgedrückte Steuerbelastung ist nur für Einzelfälle aussagekräftig. Um Belastungen im verschiedenen Fällen leichter vergleichbar zu machen, rechnet man sie auf einen prozentualen Wert um. Eine wichtige Rolle spielt dabei die Frage der Bezugsgröße.

Im einfachsten Fall könnte man z.B. die als relevant erachteten Steuerzahlungen - dies impliziert eine bestimmte Steuerüberwälzungshypothese - durch den (steuerlichen) Gewinn vor Steuern teilen:

$$\text{relative Steuerbelastung} = \frac{\text{"Steuerzahlung"}}{\text{"Gewinn vor Steuern"}}$$

oder (in etwas unkonventioneller Schreibweise):

$$\text{relative Steuerbelastung} = \frac{\text{"Gewinn vor Steuern" - "Gewinn nach Steuern"}}{\text{"Gewinn vor Steuern"}}$$

Handelsrechtliche (z.B. Jahresüberschuß vor Steuern) oder steuerrechtliche (zu versteuerndes Einkommen, Einkünfte aus Gewerbebetrieb) Größen werden oft als Bezugsbasis herangezogen. Solche Rechnungen liefern aber nur *nominale* Belastungswerte,[205] da die Bezugsgröße hier ein fiktiver Wert ist, der mit Hilfe von bestimmten Konventionen geschaffen wurde.[206] Wegen der fehlenden ökonomischen Fundierung dieser rechtlichen Größen lassen sich nominale Belastungen weder zwischen verschiedenen Perioden noch zwischen verschiedenen Unternehmen vergleichen.

Solche Konventionen können insbesondere nicht im Rahmen dieser Arbeit als Maßstab herangezogen werden, da sie gerade Objekt der Untersuchung sind. Notwendig ist vielmehr ein übergeordnetes Metakriterium.[207] Dieses läßt sich nur aus wirtschaftlichen (ökonomischen) Überlegungen herleiten.

Eine *effektive* Steuerbelastung ergibt sich demgegenüber durch Bezug auf ein betriebswirtschaftlich verstandenes Ergebnis.[208]

Sinnvollerweise sollten die im Zähler stehende Differenz zweier Ergebnisse und die im Nenner stehende Bezugsbasis begrifflich identisch sein. Mit anderen Worten: die Zahlen in Zähler und Nenner sind auf die gleiche Art und Weise zu ermitteln.

Die (effektive) relative Steuerbelastung läßt sich berechnen, indem man die absolute Steuerbelastung (Ergebniseinbuße aufgrund der Steuer) ins Verhältnis zum ursprünglich erzielten Ergebnis setzt:[209]

$$\text{relative Steuerbelastung} = \frac{\text{"Ergebniseinbuße durch die Steuer"}}{\text{"Ergebnis ohne Steuer"}}$$

oder:

$$\text{relative Steuerbelastung} = \frac{\text{"Ergebnis ohne Steuer" - "Netto-Ergebnis mit Steuer"}}{\text{"Ergebnis ohne Steuer"}}$$

Bewirkt die Besteuerung überhaupt keine Einbuße beim untersuchten Steuersubjekt, da alle Steuern auf andere überwälzt werden können, so beträgt der effektive Steuerbelastungssatz 0 %. Wird das wirtschaftliche Ergebnis durch die Besteuerung vollständig aufgebraucht, so ist der effektive Steuerbelastungssatz gleich 100 %. Aller-

---

205 Vgl. Schneider, D., Investition, Finanzierung und Besteuerung (1990), S. 163.

206 Vgl. Wenger, E,, Gleichmäßigkeit der Besteuerung (FA 1983), S. 214 f.

207 Vgl. Wenger, E., Gleichmäßigkeit der Besteuerung (FA 1983), S. 210.

208 Vgl. Schneider, D., Investition, Finanzierung und Besteuerung (1990), S. 163.

209 Formal gleich geht man bei der *marginal effective tax rate* vor. Dort wird das "Ergebnis" durch die interne Rendite der Investition konkretisiert. Vgl. Fullerton, D., Which Effective Tax Rate? (NTJ 1984), S. 25; King, M./Fullerton, D. (Hrsg.), Taxation (1984), S. 9; Boadway, R., Theory, in: Mintz, J./Purvis, D. (Hrsg.), Impact of Taxation on Investment Activity (1988), S. 61; Schneider, D., Hochsteuerland (WPg 1988), S. 329.

dings können sich unter bestimmten Umständen auch Steuerbelastungssätze von weit mehr als 100 % oder solche im negativen Bereich ergeben.[210]

2. Bezugsgröße der Untersuchung

Für die Frage, welcher *konkrete wirtschaftliche* Maßstab ("wirtschaftliches Ergebnis") als Bezugsgröße der Steuerbelastung heranzuziehen ist, werden verschiedene Vorschläge gemacht. So unterscheidet *Dieter Schneider*[211] bei Steuerbelastungsrechnungen vorab zwischen einer

- allgemeinen "Maßgröße steuerlicher Leistungsfähigkeit" (anzuwenden bei Rechnungen, die sich mit Verteilungsfolgen der Besteuerung beschäftigen) und einer
- subjekt-individuellen "Zielgröße des Handelns" (anzuwenden bei Rechnungen, die sich mit Entscheidungswirkungen der Besteuerung befassen).

Da die vorliegende Arbeit sich nicht mit Entscheidungs- bzw. Allokationswirkungen, sondern mit Verteilungs- bzw. Distributionswirkungen beschäftigt, ist nach dieser Diktion als Bezugsgröße "wirtschaftliches (Netto-)Ergebnis" eine generelle Maßgröße steuerlicher Leistungsfähigkeit anzusetzen.[212]

Die Wahl einer ökonomischen Bezugsgröße muß in gewissem Rahmen subjektiv bleiben, allerdings werden sowohl individuelle Ziele als auch Idealvorstellungen steuerlicher Gerechtigkeit regelmäßig auf nutzentheoretischen Überlegungen aufbauen.[213] Ein wesentlicher und durch ökonomische Aktivitäten beeinflußbarer Bestandteil des von einem Individuum insgesamt angestrebten Nutzens ist der durch Bedürfnisbefriedigung beim Genuß von Gütern und Dienstleistungen erzielte Konsumnutzen. Die Ausrichtung des ökonomischen Handelns eines Individuums auf die Generierung von Zahlungsüberschüssen mit dem Ziel, die vereinnahmten Gelder wiederum in Konsumgüter zu transformieren, ist weder in der mikroökonomischen

---

210 Die Schreibweise als prozentualer Steuersatz hat den Nachteil, daß u.U. Interpretationsprobleme durch negative Zähler und/oder Nenner sowie durch nahe bei null liegende Nenner auftreten können. Vgl. Bradford, D./Fullerton, D., Pitfalls, in: Hulten, C. (Hrsg.), Depreciation, Inflation, and the Taxation of Income from Capital (1984), S. 270.

211 Vgl. Schneider, D., Wider leichtfertige Steuerbelastungsvergleiche (WPg 1988), S. 284; Schneider, D., Unternehmenssteuerbelastung (BB 1990), S. 534.

212 Allerdings kann man meines Erachtens zwischen "Maßgröße steuerlicher Leistungsfähigkeit" und "Zielgröße des Handelns" keinen strikten Gegensatz herstellen. Es ist nicht einzusehen, warum ein Maßstab der Leistungsfähigkeit, der *allgemein* herangezogen werden soll, von der durch *die Investoren selbst* angestrebten Leistungsfähigkeit (z.B. Zahlungsüberschüsse für Konsumzwecke zu erwirtschaften), die damit zu ihrer Zielgröße wird, grundsätzlich verschieden sein soll. Tendenziell sollten beide Werte in die gleiche Richtung gehen, wobei natürlich nicht auszuschließen ist, daß ein konkreter Investor seinen Erfolg an völlig anderen Kriterien als die Allgemeinheit mißt.

213 Vgl. Wenger, E., Gleichmäßigkeit der Besteuerung (FA 1983), S. 210 f.

Theorie des Haushalts noch in der modernen Finanzierungs- und Investitionstheorie umstritten.[214]

Inhaltlich soll deshalb die Größe "wirtschaftliches (Netto-)Ergebnis" durch den dem Investor aus Unternehmensüberschüssen ermöglichten Konsum konkretisiert werden.[215]

Die Entscheidung für den Konsum als Belastungsmaß ist auch kompatibel mit der "Erkenntnis, daß Steuerlasten stets Konsumopfer darstellen".[216]

Allerdings steht noch eine weitere Festlegung aus, die das Problem unterschiedlicher Konsumbeträge zu verschiedenen Zeitpunkten löst. Nach der Investitionstheorie können Investoren die Ziele der

(1) Maximierung der (Konsum-)Entnahmen bei gegebenem Endvermögen (Konsumpotential),

(2) Maximierung des Endvermögens (Konsumpotentials) bei gegebenen (Konsum-)Entnahmen oder der

(3) Optimierung von (Konsum-)Entnahmen und Endvermögen (Konsumpotential) in einer Simultanbetrachtung

verfolgen.[217]

Die letzte Variante kann vorab ausgeschlossen werden, da hier eine besonders zu definierende Austauschfunktion zwischen Konsumbeträgen zu verschiedenen Zeitpunkten nötig wäre. Es verbleibt somit die Wahl zwischen dem Endvermögen (End-Konsumpotential) und der laufenden Konsumannuität als Meßgröße.

Das zu entwickelnde Modell beinhaltet die wirtschaftlichen Aktivitäten eines Unternehmens oder eines Segments aus einem Unternehmen. Solche Aktivitäten erstrecken sich teilweise (z.B. Kauf langfristig genutzten Anlagevermögens, Pensionszusagen) über viele Jahre. Der vom Modell erfaßte Zeitabschnitt muß deshalb sehr groß sein.

Da anzunehmen ist, daß die Investoren mit einem Verzehr von Überschüssen nicht erst bis nach Beendigung des Unternehmens warten, sondern z.B. absehbare Minderbelastungen bei einem bestimmten anderen Steuersystem bereits laufend verkon-

---

214 Vgl. Wenger, E., Gleichmäßigkeit der Besteuerung (FA 1983), S. 211. Es kann aber noch das durch Vererbung an die nächste Generation weitergereichte Konsumpotential einbezogen werden.

215 Die Konsumausgaben haben bei einem Vergleich verschiedener Einkommensdefinitionen außerdem den Vorteil, daß hierdurch keine mehr oder weniger willkürliche Vorentscheidung für ein bestimmtes Einkommenskonzept getroffen wird.

216 Rose, M., Plädoyer (HB vom 4.7.89), S. 6.

217 Vgl. Schneider, D., Investition, Finanzierung und Besteuerung (1990), S. 70.

sumieren, und da sich sonst bereits relativ kleine Unterschiede bei der Steuerbelastung über Zinseszinseffekte zu - im Vergleich mit dem im Unternehmen eingesetzten Realvermögen - extrem hohen Endvermögensdifferenzen aufbauen können, erscheint es nicht sehr sinnvoll, die Entnahmen festzulegen und den Stand des Endvermögens zu messen.

Deshalb wird für diese Untersuchung als geeignetes Kriterium für die Höhe der Steuerbelastung der in der Aktivitätsphase[218] *pro Periode gleichmäßig konsumierbare Betrag* (Annuität) angesehen. Anfangs- und Endvermögen sollen null betragen, so daß keine Bewertungsprobleme bestehen. Das verwendete Steuerbelastungsmaß weist auch Parallelen zum Unternehmenswert auf, da dieser sich grundsätzlich nach dem aus dem Unternehmen "Herausholbaren" richtet.[219]

Rechentechnisch wesentlich leichter läßt sich allerdings der Endwert bei gegebenen Konsumentnahmen ermitteln. Die Bestimmung des Endkonsums wird deshalb hilfsweise vorgenommen. Durch Iteration kann dann die Konsumannuität gefunden werden, bei der der Endkonsum gerade null ist.

III. Zusammenfassung

Zum Vergleich des Einflusses verschiedener Systeme der Unternehmensbesteuerung ist die Durchführung eines quantitativen Steuerbelastungsvergleiches notwendig. Die bisherigen Untersuchungen erweisen sich dazu als nicht dienlich. Sie sind entweder grundsätzlich nicht geeignet, Steuerbelastungen bei radikalen Änderungen der Bemessungsgrundlage zu messen, oder sie scheiden wegen verschiedener Gründe (Behandlung von Teilproblemem, Untersuchung nur marginaler Projekte, zu große Vereinfachung) für die vorliegende Fragestellung aus.

Nach einem Überblick über bisherige Steuerbelastungsrechnungen, die sich mit dem Gebiet der Bemessungsgrundlage beschäftigt haben, schließt sich die systematische Ableitung des hier eingesetzten Meßkonzepts an.

Die Untersuchung soll dem Blickwinkel eines Investors entsprechen. Deshalb wird eine einzelwirtschaftliche (mikroökonomische) Sichtweise gewählt.
Als technischer Weg ist nur eine Modellrechnung möglich, da nicht über alle betrachteten Bemessungsgrundlagen empirische Daten erhoben werden können. Sie beinhaltet die Simulation von als typisch angesehenem Unternehmensgeschehen in einem Modell und die Anwendung verschiedener steuerlicher Regelungen auf diese Sachverhalte. Notwendig ist aber auch die Gewinnung von wirtschaftlichen und

---

[218] D.h. ohne einen eventuellen Vor- oder Nachlauf zum Aufbau und zur Abwicklung des Unternehmens.

[219] Vgl. Sigloch, J., Grundfragen der Unternehmensbewertung (Jura 1987), S. 587; Sigloch, J., Steuern und Unternehmensbewertung, in: Exner, S./Giesbrecht, C. (Hrsg.), Wirtschaftsjurist an der Universität Bayreuth (1990), S. 107.

steuerlichen Daten, die in die Rechnung eingesetzt werden können.
Da es bei der vorliegenden Arbeit auf die Verteilungsfolgen der Besteuerung ankommt, soll eine Durchschnitts- und nicht eine Grenzbelastung ermittelt werden.
Schwierig ist vor allem die Festlegung des Belastungsbegriffs. Grundsätzlicher Maßstab der absoluten Steuerbelastung ist ein Vergleich des wirtschaftlichen Netto-Ergebnisses in einer Welt mit und ohne Steuern. Die Steuerbelastung stimmt daher nicht unbedingt mit der Steuerzahlung überein, da Steuerüberwälzungen und marktbestimmte Steuerlasten vorkommen können (Steuertraglastkonzept). Da sich aber Ausmaß und Richtung von Preis-, Mengen- und Qualitätsänderungen nicht hinreichend vorhersagen lassen, soll grundsätzlich angenommen werden, daß sich das Verhalten nicht steuerbedingt ändert. Eine Ausnahme wird in Hinblick auf die Höhe des Kapitalmarktzinses gemacht. Hier soll bei Steuersystemen ohne (effektive) Zinsbesteuerung alternativ ein konstanter Brutto- und ein konstanter Nettozinssatz unterstellt werden.
Aus der absoluten Steuerbelastung kann mittels einer Bezugsgröße die relative (prozentuale) Steuerbelastung abgeleitet werden. Hierfür kommt nur ein ökonomischer (nicht handels- oder steuerrechtlicher) Wert in Frage. In Hinblick auf die Investitions- und Nutzentheorie wird das wirtschaftliche Ergebnis durch den mit Hilfe des Unternehmens gewonnenen Konsum beschrieben. Der Konsum soll gleichmäßig während der ganzen aktiven Lebensdauer des Unternehmens erfolgen (Konsumannuität).

Vierter Teil: Aufbau des Unternehmensmodells

Die Berechnung der Steuerbelastung wird durch Simulation des Unternehmensgeschehens und seiner steuerlichen Konsequenzen vorgenommen. Zur Modellbildung bedarf es der Spezifizierung einer Reihe von Variablen und der zwischen ihnen bestehenden Beziehungen (Modellstruktur) sowie der Zuweisung von Werten für die (Input-)Variablen (Modelldaten).

Im Rahmen der Ableitung der Modellstruktur müssen einige grundsätzliche Entscheidungen getroffen werden (Abschnitt I). Sie betreffen Dauer und zeitliche Struktur des Modells, seine inhaltliche Dimension, die konkret abzubildenden einzelnen Modellaktivitäten, Art und Weise der Einbeziehung der Besteuerung, die Herstellung und Aufrechterhaltung des Zahlungsgleichgewichts sowie die EDV-technische Umsetzung.

Anschließend erfolgt die Festlegung der Modelldaten (Abschnitt II). Die steuerlichen Parameter ergeben sich zu großen Teilen aus den Definitionen der verschiedenen Bemessungsgrundlagen. Allerdings müssen auch noch Bilanzierungsverläufe (z.B. Angabe von Abschreibungsquoten) und Steuersätze vorgegeben werden. Die wirtschaftlichen Daten lassen sich weitgehend aus der Statistik der Deutschen Bundesbank ableiten. Indes kann auch hier nicht auf das Setzen gewisser Prämissen verzichtet werden.

I. Ableitung der Modellstruktur

Eine zielentsprechende Modellstruktur erfordert Überlegungen in verschiedenen Teilbereichen. Hierbei handelt es sich konkret um

- Fragen zur Festlegung der zeitlichen Dimension (Laufzeit und innere zeitliche Struktur) des Modells;
- die Bestimmung der (primären) inhaltlichen Dimension, unter der die Unternehmenstätigkeit betrachtet werden soll;
- die Ableitung von konkreten Einzelaktivitäten der Unternehmung und des Eigentümers, so daß eine relativ einfache, aber trotzdem hinreichend realitätsgetreue Abbildung aller auftretenden Vorgänge erreicht wird;
- die grundsätzliche Vorgehensweise bei Einbeziehung der Besteuerung in das ökonomische Modell des Unternehmensgeschehens;
- die Aufteilung des Modells in einen größeren Teil von modellexogen bestimmten Aktivitäten und in einige modellendogene Anpassungsvorgänge, die der Aufrechterhaltung des Systemgleichgewichts (insbesondere der Liquidität) dienen sowie
- die Auswahl der die Simulation unterstützenden Computersoftware und weitere Implementierungsfragen.

Die folgenden Ausführungen zur Modellstruktur sollen nur den allgemeinen Modellaufbau und die ihm zugrundeliegenden Gedanken aufzeigen. Der technisch interessierte Leser sei auf den Anhang verwiesen, der eine umfangreiche Dokumentation aller Einzelheiten enthält.

A. Laufzeit und zeitliche Struktur des Modells

Der zeitliche Horizont des Modells hat so weit auszugreifen, daß auch Vorgänge, bei denen große zeitliche Differenzen zwischen Auszahlung/Einzahlung und der Verrechnung als steuerlichem Aufwand/Ertrag vorkommen, in das Modell integriert werden können. Hierbei handelt es sich insbesondere um

- die Aktivierung und langfristige Abschreibung von Investitionen und
- die Bildung langfristiger Schuldposten im Zusammenhang mit Pensionszusagen.

Darüber hinaus bringt nur eine Langfristuntersuchung die auf Zinseffekten beruhenden Belastungsunterschiede adäquat zur Geltung.

Als Laufzeit für das "eigentliche" wirtschaftliche Unternehmensgeschehen (sog. *Kernphase*) werden deshalb 50 Rechnungsperioden/Jahre festgesetzt. Die ökonomische Aktivität soll sich aus Vereinfachungsgründen immer zum Ende einer Rechnungsperiode zahlenmäßig niederschlagen. Die jeweiligen Endzeitpunkte der 50 Jahre sind mit t_1 bis t_{50} benannt.

Allerdings soll das Modell auch die Gewährung von Pensionszusagen o.ä. ermöglichen. Solche Zusagen stellen eine Form des Entgelts für die geleistete Arbeit dar, das - im Gegensatz zu laufenden Löhnen oder Gehältern - erst nach einer größeren Anzahl von Jahren zur Auszahlung gelangt. Die Kernphase von 50 Jahren wird deshalb um eine gewisse *Nachlaufphase* ohne weitere produktive wirtschaftliche Aktivitäten ergänzt. In dieser können noch bestehende Verpflichtungen abgewickelt, nicht aufgezehrte Vermögenswerte veräußert und ein eventuell verbleibender Überschuß ausgeschüttet und konsumiert werden.

Die Länge der Nachlaufphase soll zehn Jahre betragen. Sie beginnt in t_{50} und dauert bis t_{60}. Damit umfaßt sie die Peridenendzeitpunkte von t_{51} bis t_{60}. Um die rechentechnische Abwicklung in t_{60} zu erleichtern, die z.B. bei Cash-Flow-Steuersystemen wegen der steuerlichen Folgen einer Auflösung von Kapitalanlagen oder der Glattstellung von Krediten sehr kompliziert sein kann, wird neben dem Zeitpunkt t_{60} noch ein künstlicher Zeitpunkt $t_{60'}$ eingeführt. Zwischen t_{60} und $t_{60'}$ soll lediglich eine logische Sekunde liegen.

Als Pendant zur Nachlaufphase besteht weiterhin noch eine kurze *Vorlaufphase* mit zwei Zahlungszeitpunkten (t_{-1} und t_0). In der Vorlaufphase werden Kapitaleinlagen des Eigentümers an die Unternehmung geleistet sowie die ersten Investitionen in Anlagegüter getätigt.

Ein Überblick läßt sich der folgenden Abbildung entnehmen.

Phase:	Vorlaufphase (Aufbau)	Kernphase (produktiv)	Nachlaufphase (Abwicklung)
Dauer:	ein Jahr	50 Jahre	10 Jahre und eine logische Sekunde
Zeitraum:	t_{-1} bis t_0	t_0 bis t_{50}	t_{50} bis t_{60} bzw. $t_{60'}$
(Zielgröße?)		laufender Konsum des Eigentümers ab t_1 bis t_{50}	

Abb. 17: Modellphasen im Überblick

B. Inhaltliche Dimension des Modells

Obwohl das Modell eine Abbildung des gesamten Unternehmensgeschehens (Ebene der Unternehmung und Ebene des Eigentümers) zum Ziel hat, kann sich die Abbildung doch auf die relevanten Teile beschränken.

Dies bedeutet erstens, beim Eigentümer alle nicht im Zusammenhang mit der Unternehmensinvestition stehenden Aktivitäten auszublenden. Dabei handelt es sich um die Erzielung von Arbeitseinkommen, den hieraus getätigten Konsum sowie die hiermit zusammenhängenden Spar- und Kreditvorgänge.[220]

Eingrenzung auf die relevanten Teile besagt aber auch zweitens, die Abbildung auf diejenigen Aspekte der Realität zu reduzieren, die für eine Untersuchung der gegebenen Problemstellung benötigt werden. Notwendig ist aus wirtschaftlicher Sicht zunächst die Ermittlung aller *Brutto-Zahlungen*, da diese (auch ohne Besteuerung) für die Berechnung des durch das Unternehmen geschaffenen Zusatzkonsums erforderlich sind. Von einer expliziten Berücksichtigung der zugrunde liegenden Mengen- und Preisgerüste kann grundsätzlich abgesehen werden. Die Bruttozahlungen sind zugleich Ausgangspunkt für die Berechnung der steuerlichen Bemessungsgrundlagen, inbesondere auch für die Höhe bilanzieller Wertansätze.

---

220 Vgl. Erster Teil, Abschnitt III. B.).

Die Abbildung der Realität im Modell beschränkt sich daher soweit wie möglich auf Zahlungen sowie auf die aus den Zahlungen für Zwecke der Besteuerung abgeleiteten Größen.

C. Ableitung von wirtschaftlichen Einzelaktivitäten

1. Anforderungen

Die bisher bereits mehrfach angesprochenen typischen Aktivitäten müssen nunmehr konkretisiert werden. Als Ausgangspunkt kann Abbildung 6[221] dienen, die ein Gesamtmodell der zu erfassenden Vorgänge darstellt.

Es gilt somit zunächst, an die Stelle jedes in Abbildung 6 angesprochenen allgemeinen Aktivitätstyps (z.B. Beschaffung von Produktionsfaktoren) eine oder mehrere spezielle Vorgänge (z.B. Beschaffung von Boden, Gebäuden, Maschinen, Material, Waren, Roh-, Hilfs- und Betriebsstoffen, Arbeitsleistungen) zu setzen.

Hierbei muß ein Kompromiß zwischen zwei gegensätzlichen Anforderungen gefunden werden:

(1) Auf der einen Seite soll die Abbildung möglichst realitätsgetreu sein. Da die Realität sehr vielgestaltig ist, würde dies die Aufnahme überaus vieler unterschiedlicher Sachverhalte verlangern (z.B. Beschaffung von PKW, Lieferwagen, Büromöbeln, Computern, Fräsmaschinen, Lagerhallen usw.)

(2) Andererseits soll das Modell so einfach wie möglich gehalten werden, damit es noch überschaubar (verständlich) und rechenbar (praktikabel) bleibt. Diese Forderung würde in Richtung auf möglichst wenige Gruppen von Aktivitäten hinwirken (z.B. im Vergleich zu oben: Beschaffung von "abnutzbarem Anlagevermögen").

Als Nebenbedingung ist ferner zu beachten, daß eine vergleichsweise feine Untergliederung der insgesamt stattfindenden Vorgänge wenig nützt, wenn keine empirischen Daten darüber zugänglich sind.[222]

Insgesamt besteht die Aufgabe darin, Gruppen von Vorgängen zu bilden, die untereinander relativ heterogen, intern jedoch relativ homogen sind. Als wesentliches Maß für Heterogenität wird im Rahmen der vorliegenden Arbeit die steuerliche Behandlung der Bruttozahlungen, insbesondere das Ausmaß einer Umperiodisierung durch Bildung von aktiven und passiven Bilanzpositionen angesehen werden. Die Cash-Flow-Systeme können nicht zur Kriterienbildung herangezogen werden, da bei ihnen unterschiedslos keine Bilanzierung stattfindet.

---

[221] Vgl. Seite 25.

[222] Als Datenmaterial sollen, wie schon begründet wurde, statistische Daten der Deutschen Bundesbank über Jahresabschlüsse der Unternehmen in der Bundesrepublik Deutschland herangezogen werden.

2. Detaillierungsgrad auf Ebene der Unternehmung

Die Gesamtaktivitäten sollen auf Unternehmungsebene so weit unterteilt werden, daß bei der Modellunternehmung im Falle einer bilanziellen Bemessungsgrundlage alle wesentlichen Bilanzpositionen auftreten.

Als typische und wesentliche Positionen gelten:[223]

Auf der Aktivseite:

- nicht abnutzbares Anlagevermögen (ohne Finanzvermögen), insbesondere Boden
- langfristiges abnutzbares Anlagevermögen, insbesondere Gebäude
- kurzfristigeres abnutzbares Anlagevermögen, insbesondere Betriebs- und Geschäftsausstattung, Anlagen und Maschinen
- Finanzvermögen, insbesondere Finanzanlagen, Wertpapiere des Umlaufvermögens, Kassenmittel
- Vorräte (Roh-, Hilfs- und Betriebsstoffe, unfertige und fertige Erzeugnisse, Waren)
- geleistete Anzahlungen an Lieferanten
- Forderungen und sonstige Vermögensgegenstände, insbesondere Forderungen aus Lieferungen und Leistungen

Auf der Passivseite:[224]

(- Eigenkapital)[225]

- Rückstellungen, insbesondere für Pensionen
- kurzfristige Verbindlichkeiten, insbesondere aus Lieferungen und Leistungen
- erhaltene Anzahlungen von Kunden
- langfristige Verbindlichkeiten, insbesondere Anleihen oder Verbindlichkeiten gegenüber Kreditinstituten

---

223 Zu den regulär auftretenden Positionen siehe die Bilanzgliederung von Kapitalgesellschaften gem. § 266 HGB.

224 Sonderposten mit Rücklageanteil (steuerfreie Rücklagen) werden aus zwei Gründen nicht explizit mit einbezogen. Einerseits sind sie im Datenmaterial der Bundesbank nicht gesondert ausgewiesen, sondern hälftig in den Rückstellungen und Rücklagen enthalten (vgl. Deutsche Bundesbank (Hrsg.), Monatsberichte der Deutschen Bundesbank, November 1988, S. 17; Deutsche Bundesbank (Hrsg.), Verhältniszahlen aus den Jahresabschlüssen der Unternehmen in der Bundesrepublik Deutschland für 1983, Sonderdrucke der Deutschen Bundesbank Nr. 6 (1985), S. 7), andererseits geht ihre Bildung auf eine Vielzahl unterschiedlichster Gründe zurück, deren Vorliegen nicht im Modell simuliert werden könnte.

225 Das Eigenkapital errechnet sich als Saldogröße und braucht deshalb nicht gesondert erfaßt werden.

Darüber hinaus bestehen noch Aus- und Einzahlungen, die auch im Bilanzierungsfall nicht in der Bilanz auftreten, da sie grundsätzlich periodengleich als Aufwand und Ertrag verbucht werden (z.B. Mieten, Versicherungen). Für ihre Berücksichtigung ist ebenfalls Sorge zu tragen. Ebenso sind Einlagen und Entnahmen einzubeziehen.

Um eine Abbildung der oben angeführten Bilanzpositionen sowie der zusätzlich genannten Ein- und Auszahlungen zu erreichen, muß das Modell der Unternehmung eine Reihe verschiedenster Einzelaktivitäten enthalten. Für diese sollen die folgenden Annahmen getroffen werden:

- Repräsentativ für alle Absatztätigkeiten wird der Verkauf eines einzigen Endproduktes unterstellt. Die in der Realität vorhandene Vielfalt von Produktfamilien und Produktarten begründet keine grundsätzlichen Unterschiede. Die Gelder fließen der Unternehmung entweder im Verkaufszeitpunkt (bar), als Anzahlung oder als Forderungseingang zu. Kleinere Einnahmen, z.B. aus Vermietung und Verpachtung, können über eine Kategorie "Sonstige Einnahmen" erfaßt werden.

- Beim Beschaffungsbereich treten sehr viel größere Unterschiede auf, die durch eine differenzierte Reihe verschiedener Inputfaktoren berücksichtigt werden müssen. So kann man insbesondere Verbrauchsgüter und -leistungen einsetzen oder auf Potentialfaktoren zurückgreifen:

  Stellvertretend für alle Potentialfaktoren werden drei Kategorien mit jeweils unterschiedlicher tatsächlicher Nutzungsdauer (nicht abnutzbar, abnutzbar über 50 Jahre, abnutzbar über 10 Jahre) eingeführt. Sie tragen die symbolischen Bezeichnungen "Boden", "Gebäude" und "Maschinen".

  Als wesentliche Verbrauchsfaktoren treten der Einsatz von Material, Handelswaren etc., der Einsatz von Arbeitsleistungen und weiteren Dienstleistungen auf. Für die erste Kategorie wird die Bezeichnung "Material" gewählt. Diese Vorräte können auch gelagert werden. Der Einkauf kann analog zum Verkauf zeitgleich (in bar), vorzeitig (Anzahlung gegenüber den Lieferanten) oder später (Zieleinkauf) bezahlt werden. Das Entgelt für Arbeitsleistungen kann einerseits in Barlohn, andererseits auch im Versprechen eines erst später fälligen Entgelts, für das bilanziell eine entsprechende Rückstellung gebildet wird, bestehen. Ergänzend tritt die Kategorie "Sonstige Ausgaben" für Belastungen durch Mieten, Versicherungen etc. hinzu.

- Der Bereich der Einlagen und Entnahmen wird nicht weiter untergliedert. Es gilt jedoch die Einschränkung, daß nur Bareinlagen und -entnahmen vorkommen dürfen; Sacheinlagen, Nutzungsentnahmen etc. sind unzulässig.

- Der bedeutendste Vorgang auf den Finanzmärkten ist die zusätzliche Finanzierung der Unternehmung mit Bankkrediten oder am öffentlichen Kapitalmarkt. Als Repräsentant solcher Finanzierungen wird ein vollkommener Kapitalmarkt angenommen. Auf den Kreditbetrag sind in der Folge Zinsen zu zahlen. Die Schuldnerstellung am Kapitalmarkt (Kreditnehmer) ist zwar die Regel, die Kapitalmarktposition kann u.U. jedoch auch in eine Gläubigerstellung (Geldanleger) umschlagen. In der Praxis unterhalten Unternehmungen Finanzanlagen oder Wertpapierbestände, obwohl sie gleichzeitig noch Kreditnehmer sind. Um diese Situation abbilden zu können, sind neben dem vollkommenen Kapitalmarkt auch noch "Finanzinvestitionen" zulässig.

Symbolische Bezeichnung der Aktivitäten	Zahlungsströme	Bilanzpositionen
Verkäufe	Anzahlungen	Kundenanzahlungen
	Barverkäufe	
	Zielverkäufe	Forderungen LuL
Investition in Boden	Kauf/Verkauf	Boden
Investition in Gebäude	Kauf	Gebäude
Investition in Maschinen	Kauf	Maschinen
Material	Anzahlungen	eigene Anzahlungen
	Bareinkäufe	
	Zieleinkäufe	Verbindlichkeiten LuL
		Lager Material
Arbeit	Barlohn	
	späteres Entgelt	Rückstellungen
Finanzanlagen	Anlage/Verkauf	Finanzanlagen
	Anlageertrag	
Sonstige Ausgaben	Sonstige Ausgaben	
Sonstige Einnahmen	Sonstige Einnahmen	
Einlagen/ Ausschüttungen	Einlagen/ Ausschüttungen	(Eigenkapital)
Vollkommener Kapitalmarkt	Änderungen Kredit/ Änderungen Anlage	Kredit/ Anlage
	Zinsen	

Abb. 18: Aktivitäten, Zahlungsströme und Bilanzpositionen auf Unternehmungsebene im Modell

3. Detaillierungsgrad auf Ebene des Investors

Für den Anteilseigner sind diese Überlegungen analog anzuwenden. Er kann

- Einlagen an das Unternehmen leisten oder Entnahmen tätigen,
- Kredite aufnehmen,

- Finanzvermögen durch Geldanlage bilden und
- konsumieren.

Deshalb soll folgendes angenommen werden:

Für Einlagen und Entnahmen gilt spiegelbildlich das zur Unternehmung Gesagte. Die Werte sind identisch mit denen aus der Sphäre der Unternehmung; allerdings muß das Vorzeichen umgekehrt werden. Demnach bedeuten Einzahlungen bei der Unternehmung Auszahlungen beim Eigentümer und vice versa.

Zur Kreditaufnahme und Geldanlage wird ebenfalls der vollkommene Kapitalmarkt herangezogen.

Repräsentant des Konsums ist ein einheitlicher Konsumbetrag ohne nähere Differenzierung. Während der Kernphase des Modells (t_1 bis t_{50}) kann ein bestimmter laufender Konsumwert festgelegt werden. Maßstab des Konsums sind pauschal die - gegebenenfalls nach Abzug von unmittelbaren Konsumsteuern - getätigten Ausgaben.

Symbolische Bezeichnung der Aktivitäten		Zahlungsströme		Vermögenspositionen
Einlagen/ Ausschüttungen	→	Einlagen/ Ausschüttungen	→	(Wert der Unternehmung)
Vollkommener Kapitalmarkt	→ →	Änderungen Kredit/ Änderungen Anlage Zinsen	→	Kredit/ Anlage
Konsum	→	Konsum		

Abb. 19: Aktivitäten, Zahlungsströme und potentielle Vermögenspositionen auf Eigentümerebene im Modell

D. Einbeziehung der Besteuerung

Bei der Einbeziehung der Besteuerung in das Unternehmensmodell bestehen Abweichungen zwischen den Einkommensbemessungsgrundlagen (Systeme 1 bis 6) und der Konsumausgabensteuer (System 7). Beide Bereiche sind rechnerisch unterschiedlich geregelt, da jeweils spezifische Probleme auftauchen.

1. Varianten der Einkommensbesteuerung

a) Allgemeine Definition der Bemessungsgrundlage

Ausgangspunkt der Einkommensbesteuerung ist zunächst die *Definition der Bemessungsgrundlage*. Für jede einzelne wirtschaftliche Aktivität, die bei mindestens einer der ersten sechs Steuersysteme einen Bestandteil der erfolgssteuerlichen Bemessungsgrundlage bildet, muß die Ableitung des entsprechenden Anteils der Bemessungsgrundlage aus den Zahlungen sichergestellt werden.

Im Interesse einer höchstmöglichen Modellflexibilität sind die Steuersysteme nicht fest in das Modell eingebaut. Vielmehr kann für jede - betroffene - Aktivität über Variablen festgelegt werden, ob und gegebenenfalls wie aus den entsprechenden Zahlungen ein Anteil an der Bemessungsgrundlage abzuleiten ist. So regelt z.B. eine Variable die steuerliche Behandlung der Umsatzeinnahmen, weitere Variablen die der Maschinenkäufe, der Kreditaufnahmen und -tilgungen, der Zinsen usw.

Durch Wahl der Variablenausprägung sind jeweils verschiedene Alternativen der steuerlichen Behandlung aktivierbar (vgl. Abbildung 20).

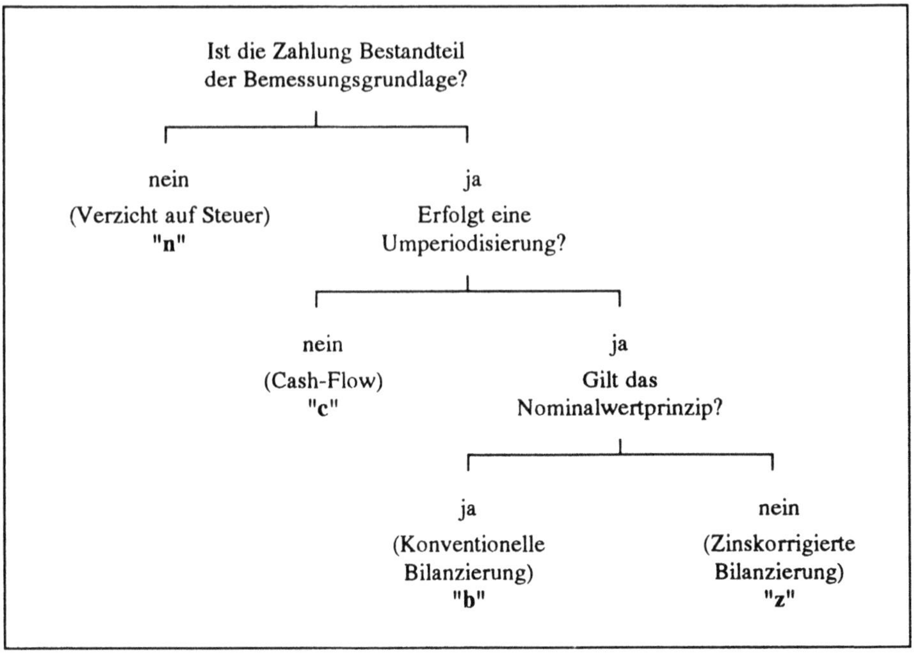

Abb. 20: Wahl der Teil-Bemessungsgrundlage

Zunächst kann entschieden werden, ob die entsprechenden Zahlungen überhaupt Teil der Bemessungsgrundlage sein sollen. Falls nein, ist "n" einzugeben. Bei Einbeziehung spielt es eine Rolle, ob die Zahlungen unmittelbar ("c" wie Cash-Flow) oder korrigiert um Änderungen in der Bilanzierung der betreffenden Wirtschaftsgüter die Bemessungsgrundlage bilden. Im zweiten Fall kann noch zwischen der konventionellen Bilanzierung ("b") und einer zinskorrigierten Bilanzierung ("z") gewählt werden. Diese Festlegung wiederholt sich für alle relevanten Geschäftsvorfälle (Aktivitäten). Es ließen sich somit sehr leicht weitaus mehr Einkommensbemessungsgrundlagen simulieren, als in dieser Arbeit untersucht werden.

b) Ableitung der konkreten Bemessungsgrundlage

Der Zusammenhang zwischen diesen steuerlichen Daten und der *konkreten Höhe der Bemessungsgrundlage* läßt sich folgendermaßen skizzieren (vgl. hierzu Abbildung 21):

Ausgangspunkt: a) Zahlungsstrom im Zeitablauf
Zwischenschritte: b) Aufbau der Bilanzierung nominal Aufbau der Bilanzierung zinskorrigiert c) Abbau der Bilanzierung nominal Abbau der Bilanzierung zinskorrigiert d) Bilanzierung
Ergebnis: e) Bemessungsgrundlage im Zeitablauf

Abb. 21: Schema der Bemessungsgrundlagen-Ermittlung

Ausgangspunkt der Besteuerung ist stets der Verlauf der Zahlungen (Zeile a)). Die Zahlungsreihe ergibt sich entweder

- unmittelbar aus den Eingabedaten (z.B. die Variable "Sonstige Ausgaben" bewirkt Auszahlungen in gleicher Höhe von t_1 bis t_{50}) oder
- als Ergebnis gewisser, i.d.R. relativ einfacher Vorberechnungen. So wird z.B. die Höhe der Anzahlungen (in DM) nicht mit einer gesonderten Variable festgelegt, sondern durch Multiplikation des Umsatzes der Folgeperiode mit einem fixen Prozentsatz bestimmt.

Für die Interpretation von Einzahlungen und Auszahlungen soll in der gesamten Arbeit generell folgende Terminologie gelten:

- Einzahlungen sind Zahlungsströme mit einem positiven Vorzeichen;
- Auszahlungen sind Zahlungsströme mit einem negativen Vorzeichen.

Diese Schreibweise weist nämlich verschiedene Vorteile auf. So können alle Zahlungen stets ohne weitere Prüfung addiert werden. Es braucht kein Unterschied zwischen Einzahlungen (Addition) und Auszahlungen (eigentlich Subtraktion) gemacht werden, da Auszahlungen durch Addition eines negativen Wertes automatisch richtig berücksichtigt werden.

In mehreren *Zwischenschritten* (Zeilen b) bis d)) werden die steuerlichen Korrekturen des Zahlungsstroms abgeleitet. Für die Resultate gilt analog zur Zahlungsdefinition:

- Aktiva sind Bilanzpositionen mit einem positiven Vorzeichen;
- Passiva sind Bilanzpositionen mit einem negativen Vorzeichen;
- Aufbau von Aktiva (Schaffung von Potentialen) und Abbau von Passiva (Minderung von Lasten) haben demnach ein positives Vorzeichen;
- Abbau von Aktiva (Verzehr von Potentialen) und Bildung von Passiva (Entstehen von Lasten) haben ein negatives Vorzeichen.

Im Rahmen der Zwischenschritte sind umfangreiche Rechnungen notwendig, die je nach Wahl der Bemessungsgrundlage (die Eingabevariable kann als Werte die Buchstaben "n", "c", "b" oder "z" annehmen, s.o.) unterschiedlich ausfallen. Jedem Rechenschritt entspricht in der Modellrechnung eine Zeile des Arbeitsblattes. Sie erfolgen grundsätzlich nach dem gleichen Schema, das sich der Abbildung 21 entnehmen läßt.

Zeilen b) und c):
Auszahlungen führen beispielsweise nicht sofort zu steuerlichem Aufwand, wenn der Mittelabfluß durch die äquivalente Bilanzierung eines Wirtschaftsgutes kompensiert wird (Kauf einer Maschine). Dem grundsätzlichen Negativbeitrag "Auszahlung" steht zunächst der positive Effekt der "Aktivierung" gegenüber. Allerdings erfolgt durch Abschreibungen später ein sukzessiver Abbau des bilanzierten Reinvermögens bis schließlich die temporäre Bilanzposition erlischt. Änderungen bei der Bilanzierung sind daher neben den Zahlungen die wesentliche Grundlage zur Bestimmung der Bemessungsgrundlage.
Um die Rechnung tranparenter zu halten, wird im Modell zwischen Aufbau (Zeile b)) und Abbau (Zeile c)) der Bilanzierung differenziert.
Kein Aufbau einer Bilanzierung erfolgt, wenn die BG = "c" (Cash-Flow) oder BG = "n" (nicht berücksichtigen) gesetzt wurde. Als Folge davon steht natürlich auch in der Zeile c) ("Abbau der Bilanzierung") als Wert stets null.
Berechnet werden zunächst nominale Zu- und Abnahmen wie im Rahmen der geltenden Steuerbilanz. Die nominalen Änderungen der Bilanzierung (Aufbau und Abbau von Bilanzpositionen) können noch mit Hilfe eines bestimmten steuerlichen Zinsfaktors umgerechnet werden, wenn ein zinskorrigierter Vermögensvergleich

(BG = "z") gewünscht wird.[226] Im Fall von BG = "b" sind die Zahlen für zinskorrigierte und normale Änderungen der Bilanzierung identisch.

Zeile d):
Als weiteres Ergebnis fällt die Höhe des Bilanzansatzes (Zeile d)) an. Der bilanzierte Betrag entspricht dem Wert der jeweiligen Vorperiode, erhöht um Zunahmen (Aufbau) und vermindert um Abnahmen (Abbau) innerhalb der Periode.
Für BG = "c" oder BG = "n" enthält Zeile d) stets die Zahl null.

Die Zeilen b) bis d) werden nur in die Rechnung aufgenommen, soweit sie im betreffenden Fall überhaupt relevant sind. Beispielsweise ist für Barverkäufe von vornherein klar, daß die Zahlung unmittelbar die Bemessungsgrundlage ergibt.[227] Eine Periodenabgrenzung findet hier bei keinem Steuersystem statt, deshalb können die Zeilen b) bis d) entfallen.
Auch auf die Differenzierung zwischen normalem und zinskorrigiertem Aufbau der Bilanzierung wird in den Fällen verzichtet, in denen gar keine Zinskorrektur stattfinden kann (z.B. die Zunahme der Bilanzierung beim Kauf von Gebäuden oder Maschinen).

Nach Abschluß aller Zwischenschritte ist die *Berechnung der Bemessungsgrundlage* (Zeile e)) nicht weiter schwierig. Zahlungen und Änderungen bei der Bilanzierung lassen sich einfach summieren. Grundsätzlich ergibt sich die Bemessungsgrundlage einer Modellperiode aus dem Zahlungsstrom plus eventuellen Zunahmen (= Aufbau) und Abnahmen (= Abbau) einer Bilanzierung (Zeilen b) und c)).
Die Höhe der Bemessungsgrundlage ist stets gleich null, wenn BG = "n" (nicht berücksichtigen) gewählt wurde.

c) Steuerberechnung

Nach Errechnung der Bemessungsgrundlagen *pro Einzelaktivität* müssen alle Teile *zusammengeführt* und die Steuer berechnet werden.

Im Rahmen des Steuersubjekts wurde grundsätzlich festgelegt, daß der Erfolgsbesteuerung ein Integrationssystem der Unternehmensbesteuerung zugrunde liegen soll. Demnach besitzt die Unternehmung keine eigene Leistungsfähigkeit und zahlt keine eigenen Steuern. Steuern werden allein durch den Eigentümer abgeführt. Allerdings erfolgt eine sofortige Durchschüttung von Bemessungsgrundlagenteilen der Unternehmung auf den Eigentümer.

---

[226] Die entsprechende Rechentechnik besteht im Auf- oder Abzinsen, wenn der Aufwand bzw. Ertrag erst später oder früher als zum Zahlungszeitpunkt verrechnet wird. Bei Verschiebungen um mehr als eine Periode z.B. im Rahmen von Abschreibungen finden auch Zinseszinsen Berücksichtigung.

[227] Vorausgesetzt, daß die Zahlungen aus dem Umsatzprozeß überhaupt Teil der Bemessungsgrundlage sind.

In Fall von Cash-Flow-Steuersystemen stellt sich ein besonders schwieriges Problem. Der Ausgleich von Zahlungsungleichgewichten am vollkommenen Kapitalmarkt geht unmittelbar in die Bemessungsgrundlage ein. Es werden somit steuerliche Folgen ausgelöst. Diese bewirken einen erneuten Bedarf zum Ausgleich dieser Zahlungen mit weiteren Steuern usw. Die Auflösung dieser zirkularen Abhängigkeit kann nur durch simultane Berücksichtigung der Besteuerung im Zahlungsausgleich geschehen.

Für die Einbeziehung der Steuerzahlung in das Unternehmensmodell ist es deshalb notwendig

- die auf Ebene der Unternehmung anfallenden Teile der Bemessungsgrundlage zu erfassen,
- auf Ebene des Eigentümers die vorläufigen Bemessungsgrundlagen (vor Durchführung des abschließenden Zahlungsausgleichs) zu ermitteln,
- beide Komponenten zu einer vorläufigen Gesamtbemessungsgrundlage zu addieren,
- mit Hilfe des Steuertarifs eine vorläufige Erfolgssteuerzahlung zu berechnen sowie
- beim Eigentümer den endgültigen Zahlungsausgleich unter Berücksichtigung von eventuell durch den Zahlungsausgleich zusätzlich induzierten Steuerfolgen herbeizuführen.

Die damit zusammenhängenden einzelnen Rechenschritte und Formeln können detailliert dem Anhang entnommen werden.

2. Konsumausgabensteuer

Anstelle oder neben der Einkommensbesteuerung kann noch eine Konsumausgabensteuer bestehen. Steuersubjekt und Steuerzahler ist von vornherein ausschließlich die natürliche Person des Eigentümers, da auf Ebene der Unternehmung kein Konsum stattfindet. Es wird ebenfalls ein linearer Satz angewendet.

Bei der Definition eines Steuersatzes stellt sich die Frage, worauf er sich beziehen soll. Der geltende Umsatzsteuersatz von 14 % besagt beispielsweise, daß eine Steuer von 14 % auf den *Nettokonsum aufgeschlagen* wird (§ 12 I UStG i.V.m. §§ 10, 11 UStG). Ein Tarif von 100 % würde demnach bedeuten, daß der vom Konsumenten zu zahlende Geldbetrag zur Hälfte in den Konsum, zur Hälfte als Steuer an den Staat fließen würde.

Allerdings hätte diese Interpretation den Nachteil, daß der Konsumausgabensteuersatz nicht unmittelbar mit dem Einkommenssteuersatz verglichen werden kann. Hier wird deshalb einer zweiten Variante gefolgt. Der Steuersatz gibt den *Bruchteil der*

Bruttoausgabe wieder, die an den Staat abgeführt werden muß. Die Teilung der Ausgaben (s.o.) würde in dieser Diktion einem Tarif von 50 % entsprechen.

Die Wirkungen der Konsumausgabensteuer bestehen darin, daß

- die für den laufenden Konsum brutto aufzuwendenden Beträge entsprechend dem Konsumsteuersatz steigen, da ein Teil der Ausgaben für die Konsumsteuer verlorengeht und nur der Rest für den vorgegebenen (Netto-)Konsum übrig bleibt,
- der Endkonsum in t_{60}, zur Herbeiführung des Zahlungsausgleichs auch unter Berücksichtigung der konsumsteuerlichen Folgen berechnet werden muß.

Für die Konsumbesteuerung sind keine differenzierten Wahlmöglichkeiten erforderlich. Die Entscheidung für oder gegen eine Konsumausgabensteuer wird einfach durch die Wahl des Konsumsteuersatzes getroffen. Ein Konsumsteuersatz von null führt materiell zum gleichen Resultat wie der formelle Verzicht auf die Erhebung einer Konsumausgabensteuer.

E. Aufrechterhaltung des Modellgleichgewichts

1. Grundsätzliche Ausgleichsmechanismen

Zur Aufrechterhaltung des finanziellen Gleichgewichts im Modell lassen sich zwei Mechanismen unterscheiden.

Unternehmungen und private Haushalte müssen in der Realität das Entstehen von Illiquidität vermeiden. Das Modell befindet sich daher nur dann im Gleichgewicht, wenn zu jedem Zeitpunkt die Zahlungsfähigkeit gesichert ist und eventuelle Zahlungsungleichgewichte auf geeignete Weise beseitigt werden.[228]
Die hierfür notwendigen Anpassungen werden durch Rückgriff auf die Annahme eines vollkommenen Kapitalmarkts, zu dem sowohl Unternehmung als auch Eigentümer Zugang haben, vorgenommen.[229]

Allerdings kann der vollkommene Kapitalmarkt nur einen temporären Ausgleich schaffen. Spätestens bei Ablauf des Modells in t_{60}, müssen alle Kredite getilgt und Geldanlagen aufgelöst werden. Ein sich in t_{60}, auf Ebene der Unternehmung ergebender Zahlungsüberschuß wird an den Eigentümer ausgeschüttet (Entnahme); bei einem eventuellen Defizit hat der Eigentümer noch eine Einlage zu leisten. Auch der Eigner löst seine persönlichen Geldanlagen/Kredite auf. Saldiert mit der Endaus-

---

228 Vgl. Hauschild, J./Sachs, G./Witte, E., Finanzplanung und Finanzkontrolle (1981), S. 5, S. 7; Perridon, L./Steiner, M., Finanzwirtschaft (1991), S. 6 f.

229 Zu Begriff und Prämissen des vollkommenen Kapitalmarkts vgl. beispielsweise Perridon, L./Steiner, M., Finanzwirtschaft (1991), S. 82; kritisch dazu Schneider, D., Investition, Finanzierung und Besteuerung (1990), S. 100.

schüttung oder Endeinlage von der Unternehmung (s.o.) ergibt sich für ihn unter Umständen ein Schlußüberschuß bzw. Schlußdefizit.

Hier greift die Zielgröße "Konsum" ein. Änderungen der Modelldaten, wie z.B. Wahl einer anderen Bemessungsgrundlage oder Eingabe eines neuen Zinssatzes, führen letztlich zu einer Änderung des aus der Investition gewonnenen Mehrbetrages. Eine endgültige Anpassung erfolgt deshalb durch Variation der Konsumentnahmen. Schwankungen der Höhe des nach Steuern noch möglichen Konsums bedeuten Schwankungen in der Steuerbelastung. Falls also ein höherer Überschuß anfällt, steigt die Zielzahlungsreihe. Die möglichen höheren Abflüsse für den Konsum werden explizit in das Modell aufgenommen, das somit eine vollständige Kapitalflußrechnung von Mittelherkunft und Mittelverwendung beinhaltet.

2. Iterative Bestimmung der Zielgröße "Konsumannuität"

Der Überschuß soll - wie oben bereits erläutert - in Form einer gleichmäßigen Zielzahlungsreihe (Konsumannuität in der Kernphase zu den Zeitpunkten t_1 bis t_{50}) "entnommen" werden. Die Wahl der Zielgröße "Konsumannuität" bereitet jedoch - wie schon oben angesprochen - rechnerische Schwierigkeiten.

Was ändert sich z.B. durch Wahl eines anderen Steuersystems?

Bei Zugrundelegung verschiedener Steuersysteme nehmen die Bemessungsgrundlagen in den einzelnen Perioden unterschiedliche Werte an. Dementsprechend ergibt sich auch eine neue Verteilung der (primären) Steuerzahlungen. Davon ist die Kreditaufnahme bzw. Geldanlage betroffen. Die fälligen Schuldzinsen ändern sich. In der Regel führen auch die Zinszahlungen, gegebenenfalls auch die Kapitalzu- oder -abführung zu sekundären steuerlichen Folgen. Insgesamt resultiert hieraus jedenfalls ein abweichender Stand der Position(en)[230] am Kapitalmarkt in t_{60}. In t_{60}, kommt deshalb ein bestimmter Überschuß oder ein Zahlungsdefizit zustande, das zunächst noch nicht ausgeglichen ist (vgl. Abbildung 22).

---

230 Grundsätzlich kann von Datenänderungen sowohl die finanzielle Lage der Unternehmung als auch des Eigentümers betroffen sein. Da jedoch annahmegemäß lediglich der Eigentümer Steuerzahler ist, würden Unterschiede in der Bemessungsgrundlage nur bei ihm zahlungsmäßige Folgen auslösen.

Zeitpunkt	$t_{-1}, t_0, t_1, t_2, t_3,$ ... t_{60}	$t_{60'}$
Unternehmung	- laufende Auszahlungen + laufende Einzahlungen ————————— temporärer Ausgleich von Ungleichgewichten über den vollkommenen Kapitalmarkt ⇒	Saldo auflösen: - Kredite oder + Geldanlagen ————— + Einlage oder - Entnahme
Eigentümer	von Unternehmung: - laufende Auszahlungen + laufende Einzahlungen ————————— temporärer Ausgleich von Ungleichgewichten über den vollkommenen Kapitalmarkt ⇒	- Einlage oder + Entnahme Saldo auflösen: - Kredite oder + Geldanlagen ————— + Mehrkonsum oder - Minderkonsum

Abb. 22: Zahlungsausgleich und Ermittlung des Endkonsums

Als erste Lösung des Problems wird eingeführt, daß dieser Schlußüberschuß in $t_{60'}$ ebenfalls konsumiert werden darf (Mehrkonsum). Im Falle eines Schlußdefizits muß der außerhalb des Modells liegende Konsum (z.B. durch Arbeitseinkommen) eingeschränkt werden (Minderkonsum). Dadurch ist das Ungleichgewicht formal wieder beseitigt.

Allerdings soll die Steuerbelastung (nur) mit Hilfe der Konsumannuität gemessen werden. Diese blieb jedoch zunächst konstant; die Änderungen haben sich nur auf das Entstehen eines Zusatz- oder Minderkonsums in $t_{60'}$ ausgewirkt.

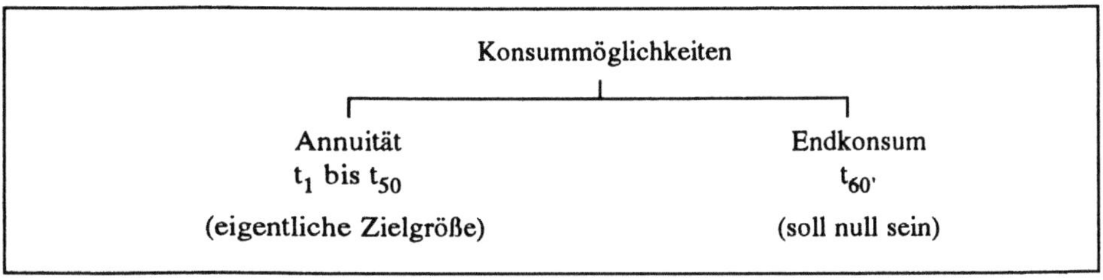

Abb. 23: Konsummöglichkeiten

Wie kann nun der Endkonsum in t_{60}, mit auf die Zeitpunkte t_1 bis t_{50} verteilt werden?

Finanzmathematisch könnte dies ohne weiteres mit Hilfe des Annuitätenfaktors (Wiedergewinnungsfaktors)[231] und einer Umrechnung des Bezugszeitpunktes (z.B. auf t_0) erfolgen.

Allerdings müßte hierzu der Nettozinssatz nach Steuern bekannt sein. Die Nettoverzinsung hängt jedoch von der Art der Besteuerung (d.h. von der Bemessungsgrundlage) ab und kann somit nicht ohne weiteres allgemeingültig spezifiziert werden.

Ein einfacher Ausweg bietet sich durch die iterative Ermittlung der Konsumannuität an. Die Konsumannuität von t_1 bis t_{50} wird mit Hilfe des Endkonsums in t_{60}, bestimmt.
Der Rechenvorgang beginnt, indem ein Startwert für die Konsumannuität festgelegt wird.[232] Mit Hilfe dieser vorläufigen Schätzung wird dann der Endkonsum in t_{60}, ermittelt, der sich bei dieser Höhe des laufenden Konsums ergibt.
Der Endkonsum soll nach Abschluß aller Berechnungen wie angenommen null betragen. Deshalb wird die erste Schätzung für die Konsumannuität je nach dem Resultat korrigiert:

- bei einem verbleibenden Endkonsum > 0 wird die Annuitäten-Schätzung erhöht;

- bei einem verbleibenden Endkonsum < 0 muß die Annuitäten-Schätzung reduziert werden.

Die neue Zahl liefert schließlich eine bessere Näherungslösung als der ursprüngliche Startwert. Hierfür wird wieder ein neuer Endwert errechnet; die Näherung entsprechend angepaßt usw.
Der Prozeß kann abbrechen, wenn die betragsmäßige Abweichung des Endwerts von null eine festgelegte Größenordnung unterschreitet. Die letztlich gesuchte Konsumannuität - bei einem Endkonsum von null - ist dann hinreichend genau ermittelt.[233]

---

231 Vgl. beispielsweise Blohm, H./Lüder, K., Investition (1991), S. 57 oder Lücke, W. (Hrsg.), Investitionslexikon (1991), S. 9.

232 Genaugenommen werden sogar zwei Werte in Form einer oberen und unteren Schranke, zwischen denen die gesuchte Lösung voraussichtlich liegt, eingegeben. Der erste Näherungswert ist dann das arithmetische Mittel dieser beiden Zahlen.

233 Der Iterationsprozeß wird vom eingesetzten Programm automatisch gesteuert. Der Benutzer wird dadurch nicht belastet.

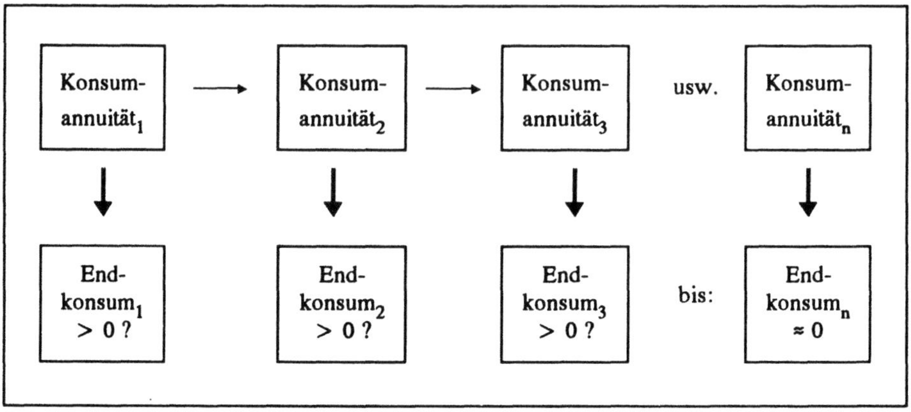

Abb. 24: Iterative Bestimmung der Konsumannuität

3. Anpassung anderer Größen

An dieser Stelle ist nochmals ausdrücklich darauf hinzuweisen, daß die Besteuerung *grundsätzlich* keinen Einfluß

- auf den Beginn oder die Beendigung der Unternehmens-Investition generell und
- auf die Mengen und Preise der eingesetzten Produktionsfaktoren und der abgesetzten Produkte

haben soll. "Grundsätzlich" bedeutet im vorliegenden Zusammenhang lediglich, daß in diesen Bereichen keine automatische Anpassung (*modellendogen*) vorgenommen wird. Solche endogenen Modellanpassungen erfolgen ausschließlich

- in den Zeitpunkten t_{-1} bis t_{60} als Ausgleich von vorläufigen Zahlungsungleichgewichten über den vollkommenen Kapitalmarkt;
- im Zeitpunkt t_{60}, durch Auflösung der Unternehmung mit Ausschüttung aller Finanzmittel an den Eigentümer sowie den Konsum des Endüberschusses durch ihn.

Es ist jedoch sehr wohl möglich, durch *modellexogene* Variation von Eingabeparametern - an dieser Stelle ist insbesondere der Höhe des Zinssatzes zu nennen - solche Anpassungsreaktionen zu unterstellen (Anwendung von Steuerüberwälzungshypothesen).

Man sollte immer im Auge behalten, daß die eigentliche Zielgröße der Rechnung nicht der Endkonsum (bei gegebenem laufenden Konsum) ist, sondern der laufende Konsum bei einem Endkonsum von null. Dieser Zielwert wird lediglich auf dem oben geschilderten iterativen Weg über immer bessere Näherungswerte berechnet.

F. EDV-technische Umsetzung

1. Eingesetzte Software

Aus technischen Gründen wird die Simulation computergestützt durchgeführt. Eine manuelle Berechnung und Auswertung verschiedener Varianten ist bei Modellen in dieser Größenordnung (gemessen an der Zahl von Aktivitäten und von Rechenperioden) zwar denkbar, läßt sich aber in der Praxis kaum mehr durchführen.

Um die Entwicklungszeit möglich kurz zu halten, sollte eine benutzerfreundliche Standardsoftware gewählt werden. Bei den als decision-support-Werkzeug verfügbaren Programmen lassen sich

- Tabellenkalkulationsprogramme und
- Planungssprachen

unterscheiden.[234]

Allerdings werden Tabellenkalkulationen heute wesentlich öfter eingesetzt, wohl insbesondere, da sie - trotz gewisser Nachteile gegenüber Planungssprachen - den Benutzer weiterhin in seinen gewohnten Strukturen arbeiten und denken lassen.[235] Sie sind grundsätzlich auch in sog. integrierten Programmen für das Personal Computing enthalten.

Der EDV-Implementierung liegt das weitverbreitete integrierte Programmpaket *Lotus Symphony*, zugrunde (eine Diskette in den Formaten Symphony und Excel ist vom Autor direkt erhältlich). Es schließt einen Tabellenkalkulations- und Grafikteil ein.

Die Grundidee von Tabellenkalkulationsprogrammen besteht darin, auf dem Computer das Rechnen in Tabellen mit Papier und Bleistift nachzuvollziehen.[236]

Die sichtbare Oberfläche einer Tabellenkalkulation ist ein Arbeitsblatt, das - ähnlich einem Blatt Papier - mit vertikalen und horizontalen Linien in Spalten und Zeilen eingeteilt ist. Die Zeilen werden in *Symphony* von oben beginnend mit den Zahlen 1, 2, 3, usw. durchnumeriert. Die Bezeichnung der Spalten beginnt links mit A, B, C, usw. Nach dem Buchstaben Z wird die Spaltenbeschriftung mit AA, AB, AC usw. fortgesetzt. Den Schnittpunkt einer bestimmten Spalte mit einer bestimmten Zeile bezeichnet man mit "Zelle". Die Zelle D13 liegt somit in der 4. Spalte von

---

[234] Vgl. Derigs, U., PC in der Betriebswirtschaft (1988), S. 294 ff.; Davis, G./Olson, M., Management Information Systems (1984), S. 387 ff.

[235] Vgl. Derigs, U., PC in der Betriebswirtschaft (1988), S. 303.

[236] Vgl. Hansen, H., Wirtschaftsinformatik I (1987), S. 371.

links und in der 13. Zeile von oben. Die am Bildschirm angezeigte Oberfläche gibt Eingabedaten, Beschriftungen und Ergebnisse des Simulationsmodells wieder.[237]

Unterhalb der sichtbaren Oberfläche liegt noch eine zweite, normalerweise dem Anwender weitgehend verborgene Ebene.[238] Sie enthält die zwischen den Modellvariablen bestehenden Beziehungen (Modellogik) als Formeln.[239] "Elektronische Tabellen ermöglichen es, mathematische Beziehungen zwischen den Zellen herzustellen"[240]. Ist die Modellogik einmal aufgebaut und geprüft, so erfolgt nach der Eingabe geänderter Input-Daten eine fehlerfreie Neuberechnung des Outputs innerhalb weniger Sekunden. Auch grafische Auswertungen lassen sich automatisch erzeugen.

Um eine bequemere Arbeit mit dem Modell zu ermöglichen, wurde das Rechenmodell der Unternehmens-Simulation noch um eine menügesteuerte Benutzerführung ergänzt. Sie hat mehrere Aufgaben. So erleichtert die Benutzerführung die Bedienung der Computersimulation für einen unerfahrenen Anwender, beschleunigt den Wechsel zwischen verschiedenen Rechenalternativen und führt insbesondere den oben geschilderten iterativen Annäherungsprozeß zur Ermittlung des laufenden Konsums durch.

2. Aufteilung des Arbeitsblattes

a) Überblick

Das sog. "Arbeitsblatt" von *Symphony* ist in verschiedene Bereiche geteilt, die jeweils spezifische Aufgaben zu erfüllen haben. Anschließend sollen die Aufgaben von Eingabe-, Steuerungs-, Rechen- und Auswertungsbereich sowie die Grafiken des Modells kurz erläutert werden.

Alle Modellteile - Daten und Logik - sowie das Makroprogramm zur Benutzerführung müssen in geeigneter Weise auf dem Arbeitsblatt untergebracht werden. Um die Übersichtlichkeit zu wahren, empfiehlt sich bei großen Arbeitsblättern eine gewisse Raumaufteilung.[241] Sie entspricht primär dem Prozeßgliederungsprinzip. Einen ersten Überblick zur lokalen Verteilung der Zellen vermittelt die nachfolgende Abbildung 25.

---

[237] Vgl. Derigs, U., PC in der Betriebswirtschaft (1988), S. 302.

[238] Vgl. Derigs, U., PC in der Betriebswirtschaft (1988), S. 302.

[239] Eine kurze Erläuterung wichtiger Befehle der formalen Modellsprache von *Symphony* findet sich im Anhang.

[240] Hansen, H., Wirtschaftsinformatik I (1987), S. 372.

[241] Vgl. Derigs, U., PC in der Betriebswirtschaft (1988), S. 359 f.

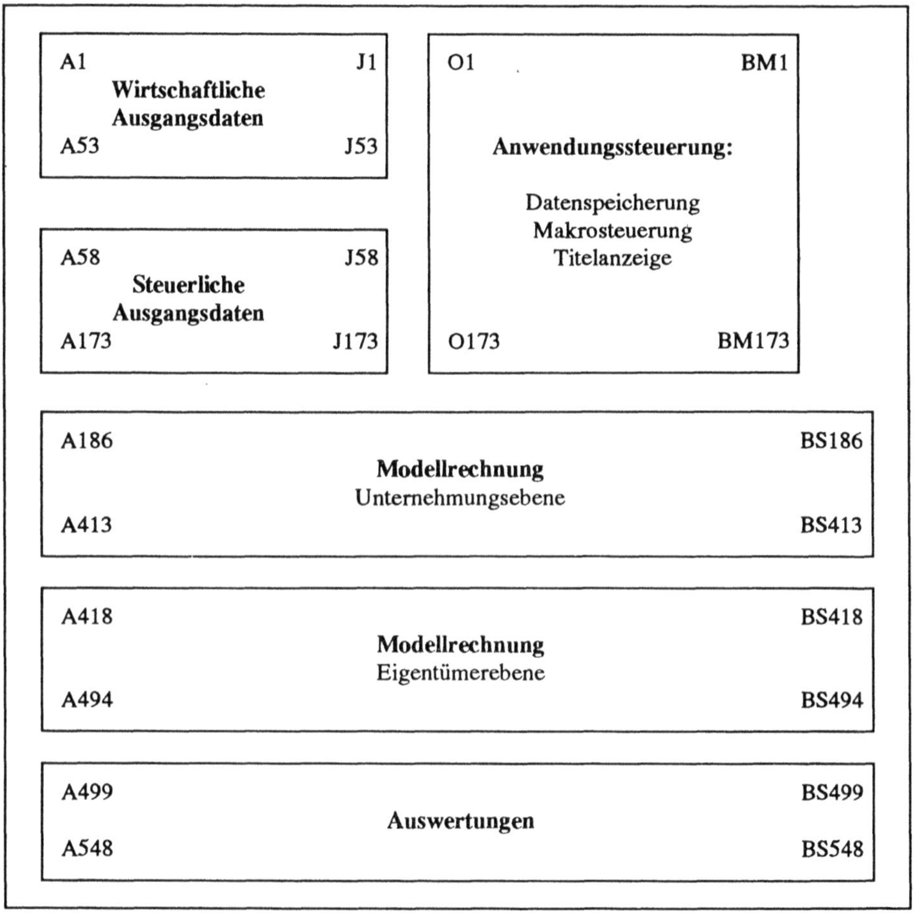

Abb. 25: Einteilung des Modell-Arbeitsblattes

Das Arbeitsblatt besteht insgesamt aus 548 Zeilen und 71 Spalten (Zeilen 1 bis 548; Spalten A bis BS). Es umfaßt somit 38.908 Zellen. Von diesen Zellen ist etwa die Hälfte leer. Sie dienen hauptsächlich dazu, durch das Wahren gewisser Abstände zwischen den verschiedenen Modellteilen die Übersichtlichkeit zu gewährleisten. Die andere Hälfte der Zellen des Arbeitsblattes beinhaltet Beschriftungen, Programmsteuerungsanweisungen, Daten und vor allem Formeln.

b) Eingabebereich

Den oberen Teil des Blattes nehmen links die für die Modellrechnung notwendigen Ausgangsdaten ein (Zeilen 1 bis 173; Spalten A bis J). Hierbei werden erst die wirtschaftlichen, dann die für die Besteuerung relevanten Werte eingegeben. Wirtschaftliche Daten sind z.B. Investitionsausgaben oder Umsätze aus dem Verkauf von Absatzprodukten. Steuerliche Daten regeln die Gestalt der Bemessungsgrundlage oder die Höhe von Steuersätzen. Die folgende, nicht näher kommentierte Liste läßt den Umfang der abgefragten Parameter erkennen; hinsichtlich Einzelheiten kann auf den Anhang verwiesen werden:

Wirtschaftliche Parameter:	**Steuerliche Parameter:**
Umsatz	Steuersatz Einkommen
Kundenanzahlungen - Anteil	Steuersatz Konsum
Kundenzielzahlungen - Anteil	Steuerlicher Korrekturzins
Kaufpreis Boden	BG Verkauf*
Verkaufspreis Boden	BG Boden*
Kaufpreis Gebäude	Abschreibungsverlauf Gebäude**
Kaufpreis Maschinen	BG Gebäude*
Verbrauch an Material	Abschreibungsverlauf Maschinen**
Lager Sicherheitskoeffizient	BG Maschinen*
Lieferantenanzahlungen - Anteil	BG Material*
Lieferantenzielzahlungen - Anteil	BG Barlöhne*
Barlöhne	BG Zusagen (Späteres Arbeitsentgelt)*
Zusagen (Späteres Arbeitsentgelt)	Rückstellungsverlauf Zusagen**
Finanzanlage	BG Finanzanlage*
Renditesatz der Finanzanlage	BG Sonstige Ausgaben*
Sonstige Ausgaben	BG Sonstige Einnahmen*
Sonstige Einnahmen	BG Kapitalmarkt Unternehmung*
Einlage (t_{-1})	BG Kapitalmarkt Eigentümer*
Ausschüttungen (t_1 bis t_{50})	
Zinssatz am vollkommenen Kapitalmarkt	
laufender Konsum des Eigentümers	* BG = grundsätzliche Art der Bemessungsgrundlage
	** besteht aus mehreren Variablen

Abb. 26: Einzugebende Daten

c) Steuerungsbereich

Noch im oberen Teil, aber weiter rechts stehend, finden sich Bereiche mit verschiedenen administrativen Aufgaben (Zeilen 1 bis 173; Spalten O bis U, AL bis AX, BH bis BM). Ein Bereich dient zur Aufnahme von verschiedenen steuerlichen und wirtschaftlichen Datenkombinationen, die abgespeichert werden sollen. Andere Zellen enthalten Befehle und Eintragungen zur Bedienung und zum Ablauf der Simulation. Diese Eintragungen haben aber mit dem wirtschaftswissenschaftlichen Kern des Modells nichts zu tun. Auf nähere Erläuterungen kann deshalb an dieser Stelle verzichtet werden.

d) Rechenbereich

Der umfangreiche Mittelteil des Modells wird von der eigentlichen Modellrechnung eingenommen (Zeilen 186 bis 494; Spalten A bis BS).

- Die Spalten des Kalkulationsblattes (erste Dimension) beinhalten die verschiedenen Rechnungsperioden von t_{-1} bis $t_{60'}$.
- Die Zeilen des Kalkulationsblattes (zweite Dimension) bilden unterschiedliche wirtschaftlichen Vorgänge sowie ihre steuerliche Behandlung ab.

Innerhalb der Zeilen bietet sich eine Trennung in Berechnungen auf Ebene der Unternehmung (Zeilen 186 bis 413) und auf Ebene des Eigentümers (Zeilen 418 bis 494) an:

Bei der *Unternehmung* lassen sich grundsätzlich

- Vorgänge auf den Absatz- und Beschaffungsmärkten,
- Einlagen und Entnahmen sowie
- (andere) Finanzmarkttransaktionen

unterscheiden. Im Rahmen jeder Aktivität wird zunächst der hiermit verknüpfte Zahlungsstrom ermittelt. Anschließend erfolgt - wie schon beschrieben - die Ableitung eventueller steuerlicher Wirkungen auf die Bemessungsgrundlage.

Alle Transaktionen der Unternehmung müssen ferner so abgestimmt werden, daß zu jedem Zeitpunkt ein Zahlungsgleichgewicht vorhanden ist. Die Anpassungsreaktionen[242] zur Herstellung des Zahlungsausgleichs gehören zwar zu den soeben genannten Gruppen von Aktivitäten, sie können allerdings erst als letzter Teil der Rechnung auf Unternehmungsebene vorgenommen werden, weil dazu alle sonstigen Ein- und Auszahlungen der Unternehmung schon bekannt sein müssen.

Als grundlegende Aktivitäten beim *Eigentümer* sind

- Einlagen und Entnahmen,
- Konsum und
- Transaktionen auf den Finanzmärkten

zu nennen. Für diese Vorgänge werden als erstes die wirtschaftlichen Zahlungsströme sowie mögliche Auswirkungen auf die Bemessungsgrundlage ermittelt.

Hieran schließt sich die Berechnung von vorläufigen Steuerzahlungen des (Gesamt-) Unternehmens an. Die Bemessungsgrundlage des Unternehmens beinhaltet sowohl

---

242 Hierbei handelt es sich von t_{-1} bis t_{60} um Finanztransaktionen am vollkommenen Kapitalmarkt, in $t_{60'}$ um eine Entnahme oder Einlage.

Teile, die unmittelbar beim Investor angefallen sind, als auch Teile, die von Ebene der Unternehmung "durchgeschüttet" werden.

Die endgültigen Steuerbeträge stehen jedoch nicht vor Durchführung des Zahlungsausgleichs fest.

Den Abschluß des Modells bildet der Zahlungsausgleich auf Eigentümerebene. Beim Eigentümer muß - ebenso wie bei der Unternehmung - stets das finanzielle Gleichgewicht gewahrt sein. Die nötigen Anpassungen[243] können erst zuletzt berechnet werden, da sie alle anderen Zahlungen als Zwischenergebnisse voraussetzen.

Beim Zahlungsausgleich wirkt sich erschwerend aus, daß Kreditaufnahmen und Geldanlagen zusätzliche Steuerfolgen induzieren können. Hierbei sind die Effekte verschiedener Steuersysteme zu unterscheiden. Die simultane Einbeziehung der Steuer erfordert deshalb besonders komplizierte Formeln.

e) Auswertungsbereich und Grafik

Im unteren Teil befindet sich noch ein Bereich von einigen Zeilen für aggregierte Auswertungen (Zeilen 499 bis 548; Spalten A bis BS):

- die Erfolgs-Bemessungsgrundlage;
- die Konsum-Bemessungsgrundlage;
- der Konsum nach Steuern;
- die bei der Unternehmung bilanzierten Aktiva und Passiva.

Diese Auswertungen dienen auch als Grundlage für eine Reihe von Grafiken (z.B. zeitlicher Verlauf der Bemessungsgrundlage, Bilanzstruktur der Unternehmung).

II. Ableitung der Modelldaten

Nach der vorangegangenen Darstellung des strukturellen Aufbaus des Simulationsmodells ist es Aufgabe dieses Kapitels, die konkreten Werte abzuleiten, die an Stelle der jeweiligen Variablen in die Rechnung eingesetzt werden sollen. Hierbei lassen sich die beiden Bereiche "steuerliche Parameter" und "wirtschaftliche Parameter" trennen.

---

243 Anpassungsaktivitäten erfolgen von t_1 bis t_{60} durch Finanztransaktionen am vollkommenen Kapitalmarkt sowie in $t_{60'}$ durch einen Mehr- oder Minderkonsum.

Die Besteuerungsdaten ergeben sich zu einem großen Teil bereits direkt aus den Definitionen der untersuchten Bemessungsgrundlagen. Ergänzend müssen lediglich einige weitere Annahmen getroffen werden.

Schwieriger ist die Ermittlung der ökonomischen Daten. Hier erfolgt eine Ableitung aus Jahresabschluß-Statistiken der Deutschen Bundesbank. Allerdings sind komplizierte Umformungen erforderlich, wenn die benötigten Werte nicht unmittelbar den Bilanzen und Erfolgsrechnungen zu entnehmen sind. Auch hier lassen sich gewisse Zusatzannahmen nicht vermeiden. In typisierender Betrachtung werden einige alternative Unternehmenskategorien (ein Durchschnittsfall, vier Varianten) festgelegt. Den Abschluß bildet die Ableitung des Kapitalmarktzinses bei alternativen Zinshypothesen.

A. Steuerliche Parameter

Die steuerlichen Parameter bestimmen Umfang, Art und Höhe der Besteuerung.

Grundlegend für alle verschiedenen Steuersysteme ist zunächst die Höhe des *Steuersatzes*. Im Modell sind zwei Steuersätze zu bestimmen: ein Steuersatz für die sechs Einkommenssteuersysteme und einer für die Konsumausgabensteuer.

Als zentrales Element der Arbeit ist anschließend die Definition der *Bemessungsgrundlage* zu nennen. Diese wird - wie oben erläutert - über eine Anzahl von Variablen gesteuert, die es erlauben, für jede Einzelaktivität die entsprechende Teil-Bemessungsgrundlage einzustellen ("n", "c", "b" oder "z"). Die untersuchten (Einkommens-)Steuersysteme unterscheiden sich dadurch, daß sie bestimmte Parameterkonstellationen aufweisen (z.B. grundsätzlich "b", grundsätzlich "c" oder kompliziertere Kombinationen).

Bei den bilanziellen Bemessungsgrundlagen werden die Zahlungsströme steuerlich umperiodisiert. Die bilanzielle Behandlung ergibt sich unter den getroffenen Vereinfachungen oft implizit aus dem Sachverhalt (z.B. Forderungen aus Lieferungen und Leistungen werden im Zahlungszeitpunkt ausgebucht), in einigen Fällen sind aber noch nähere Festlegungen erforderlich. Dies gilt für die Abschreibungsverläufe bei Gebäuden und Maschinen sowie die Rückstellungsbildung. Weiterhin ist bei zinskorrigierter Bilanzierung eine Entscheidung über den steuerlichen Korrekturzins zu treffen.

1. Steuersätze

Der Spitzensteuersatz bei der Einkommensteuer beträgt zur Zeit 53 % (vgl. § 32a I Nr. 5 EStG). Will man die gesamte ertragsabhängige Besteuerung einbeziehen, so wäre noch die Gewerbesteuer einzurechnen.[244] Bei der Gewerbeetragsbesteuerung findet eine Steuermeßzahl von 5 % Anwendung (§ 11 II GewStG). Unterstellt man einen Hebesatz von 400 %, so ergibt sich nominal ein Gewerbeertragsteuersatz von[245]

$$5\ \%\ \text{Steuermeßzahl} \cdot 400\ \%\ \text{Hebesatz} = 20\ \% = 0{,}20.$$

Indes ist die Gewerbeertragsteuer bei sich selbst als Betriebsausgabe abzugsfähig, der tatsächliche Steuersatz beträgt somit nur

$$\frac{0{,}20}{1 + 0{,}20} = 0{,}16667 = 16{,}667\ \%.$$

Unter Vernachlässigung von Hinzurechnungen und Kürzungen gem. §§ 8 und 9 GewStG kann ein kombinierter Ertragsteuersatz berechnet werden:[246]

$$s = 1 - (1 - 0{,}16667) \cdot (1 - 0{,}53) = 0{,}60833 = 60{,}833\ \%$$

Hierbei handelt es sich allerdings um den kombinierten Spitzensteuersatz aus Einkommensteuer und Gewerbeertragsteuer. Der konkrete Grenzsteuersatz für ein bestimmtes Individuum kann in Abhängigkeit von der Ertragshöhe deutlich niedriger liegen. Der subjektgebundene Durchschnittssteuersatz wird je nach Fallkonstellation mehr oder weniger deutlich vom Grenzsteuersatz abweichen.

Dem in der Realität aufgrund der Einkommensteuer progressiven Tarifverlauf mit ertragsabhänigen Grenz- und Durchschnittssteuersätzen steht im Modell ein linearer Tarif gegenüber. Grenz- und Durchschnittssatz sind hier identisch und hängen nicht von der Gewinnhöhe ab.

Welcher der potentiell möglichen Werte soll nun für das Modell gewählt werden?

Er muß auf jeden Fall zwischen 0 %[247] und der Obergrenze von 60,833 % liegen. Eine bestimmte Höhe innerhalb dieses Intervalls läßt sich aber nicht ohne weiteres begründen. Glücklicherweise spielt die absolute Höhe des Steuersatzes meines Erachtens keine so ausschlaggebende Rolle. Alle verglichenen Bemessungsgrundlagen sind nämlich vom gewählten Steuersatz grundsätzlich gleichermaßen betrof-

---

[244] Der zeitlich begrenzte Solidaritätszuschlag und die religionsabhängige Kirchensteuer werden ausgeschlossen.

[245] Vgl. Schneider, D., Investition, Finanzierung und Besteuerung (1990), S. 231.

[246] Vgl. Schneider, D., Investition, Finanzierung und Besteuerung (1990), S. 231 f.

[247] Unter Berücksichtigung eines möglichen Freibetrags bei der Gewerbeertragsteuer (§ 11 I Nr. 1 GewStG) sowie des Grundfreibetrags bei der Einkommensteuer (§ 32a I Nr. 1 EStG).

fen. Die Belastungsunterschiede entstehen ja durch die verschiedenen Arten der Bemessungsgrundlage.

Der Mittelwert zwischen dem kombinierten Spitzensteuersatz und den alleinigen Gewerbeertragsteuersatz liegt ungefähr bei 40 %. Die Höhe des Ertragsteuersatzes im Modell soll deshalb auf 40 % festgelegt werden.

Um die Einkommensbesteuerung mit der Konsumausgabensteuer vergleichbar zu machen, soll auch der Konsumsteuersatz - erforderlichenfalls - den selben Wert annehmen. Solange keine direkte Konsumbesteuerung durchgeführt wird, muß er jedoch bei null belassen werden, da ansonsten Einkommens- und Konsumsteuer *gleichzeitig* erhoben werden.

2. Elemente der Erfolgs-Bemessungsgrundlage

Für alle relevanten wirtschaftlichen Aktivitäten sind die zur Definition der Bemessungsgrundlage maßgebenden Variablen getrennt einzugeben. Die bei den Steuersystemen 1 bis 6 (1 = konventionelle Steuerbilanz; 2 = Lückenbilanz gem. § 4 III EStG; 3 = R+F-Base; 4 = R-Base; 5 = Mischsystem nach Sinn; 6 = zinskorrigierte Bilanz) anzuwendenden Kombinationen lassen sich der folgenden Abbildung entnehmen:

Teil-Bemessungsgrundlage	S_1	S_2	S_3	S_4	S_5	S_6	S_7
Verkauf	b	c	c	c	c	z	n
Boden	b	b	c	c	c	z	n
Gebäude	b	b	c	c	c	z	n
Maschinen	b	b	c	c	c	z	n
Material	b	c	c	c	c	z	n
Barlöhne	b	c	c	c	c	z	n
Späteres Arbeitsentgelt	b	c	c	c	c	z	n
Finanzanlage	b	b	c	n	b	z	n
Sonstige Ausgaben	b	c	c	c	c	z	n
Sonstige Einnahmen	b	c	c	c	c	z	n
Kapitalmarkt Unternehmung	b	b	c	n	b	z	n
Kapitalmarkt Eigner	b	b	c	n	b	z	n

Abb. 27: Definition der Bemessungsgrundlagen

Der Inhalt der Tabelle läßt sich mit Hilfe des zweiten Teils der Arbeit leicht nachvollziehen; umfangreichere Erklärungen sind demnach nicht mehr erforderlich. Dennoch sollen einige Anmerkungen gemacht werden.

Die Systeme 1 (konventionelle Steuerbilanz), 3 (R+F-Base) und 7 (zinskorrigierte Bilanz) weisen durchgehend bei allen Teil-Bemessungsgrundlagen die gleiche Behandlung auf. System 2 (§ 4 III EStG) besteht grundsätzlich aus Cash-Flow-Elementen, ist aber im Bereich des Anlagevermögens und im Finanzsektor von Bilanzierungsregeln durchbrochen. System 4 (R-Base) besteuert nur den Cash-Flow aus realwirtschaftlichen Transaktionen und läßt den Finanzbereich steuerfrei. Das Modell von Sinn (System 5) ändert gegenüber dem Bilanzierungsfall die Behandlung von Finanztransaktionen nicht, die Zahlungsströme realwirtschaftlicher Aktivitäten sind aber sofort (Cash-Flow) zu besteuern.

Soll keine Einkommensbesteuerung sondern die Konsumbesteuerung (Steuersystem 7) vorgenommen werden, so kann entweder der Einkommenssteuersatz auf null gesetzt oder alternativ bei allen Teilen der Ertragsbemessungsgrundlage die Ausprägung "n" gewählt werden.

3. Bilanzierungsregeln

Für beide bilanziellen Varianten ("b" und "z") steht noch in drei Fällen die Spezifikation des genauen Verlaufs der Zu- oder Abnahmen der Bilanzwerte aus:

(1) die Bildung von Rückstellungen für erst später ausbezahltes Arbeitsentgelt;

(2) die Abschreibung von Gebäuden;

(3) die Abschreibung von Maschinen.

zu (1) Bildung von Rückstellungen:

Die *Rückstellungsbildung* soll in Anlehnung an die Regelung des § 6a III EStG erfolgen. Dieser regelt den Einsatz der sog. Teilwertmethode. Bezeichnet man mit x den Zeitpunkt der späteren Auszahlung der Leistung (einmaliger Kapitalbetrag), so ist während der Anwartschaftszeit der Teilwert der Verpflichtung gem. § 6a III EStG

- der Barwert der künftigen Leistung (d.h. des einmaligen Kapitalbetrags)

  abzüglich

- des Barwerts noch ausstehender (fiktiver) gleichmäßiger Jahresbeträge.

Diese fiktiven Jahresbeträge sind so zu bemessen, daß in t_{x-10} ihr Barwert[248] gleich dem Barwert der künftigen Leistung ist. Es ist bei der Teilwertberechnung von einem Zinssatz von 6 % auszugehen (§ 6a III Satz 3 EStG). Da im Modell Sicherheit unterstellt wird, kann an die Stelle des versicherungsmathematischen Barwerts der einfachere finanzmathematische Barwert treten.

---

[248] Die Schreibweise t_{x-10} soll einen Zeitpunkt zehn Jahre vor dem Zeitpunkt x anzeigen.

Grundsätzlich wäre also die Rückstellung über die Zeit bis zur Auszahlung (hier: 10 Jahre) in gleichmäßigen Jahresbeträgen - pro rata temporis - anzusammeln. Das würde eine Rückstellungshöhe von 0 % der Zusage in t_{x-10}, von 10 % in t_{x-9}, von 20 % in t_{x-8}, ..., von 90 % in t_{x-1} bis 100 % unmittelbar vor t_x bedeuten.[249]

Nun bestimmt § 6a III EStG, daß die Bildung des Passivums unter Berücksichtigung eines Zinssatzes vorzunehmen ist. Es ergibt sich demnach kein linearer Anstieg der Rückstellungshöhe, sondern eine "durchhängende" Kurve. Die Zuführungsbeträge sind anfangs niedriger, später steigen sie an.

Das künftig fällige Arbeitsentgelt betrage 1.000 DM. Welchen Verlauf würde hier die Rückstellung nehmen?

Zunächst muß die zehnjährige nachschüssige Rente bestimmt werden, deren Barwert genauso groß ist wie der Barwert von 1.000 DM fällig in 10 Jahren. Der Barwert dieser 1.000 DM bei einem Zinssatz von 6 % beträgt

$$1.000 \text{ DM} / 1{,}06^{10} = 558{,}395 \text{ DM}.$$

Der Rentenbarwertfaktor von nachschüssigen Zehnjahresrenten bei 6 % ist 7,360087. Hieraus errechnet sich ein Rentenbetrag von

$$558{,}395 \text{ DM} / 7{,}360087 = 75{,}868 \text{ DM}$$

pro Jahr (t_{x-9} bis t_x). Die Rückstellungshöhe in t_{x-10} ist notwendigerweise stets null. In t_x beträgt sie - unmittelbar vor dem Ausbuchen in Verrechnung gegen die Auszahlung - 100 %, also 1.000 DM. Die Werte in den dazwischen gelegenen Zeitpunkten ergeben sich aus der Differenz des jeweiligen Barwerts der 1.000 DM und des Barwerts der künftigen Jahresbeträge. Sie sind der nachstehenden Abbildung zu entnehmen:

249 Allerdings wird die Rückstellung in t_x sofort mit der Zahlung verrechnet.

Zeitpunkt	Barwert der Zusage	Jahresbetrag	Barwert der künftigen Jahresbeträge	Barwert-differenz (Teilwert)	Zuführung
t_{x-10}	538,395		558,395	0,000	0,000
t_{x-9}	591,898	75,868	516,031	75,868	75,868
t_{x-8}	627,412	75,868	471,124	156,288	80,420
t_{x-7}	665,057	75,868	423,524	241,533	85,245
t_{x-6}	704,961	75,868	373,067	331,893	90,360
t_{x-5}	747,258	75,868	319,583	427,675	95,782
t_{x-4}	792,094	75,868	262,890	529,203	101,528
t_{x-3}	839,619	75,868	202,796	636,823	107,620
t_{x-2}	889,996	75,868	139,096	750,901	114,077
t_{x-1}	943,396	75,868	71,574	871,823	120,992
t_x	1.000,000	75,868	0,000	1.000,000	128,177

Abb. 28: Rückstellungsverlauf

Als Eingabe-Parameter im Rechenblatt sind die Zahlen der letzten Spalte zu verwenden. Sie müssen jedoch noch durch 1.000 geteilt werden, da sich die Modellvariable auf eine Zusage von 1 DM bezieht.

Die in einem bestimmten Jahr der vollen Unternehmensaktivität insgesamt ausgewiesenen Rückstellungen betragen das 4,022-fache der Zusage.[250] Der Wert ergibt sich folgendermaßen: Nach einer gewissen Vorlaufzeit sind in jedem Zeitpunkt ältere (z.B. noch ein oder zwei Jahre bis zur Auszahlung), mittlere und neuere Zusagen (z.B. noch 10 oder 9 Jahre) passiviert. Die Summe der vorletzten Spalte in der obigen Tabelle (Teilwerte aller 11 verschieden alten Zusagen) ist 5.022 DM. Hiervon ist allerdings der Teilwert von t_x (1.000 DM) abzuziehen, da er nur für die "logische Sekunde" bis zur Auszahlung der Zusage - also faktisch gar nicht mehr - in der Bilanz erscheint. Es verbleibt somit als bilanziell relevante Summe der Teilwerte ein Betrag von 4.022 DM. Dieser bezieht sich aber auf jährliche Zusagen von 1.000 DM. Umgerechnet hat eine Zusage von 1 DM eine Rückstellungshöhe von 4,022 DM zur Folge.

zu (2) Abschreibung von Gebäuden:

Die *Gebäudeabschreibung* soll gem. den Vorschriften des § 7 V EStG erfolgen. Die Gebäude gehören zu einem Betriebsvermögen und dienen nicht Wohnzwecken. Der Bauantrag sei nach dem 31.5.1985 gestellt worden. Es handelt sich daher um Gebäude im Sinne von § 7 IV Satz 1 Nr. 1 EStG. Für diese gilt gem. § 7 V Satz 1 Nr. 1 EStG der folgende Abschreibungsverlauf (in Prozent des Investitionsbetrages):

---

[250] Dies wird automatisch für beliebige Rückstellungsverläufe in Zelle G160 des Arbeitsblattes berechnet.

Jahre	Abschreibungssatz
t_1 bis t_4	0,100
t_5 bis t_7	0,050
t_8 bis t_{25}	0,025

Abb. 29: Abschreibungsverlauf bei Gebäuden

Diese Zahlen sind in die entsprechenden Zellen des Arbeitsblattes einzugeben. Die Felder für t_0 und t_{26} bis t_{50} bleiben leer (enthalten null), da zu den entsprechenden Zeitpunkten keine Abschreibung vorgenommen wird. Der durchschnittlich während der Gebäudenutzung ausgewiesene Restbuchwert pro investierter Mark beträgt dann 0,186 DM.[251]

zu (3) Abschreibung von Maschinen:

Für *Maschinen* (bewegliches Anlagevermögen) soll die degressive Abschreibung nach § 7 II EStG mit optimalem Wechsel auf lineare Abschreibung herangezogen werden. Bei einer technischen und bilanziellen Nutzungsdauer von 10 Jahren wäre der lineare Abschreibungssatz 10 % pro Jahr. § 7 II EStG erlaubt den Ansatz des dreifachen dieses Wertes, also hier 30 %. Die absolute Obergrenze von 30 % wird nicht überschritten, allerdings würde auch eine kürzere bilanzielle Nutzungsdauer keinen höheren Satz zulassen.

Jahr		Abschreibungssatz
t_{y+1}		0,300
t_{y+2}		0,210
t_{y+3}		0,147
t_{y+4}		0,103
t_{y+5}		0,072
t_{y+6}		0,050
t_{y+7}		0,035
t_{y+8}	(Wechsel)	0,027
t_{y+9}		0,027
t_{y+10}		0,027

Abb. 30: Abschreibungsverlauf bei Maschinen

251 Die Berechnung erfolgt automatisch in Feld G126 des Arbeitsblattes.

Im Zeitpunkt der Anschaffung (t_y) darf noch keine Abschreibung vorgenommen werden. Der Wechsel auf die lineare Abschreibung des Restbuchwerts über die Restnutzungsdauer erfolgt in t_{y+8}, da hier erstmals der lineare Abschreibungsbetrag den bei degressiver Abschreibung übersteigt. Eine kürzere bilanzielle Nutzungsdauer als 10 Jahre würde sich auch in einem früheren Umschwenken der Abschreibungsmethode äußern; davon soll jedoch abgesehen werden.

Hieraus kann man einen durchschnittlichen Restbuchwert während der Dauer der Maschinennutzung von 0,322 ermitteln.[252]

4. Steuerlicher Korrekturzins

Neben der Spezifizierung der Rückstellungs- und Abschreibungsverläufe bedarf es für die zinskorrigierte Bilanzierung noch der Festlegung des steuerlichen Korrekturzinses. Es wird die Annahme getroffen, daß sich der Gesetzgeber an dem üblichen Zinsniveau orientieren würde. Der steuerliche Rechenzins bei zinskorrigierter Bilanzierung soll deshalb dem - noch später festzulegenden - Bruttozinssatz auf dem vollkommenen Kapitalmarkt gleichen.

B. Wirtschaftliche Parameter für den Durchschnittsfall

Daten über die Realität liegen in der Form von Statistiken der Deutschen Bundesbank vor. Hierbei handelt es sich zu etwa 90 % um Steuerbilanzen und steuerliche Erfolgsrechnungen, da die meisten Unternehmen keine eigenständige Handelsbilanz aufstellen.[253]

Die in der Statistik über Bilanzen und Erfolgsrechnungen enthaltenen Informationen können nicht direkt in das Simulationsmodell eingesetzt werden. Indes ist es möglich, die Modellparameter so einzustellen, daß sich die Struktur der wirtschaftlichen Aktivität im Modell und in der Realität (laut den Daten der Bundesbank) annähernd entsprechen.

Eine völlige Identität ist naturgemäß nicht erzielbar, da ein Modell stets ein vereinfachtes Abbild der Realität darstellt. Sie ist jedoch auch nicht erforderlich; es lassen sich zumindest begründete Tendenzaussagen treffen.

---

252 Siehe Zelle G140 des Modellarbeitsblattes.

253 Vgl. Deutsche Bundesbank (Hrsg.), Verhältniszahlen aus den Jahresabschlüssen der Unternehmen in der Bundesrepublik Deutschland für 1983, Sonderdrucke der Deutschen Bundesbank Nr. 6 (1985), S. 5.

1. Auswahl der Referenzdaten

Die letzten bei Erstellung der Arbeit verfügbaren Statistiken schildern die Ertragslage und Finanzierungsverhältnisse der westdeutschen Unternehmen im Jahre 1990.[254] Sie wurden im November 1991 veröffentlicht.

Jedoch handelt es sich hierbei noch um Hochrechnungen von circa einem Viertel des Datenmaterials.[255] Deshalb sind diese Daten auch noch nicht so weit untergliedert wie die endgültigen Werte früherer Jahre.

Außerdem weisen die Jahre 1989[256] und insbesondere 1990 eine "außergewöhnlich günstige Konjunkturentwicklung"[257] auf. Die Vermögens-, Finanz- und Ertragslage der Unternehmen in diesen Jahren kann deshalb nicht unbedingt als repräsentativ angesehen werden.

Daher wurden den Betrachtungen die Bilanzen und Erfolgsrechnungen des Jahres 1988 zugrunde gelegt. Sie sind im Monatsbericht vom November 1990 enthalten.[258]

2. Begriff der Strukturgleichheit

Strukturgleichheit - in Hinblick auf das Erreichbare besser verstanden als Strukturähnlichkeit - bedeutet konkret, daß bestimmte Unternehmens-Relationen in der Realität (repräsentiert durch die Informationen der Statistiken der Deutschen Bundesbank) und im Modell identisch sein sollen.

Solche Relationen können insbesondere sein:

- Wertverhältnisse des Verbrauchs an Produktionsfaktoren untereinander und im Verhältnis zum Umsatz oder zur Gesamtleistung (Aufwandsstruktur, gegebenenfalls Ertragsstruktur);

---

254 Vgl. Deutsche Bundesbank (Hrsg.), Ertragslage und Finanzierungsverhältnisse der westdeutschen Unternehmen im Jahre 1990, Monatsberichte der Deutschen Bundesbank, November 1991, S. 15 ff.

255 Vgl. Deutsche Bundesbank (Hrsg.), Ertragslage und Finanzierungsverhältnisse der westdeutschen Unternehmen im Jahre 1990, Monatsberichte der Deutschen Bundesbank, November 1991, S. 15, Fußnote 1.

256 Vgl. Deutsche Bundesbank (Hrsg.), Ertragslage und Finanzierungsverhältnisse der westdeutschen Unternehmen im Jahre 1989, Monatsberichte der Deutschen Bundesbank, November 1990, S. 16.

257 Deutsche Bundesbank (Hrsg.), Ertragslage und Finanzierungsverhältnisse der westdeutschen Unternehmen im Jahre 1990, Monatsberichte der Deutschen Bundesbank, November 1991, S. 16.

258 Vgl. Deutsche Bundesbank (Hrsg.), Ertragslage und Finanzierungsverhältnisse der westdeutschen Unternehmen im Jahre 1989, Monatsberichte der Deutschen Bundesbank, November 1990, S. 25 ff.

- relativer Überschuß des bewerteten Outputs über den bewerteten Input (Gewinnhöhe);
- Verhältnis der vorhandenen Zukunftspotentiale oder künftigen Lasten im Vergleich zum Ausmaß der laufenden Aktivitäten (im Sinne eines Kapitalumschlags);
- Struktur der Zukunftspotentiale (Gliederung der Aktiva, Bruttovermögensstruktur);
- Struktur der künftigen Lasten und Ansprüche (Gliederung der Passiva, Kapitalstruktur).

3. Konkrete Abstimmung der Modellparameter mit den Referenzdaten

Die konkrete Abstimmung aller Modelldaten auf die Daten der Deutschen Bundesbank beinhaltet umfangreiche Arbeitsschritte. Zunächst wird die prinzipielle Vorgehensweise geschildert. In Anschluß daran werden alle Parameter sukzessive ermittelt. Hierbei soll von einfacheren zu schwierigeren Fällen fortgeschritten werden. Ergänzend sind noch einige Modifikationen zu machen, da die vorgenommene Abstimmung der durchschnittlichen Werte von Modell und Realität nicht von Anfang an völlig treffsicher sein kann. D.h. zum Erreichen einer besseren Lösung werden noch manuelle Korrekturen vorgenommen.

a) Grundprinzip

Die Vorgänge und Verhältnisse in den realen Unternehmen (z.B. Produktionsverfahren, Lohnquote, Materialeinsatz, Finanzierungsstruktur, Gewinniveau) werden von den ökonomischen Rahmenbedingungen (verfügbare Fertigungsverfahren, Tarifabschlüsse, Rohstoffpreise, Zinssätze, Konkurrenzverhältnisse, Nachfrage etc.) beeinflußt (vgl. Abbildung 31).

Um den nicht an der Unternehmungsleitung teilhabenden Personengruppen einen standardisierten Einblick in die wirtschaftlichen Verhältnisse zu ermöglichen, muß die Unternehmung aufgrund gewisser detaillierter gesetzlicher Vorschriften einen Jahresabschluß erstellen. Bilanz, Erfolgsrechnung, u.U. Anhang und Lagebericht einer einzelnen Unternehmung stellen *lediglich ein Abbild der Realität* dar, das mit Hilfe dieser Abbildungsvorschriften (= konkrete Bilanzierungsregeln in ihrer vollen Komplexität) gewonnen wurde.

Die Bilanzen und Erfolgsrechnungen werden durch die Bundesbank gesammelt und zum *Gesamtbild der Statistik* aggregiert. Die Daten der Deutschen Bundesbank sind somit auch lediglich ein bestimmtes Abbild der Realität.

Auch innerhalb der Modellsimulation eines Unternehmens (Unternehmung und Eigentümer) finden wirtschaftliche Vorgänge statt.

Das Modellgeschehen auf Unternehmungsebene wird mit Hilfe der vereinfachten modellmäßigen Bilanzierungsregeln ebenfalls *durch eine Bilanz und Erfolgsrechnung abgebildet.*

Nun können diese beiden Bilder verglichen werden. Entspricht das Bild des Modells strukturmäßig dem Bild der Realität, so sind unter der Prämisse, daß reale und modellmäßige Abbildungsvorschriften nicht zu stark voneinander abweichen, auch die Verhältnisse in der Realität und im Modell ähnlich.

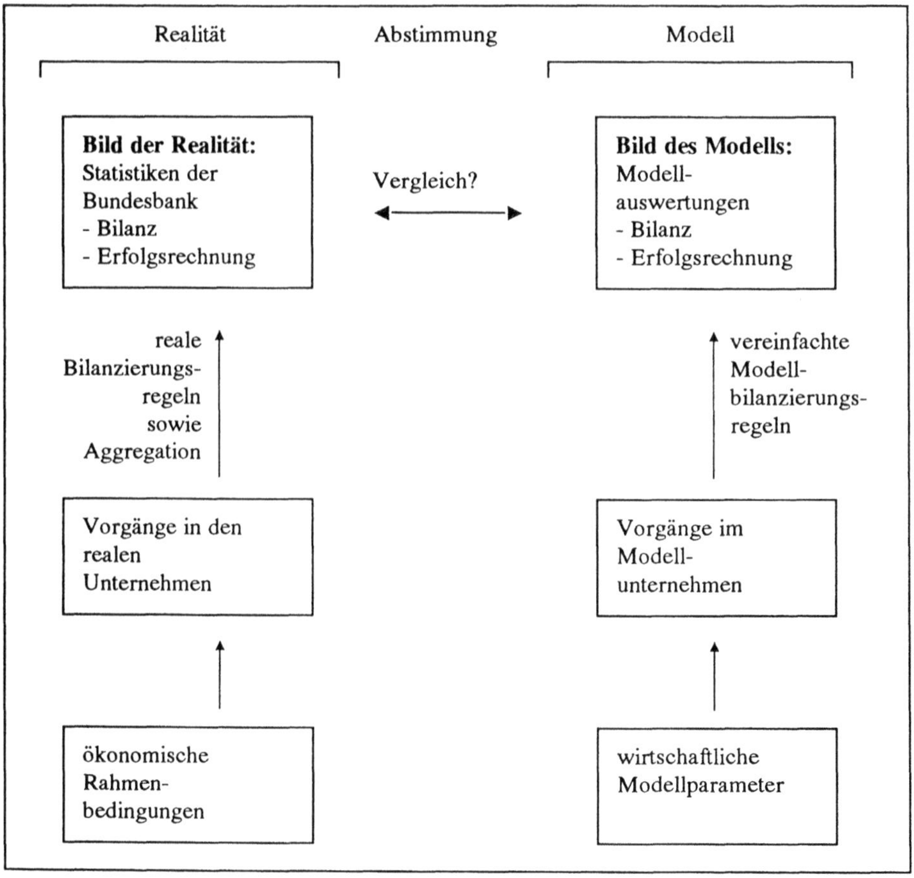

Abb. 31: Abstimmung der Modellparameter mit der Realität

Es muß also folgende Aufgabe erfüllt werden:

Im Simulationsmodell ist als Vergleichsbasis das System der konventionellen Bilanzierung (Bemessungsgrundlage) zu wählen. Dann sind die wirtschaftlichen Eingabeparameter so zu setzen, daß die Strukturen von Bilanz und Erfolgsrechnung der

Unternehmung möglichst nahe an die Strukturen von Bilanz und Erfolgsrechnung der Bundesbankstatistik herankommen.

Wie ist dabei vorzugehen?

Leider können die einzugebenden Modelldaten nicht unmittelbar abgelesen werden. Gegeben ist nämlich lediglich das gewünschte Ergebnis (Bild des Modells = Bild der Realität); die Frage, welche konkreten Daten (wirtschaftliche Modellparameter) hierfür notwendig sind, läßt sich hieraus nicht ohne weiteres beantworten.

Eine mögliche Lösung bestünde im bloßen "Herumprobieren", d.h. man setzt einfach beliebige Startdaten ein und beobachtet das Ergebnis (Bild im Modell). Durch Variation der Eingabeparameter und sukzessives Lernen über die Folgen solcher Änderungen auf das Abbildungsergebnis könnte man sich allmählich an das gewünschte Modellergebnis herantasten.

Allerdings ist diese Methode von Versuch und Irrtum ziemlich langwierig. Besser erscheint deshalb eine zweite Vorgehensweise. Durch gezielte Überlegungen kann man weitgehend herausfinden, welche Parameterkonstellation notwendig ist, um ein bestimmtes Teilergebnis innerhalb der Modellbilanz und Modellerfolgsrechnung zu erreichen. Man ermittelt quasi die Umkehrfunktion(en) der Modell-Abbildungsregeln. Auf diese Art und Weise gelangt man relativ schnell zu einer tauglichen Näherungslösung, die gegebenenfalls noch manuell "nachgebessert" werden kann.

b) Aufbereitung der Referenzdaten

Vor Durchführung des Abstimmungsprozesses empfiehlt es sich den *Begriff der "Struktur"* noch etwas näher zu definieren. Wie oben schon erläutert, geht es vor allem darum, die Relationen zwischen verschiedenen Größen in Bilanz und Erfolgsrechnung aufrechtzuerhalten. Die absoluten Werte des Modells und der Bundesbankstatistik sind ohnedies nicht vergleichbar. Am einfachsten ist es, alle gemessenen Größen an einem festen Wert auszurichten, der als Orientierungspunkt mit 100 % angesetzt wird.

Hierfür bieten sich Gesamtleistung oder Umsatz an, die sowohl aus dem Modell als auch aus der Unternehmensstatistik leicht ablesbar sind. Der Umsatz wird durch Abbildungsregeln nicht verzerrt, bei der Gesamtleistung spielt lediglich die Bewertung der Bestandsänderungen an fertigen und unfertigen Erzeugnissen eine gewisse Rolle.

Soll nun der Umsatz oder die Gesamtleistung als Fixpunkt der Strukturmessung herangezogen werden?

Umsatz und Gesamtleistung im Modell sind identisch, da keine Fertigfabrikate oder Zwischenprodukte gelagert werden. Da die Bundesbankstatistik nach dem Gesamtkostenverfahren vorgeht, stellt sie alle Aufwendungen der Periode der Gesamtleistung gegenüber. Zur Berechnung prozentualer Aufwandsrelationen ist deshalb die Gesamtleistung besser geeignet. Sie wird als Referenzpunkt mit 100 % festgesetzt. Allerdings zeigt ein Blick auf die Zahlen (s.u.), daß der Unterschied zwischen Umsatz und Gesamtleistung erwartungsgemäß ohnehin nicht sehr groß ist.

Die verschiedenen Positionen von Bilanz und Erfolgsrechnung der Unternehmen werden demnach in Prozentwerte der Gesamtleistung umgerechnet. Anschließend erfolgt eine Zuordnung von diesen Positionen zu den entsprechenden des Modells.

Erfolgsrechnung	absolut	in v.H. der Gesamtleistung
Umsatz	3.693,8	99,4 %
Bestandsveränderung an Erzeugnissen und andere aktivierte Eigenleistungen	23,8	0,6 %
Gesamtleistung	3.717,7	100,0 %
Materialaufwand, Wareneinsatz	-2.312,3	-62,2 %
Zinserträge	19,2	0,5 %
Übrige Erträge	133,6	3,6 %
Personalaufwand	-729,8	-19,6 %
Abschreibungen auf Sachanlagen	-130,9	-3,5 %
Sonstige Abschreibungen	-12,1	-0,3 %
Zinsaufwendungen	-46,7	-1,3 %
Übrige Aufwendungen	-449,8	-12,1 %
Jahresüberschuß vor Steuern	188,9	5,1 %

Abb. 32: Relativierung der Erfolgsrechnung (Daten für "Alle Unternehmen", 1988)
Quelle: Deutsche Bundesbank (Hrsg.), Ertragslage und Finanzierungsverhältnisse der westdeutschen Unternehmen im Jahre 1989, Monatsberichte der Deutschen Bundesbank, November 1990, S. 24.

Für die Zuordnung im Bereich der *Erfolgsrechnung* sollen folgende Annahmen gelten:

- Die Einnahmen aus Verkäufen (Modellumsatz gleich Modellgesamtleistung) entsprechen der "Gesamtleistung" der Statistik (100 %).
- Materialverbrauch im Modell ist gleichbedeutend mit "Materialaufwand, Wareneinsatz".
- Der Ertrag aus Finanzanlagen wird den "Zinserträgen" gleichgesetzt.
- Sonstige Einnahmen sind äquivalent zu den "Übrigen Erträgen".
- Der "Personalaufwand" der Bundesbankstatistik muß auf die Modellgrößen Barlohn und späteres Entgelt verteilt werden. Es besteht somit ein Zuordnungsproblem, das jedoch - wie bald gezeigt wird - gelöst werden kann.
- Ebenso bilden die "Abschreibungen auf Sachanlagen" die Summe der Gebäude- und Maschinenabschreibungen (zweites Zuordnungsproblem).

- Die "Zinsaufwendungen" sollen (zunächst) mit den durchschnittlich bezahlten Zinsen am vollkommenen Kapitalmarkt identisch sein.
- "Übrige Aufwendungen" und "Sonstige Abschreibungen" bilden gemeinsam die sonstigen Einnahmen des Modells.

Aktiva	absolut	in v.H. der Gesamtleistung
Grundstücke und Gebäude	252,3	6,8 %
Andere Sachanlagen	376,7	10,1 %
Vorräte	479,8	12,9 %
Kassenmittel	113,4	3,1 %
Kurzfristige Forderungen, darunter		
aus Lieferungen und Leistungen	343,1	9,2 %
Andere kurzfristige Forderungen	349,6	9,4 %
Langfristige Forderungen	54,0	1,5 %
Wertpapiere	53,2	1,4 %
Beteiligungen	156,5	4,2 %
Rechnungsabgrenzungsposten	8,1	0,2 %
Passiva	**absolut**	**in v.H. der Gesamtleistung**
Eigenmittel	416,3	11,2 %
Kurzfristige Verbindlichkeiten, darunter		
aus Lieferungen und Leistungen	324,9	8,7 %
Andere kurzfristige Verbindlichkeiten	615,6	16,6 %
Langfristige Verbindlichkeiten	369,8	9,9 %
Rückstellungen	452,2	12,2 %
Rechnungsabgrenzungsposten	7,7	0,2 %

Abb. 33: Relativierung der Bilanz (Daten für "Alle Unternehmen", 1988)
Quelle: Deutsche Bundesbank (Hrsg.), Ertragslage und Finanzierungsverhältnisse der westdeutschen Unternehmen im Jahre 1989, Monatsberichte der Deutschen Bundesbank, November 1990, S. 24.

Für die *Aktiva und Passiva* der Bilanz gilt:

- Der Wert von "Grundstücken und Gebäuden" muß auf die durchschnittlichen Modellbuchwerte von Boden und Gebäuden aufgeteilt werden (drittes Zuordnungsproblem).
- "Andere Sachanlagen" entsprechen der Position "Maschinen".
- Der Materiallagerbestand wird durch "Vorräte" gebildet.
- Forderungen aus Lieferungen und Leistungen im Modell sind äquivalent zu "kurzfristige Forderungen, darunter aus Lieferungen und Leistungen".
- Die Summe von "Kassenmitteln", "anderen kurzfristigen Forderungen", "langfristigen Forderungen", "Wertpapieren" und "Beteiligungen" wird unter den Finanzmitteln zusammengefaßt.

- "Eigenmittel" der Statistik bilden das durchschnittliche Eigenkapital des Modells.
- Verbindlichkeiten aus Lieferungen und Leistungen sind gleichbedeutend mit "kurzfristigen Verbindlichkeiten, darunter aus Lieferungen und Leistungen".
- Die (Kredit-)Position der Unternehmung am vollkommenen Kapitalmarkt setzt sich aus "anderen kurzfristigen Verbindlichkeiten" und "langfristigen Verbindlichkeiten" zusammen.
- "Rückstellungen" entsprechen den Rückstellungen für später zu bezahlendes Arbeitsentgelt.
- Aktive und passive "Rechnungsabgrenzungsposten" der Statistik finden kein Pendant im Modell. Sie sind jedoch betragsmäßig unbedeutend (0,2 %) und gleichen sich in der Höhe etwa aus. Diese Rechnungsabgrenzungsposten können daher im Modell ignoriert werden.
- Die Anzahlungen von Kunden (beim Verkauf) und eigenen Anzahlungen (beim Einkauf) werden in der Statistik nicht gesondert ausgewiesen. Als Lösung bietet sich an, die entsprechenden Variablen im Modell auf null zu setzen.

Mit Hilfe dieser Regeln lassen sich Strukturbilder der Bilanz sowie Erfolgsrechnung für das Simulationsmodell herleiten. Wo mehrere Posten der Bundesbank-Statistik eine Position der Modellabbildung ergeben, müssen die entsprechenden Prozentwerte addiert werden. Im umgekehrten Fall - eine Zahl der Statistik verteilt sich auf mehrere Modellwerte - ist später noch ein Zuordnungsproblem zu lösen.

c) Einfache Fälle

Die Mehrzahl aller Eingabevariablen des Modells läßt sich durch relativ einfache Überlegungen aus den oben berechneten Relationen von Bilanz- und Erfolgsrechnung der Bundesbankstatistik ableiten. Im einzelnen gilt:

- Der Umsatz beim Verkauf der Produkte (Zelle F7 des Arbeitsblattes) entspricht der Referenzgröße (100 %). Man könnte ihn gleich 100 Recheneinheiten (DM, TDM, etc.) setzen. Um etwas größere Zahlen zu erhalten, soll die Ausgangsgröße jedoch auf 1.000 RE festgelegt werden. Dies hat zwei Vorteile: Zum einen wurden die obigen Strukturverhältnisse auf 0,1 % genau ausgerechnet. Ein zehntel Prozentpunkt entspricht dann exakt einer Recheneinheit. Zum anderen werden die Werte im Arbeitsblatt zwar genau gerechnet, jedoch i.d.R. nur ganzzahlig (ohne Nachkommastellen) angezeigt.
- Der Anteil der Kundenanzahlungen (Feld F8 des Arbeitsblattes) errechnet sich aus dem Verhältnis der erhaltenen Anzahlungen zum Umsatz. Für die erhaltenen Anzahlungen wird kein gesonderter Wert ausgewiesen. Die Parametergröße ist somit 0 RE / 1.000 RE = 0,000.
- Das Verhältnis von Forderungen aus Lieferungen und Leistungen (9,2 %) zum Umsatz (100 %) bestimmt den Anteil der Kundenzielzahlungen (Zelle F9). Er beträgt somit 0,092.

- Der Materialverbrauch (F23) läßt sich direkt aus den Werten der Erfolgsrechnung ablesen. 62,2 % des Umsatzes entsprechen 622 RE.

- Die normale Höhe des Lagerbestandes ist das Produkt von Materialverbrauch pro Periode und Lager-Sicherheitskoeffizient (Feld F24). Die beiden ersten Größen sind bekannt. Der Vorratsbestand beziffert sich mit 12,9 % (129 RE). Daraus ergibt sich ein Koeffizient von 129 RE / 622 RE = 0,2073955.

- Anzahlungen an Lieferanten sind von der Bundesbank-Statistik nicht gesondert erfaßt. Der Anteil der Lieferantenanzahlungen (Zelle F25) beträgt demnach null.

- Durch Zielgewährung der Lieferanten entstehen Verbindlichkeiten aus Lieferungen und Leistungen (8,7 %; 87 RE). Hieraus errechnet sich ein Anteil der Lieferantenzielzahlungen (Zelle F26) an den Materialeinkäufen (622 RE, s.o.) von 87 RE / 622 RE = 0,1398714.

- Die Höhe der Finanzmittel und Liquiditätsreserven (Zelle F36) ist gemäß der obigen Definition 3,1 % + 9,4 % + 1,4 % + 1,5 % + 4,2 % = 19,6 % (d.h. 196 RE in absoluten Zahlen).

- Um damit Anlageerträge von 5 (entspricht 0,5 % des Umsatzes) zu erreichen, müssen diese Mittel im Schnitt eine Rendite (Feld F37) von 5 RE / 196 RE = 0,0255102 abwerfen.

- Die sonstigen Ausgaben (Zelle F40) betragen 12,1 % plus 0,3 % des Umsatzes, mithin 12,4 % (absolut: 124 RE).

- Bei den sonstigen Einnahmen (Zelle F43) sind direkt 36 RE (3,6 %) einzutragen.

- Die laufende Ausschüttung von t_1 bis t_{50} (Feld F47) von der Unternehmung zum Eigentümer wird in Höhe des Jahresüberschusses vor Steuern gewählt (5,1 %; 51 RE). Dies ist möglich, da in der Simulationsrechnung, wie beschrieben, alle Steuerbemessungsgrundlagen auf die Ebene des Anteilseigners durchgeschüttet werden. Die Unternehmung selbst zahlt keine Steuern, ihr Überschuß kann deshalb voll entnommen werden.

- Als Einlage in t_{-1} ist ein Betrag zu wählen, mit dem während der vollen Unternehmensaktivität das durchschnittliche Eigenkapital von 112 RE (11,2 Prozentpunkten) erreicht wird. Als erster Näherungswert bietet sich eben dieser Betrag (112 RE) an.

- Die über den vollkommenen Kapitalmarkt aufgenommenen Kredite bemessen sich mit 16,6 % und 9,9 %, insgesamt also 26,5 % des Umsatzes (265 RE). Hierfür sind nach der Bundesbank-Statistik reine Zinsen von 13 RE (1,3 Prozentpunkte) zu zahlen. Daraus läßt sich ein Zinssatz am vollkommenen Kapitalmarkt (Feld F50) von 13 RE / 265 RE = 0,0490566 ableiten. Ein Zinssatz von knapp unter 5 % erscheint relativ niedrig. Der Wert soll deshalb zwar vorläufig eingesetzt werden. Nach weiteren Überlegungen wird jedoch später noch eine Modifikation vorgenommen.

- Der laufende Konsum des Eigentümers (Zelle F53) ist nur eine Hilfsgröße für die Durchführung des Iterationsverfahrens. Diese Variable nimmt im Lauf der Rechnung ohnedies den Wert an, der einen Endkonsum von null liefert. Ihr Startwert kann daher beliebig gewählt werden. Er wird mit 30 RE festgesetzt.

d) Schwierige Fälle

Kompliziertere Fälle liegen beim Sachanlagevermögen (Kaufpreise für Boden, Gebäude, Maschinen, Verkaufspreis von Boden) und beim Produktionsfaktor Arbeit (Barlohn, späteres Entgelt) vor. Hier sind die Zuordnungsregeln nicht so klar wie die oben geschilderten. Eine Auflösung kann jedoch mittels simultaner Berücksichtigung mehrerer Restriktionen geschehen. Hierbei gilt folgendes:

- Arbeitsentgelt:

Am einfachsten ist noch die Variablenfindung für Barlöhne und die Zusagen auf späteres Arbeitsentgelt. Der durchschnittliche Personalaufwand von 196 RE (19,6 %) ist auf diese beiden Größen zu verteilen. Dadurch ergibt sich ein Zuordnungsproblem. Glücklicherweise ist zusätzlich aber noch eine weitere Information bekannt. Die durchschnittliche Rückstellungshöhe laut Statistik beträgt 122 RE (12,2 %).

Zwischen der Rückstellungshöhe und den Zusagen auf späteres Entgelt besteht ein bestimmtes Zahlenverhältnis, das vom Bildungsverlauf der Rückstellung abhängt. Für den hier angenommenen Verlauf (vgl. Seite 110) wurde es schon an anderer Stelle berechnet: pro 1 DM laufend gewährter Zusagen sind durchschnittlich 4,022 DM gleichzeitig passiviert.

Die Zusage pro Jahr (Zelle F33) kann deshalb mit Hilfe einer Division der Rückstellung durch 4,022 berechnet werden. Sie beträgt infolgedessen 122 RE / 4,022 = 30,333 RE.

Für die Barlöhne (Feld F30) verbleiben dann 196 RE - 30,333 RE = 165,667 RE.

- Sachanlagen:

Die Bestimmung der Investitionen im Sachanlagevermögen geht auf ähnliche Weise vonstatten. Da im Modell sonst auch keine Preissteigerungen erfolgen, soll ergänzend unterstellt werden, daß Einkaufspreis und Verkaufspreis des Bodens (Feld F14) gleich sind. Zu ermitteln sind somit nur noch die Investitionsausgaben (Kaufpreise) für Boden in t_0 (Zelle F13), für Gebäude in t_0 (Zelle F17) und für Maschinen in t_0, t_{10} usw. (Zelle F20).

Die Abschreibung für Gebäude und Maschinen zusammen beträgt laut Statistik 35 RE (3,5 %); für Boden fallen keine Abschreibungen an. Der Buchwert der Maschinen ist 101 RE (10,1 %); die Summe der Buchwerte von Boden und Gebäuden 68 RE (6,8 %).

Zusätzlich bekannt sind für das Modell die Nutzungsdauern von Gebäuden (50 Jahre) und Maschinen (10 Jahre) sowie die durchschnittlichen Restbuchwerte pro 1 DM Investitionssumme bei Boden (1,0; es wird keine Abschreibung vorgenommen), Gebäuden (0,186; vgl. Seite 111) und Maschinen (0,322; vgl. Seite 112).

Der Rechenweg ist am besten grafisch zu verdeutlichen:

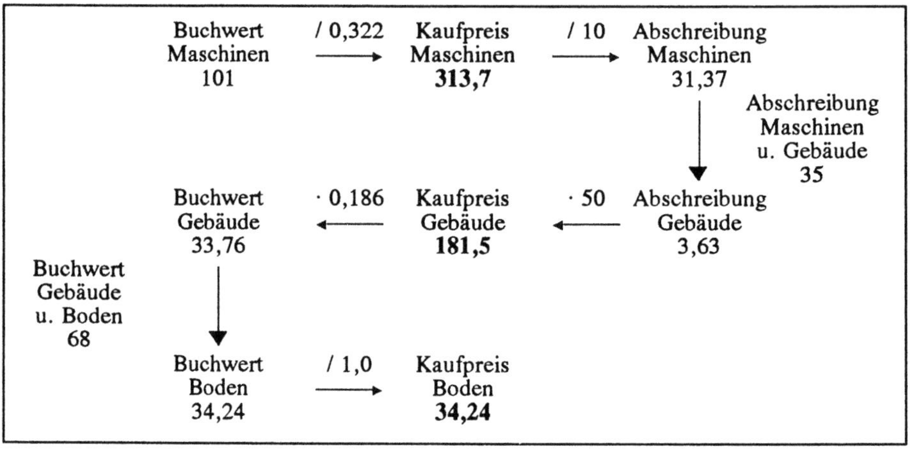

Abb. 34: Investitionssummen im Sachanlagevermögen

Ihren Ausgangspunkt nimmt die Rechnung beim Buchwert der Maschinen (101 RE). Der durchschnittliche Restbuchwert beträgt das 0,322-fache der Investitionen. Die Investitionssumme (Kaufpreis der Maschinen) kann deshalb mit Hilfe einer Division durch diesen Faktor berechnet werden. Investitionen in Höhe von 313,7 RE bedeuten eine Abschreibung von 31,37 RE pro Jahr der Nutzungsdauer. Da der Gesamtbetrag der Abschreibungen 35 RE umfaßt, verbleibt für die Gebäudeabschreibungen ein Jahresbetrag von 3,63 RE. Diese führen zu einem Gebäudepreis von 181,5 RE. Über den Faktor des durchschnittlichen Restbuchwerts je investierter DM (0,186) kann der Gebäudebuchwert (33,76 RE) bestimmt werden. Zieht man diesen Wert vom der Buchwertsumme für Gebäude und Boden (68 RE) ab, so wird der Bodenanteil mit 34,24 bilanziert. Dies entspricht gleichzeitig dem Kaufpreis.

Damit sind die Werte für alle Modellparameter abgeleitet worden. Sie können nun grundsätzlich in der Rechnung verwendet werden.

e) Modifikationen

Das Einsetzen der obigen Werte und ein erster Lauf der Rechnung ergeben ein auf den ersten Blick überraschendes Resultat: Die Verschuldung der Unternehmung liegt weit über dem Rahmen der Statistik (durchschnittlich 493 RE von t_1 bis t_{50}

anstelle von 265 RE); der Jahresüberschuß (43 RE anstatt 51 RE) etwas darunter.[259] Eine grafische Darstellung der Aktiva- und Passivastruktur für die Ausgangsdaten (W_7) läßt sich Abbildung 35 entnehmen.

Die Begründung für dieses so überraschende Ergebnis ist aber einfach zu finden. Die Ausrichtung an Durchschnittswerten hat zu einer zu niedrigen Eigenkapitalzuführung in t_{-1} geführt. Gerade am Anfang ist die Verschuldung wegen der beginnenden Investitionen jedoch überdurchschnittlich hoch. Die Schuldzinsen fallen deshalb auch nicht gleichmäßig, sondern überproportional früh an. Wegen des Zinseszinseffektes ergibt sich schnell eine höhere Verschuldung als geplant, da die Zinsen auf die Zinsen von dem später - eigentlich - niedrigeren Kreditstand nicht mehr ausgeglichen werden. Die oben gewählte "Eigenkapitalspritze" von 112 RE in t_{-1} muß deshalb erhöht werden.

Durch probeweises Einsetzen verschiedener Werte läßt sich herausfinden, daß bei einer Eigenkapitalzufuhr von 165,5 RE die "richtige" Kredithöhe (265 RE) im Durchschnitt der Jahre t_1 bis t_{50} erzielt wird. Auch der Jahresüberschuß (55 RE) liegt nahe am Referenzwert (51 RE).[260] Die Bilanzstruktur für diese Datenkombination (W_6) ist in Abbildung 36 zu finden.

---

259 Diese Durchschnittswerte wurden aus den Ergebnissen der Simulationsrechnung abgeleitet. Bei der Einstellung der Modellparameter kommt es jetzt nur noch auf die Kapitalstruktur (insbesondere die Höhe der Kredite am vollkommenen Kapitalmarkt) und die Zinskosten respektive den daraus resultierenden Jahresüberschuß an. Alle anderen Bilanz- und Erfolgsstrukturkennzahlen werden aufgrund der oben angestellten Überlegungen automatisch erreicht.

260 Der Jahresüberschuß vor Steuern ist zwar etwas zu hoch, das liegt aber daran, daß die Durchschnittsbildung über die Perioden t_1 bis t_{50} den Aufwandsverlauf bei den Pensionszusagen nicht völlig richtig erfaßt. Von t_1 bis t_{10} wird noch nicht der gleiche Aufwandsbetrag wie in den späteren Jahren verrechnet. Eine Nachholung erfolgt zwar von t_{51} bis t_{60}, indes gehen diese Perioden nicht in den berechneten durchschnittlichen Gewinn (von t_1 bis t_{50}) ein. Deshalb wird der tatsächliche Aufwand im Modell untersowie der Jahresüberschuß überschätzt. Die Näherung ist somit wesentlich besser als es den Anschein hat.

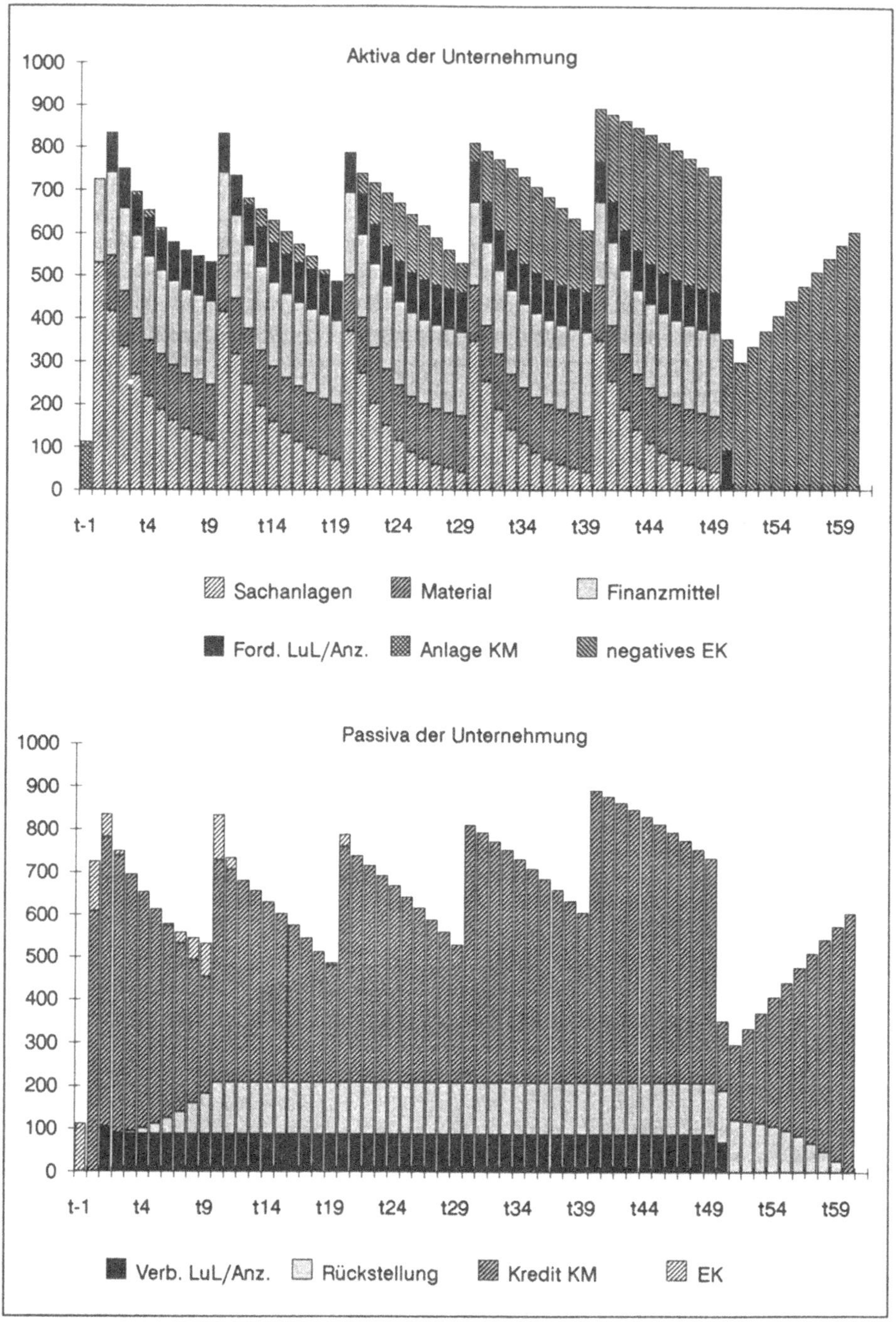

Abb. 35: Struktur von Aktiva und Passiva für die Ausgangsdaten (W_7)

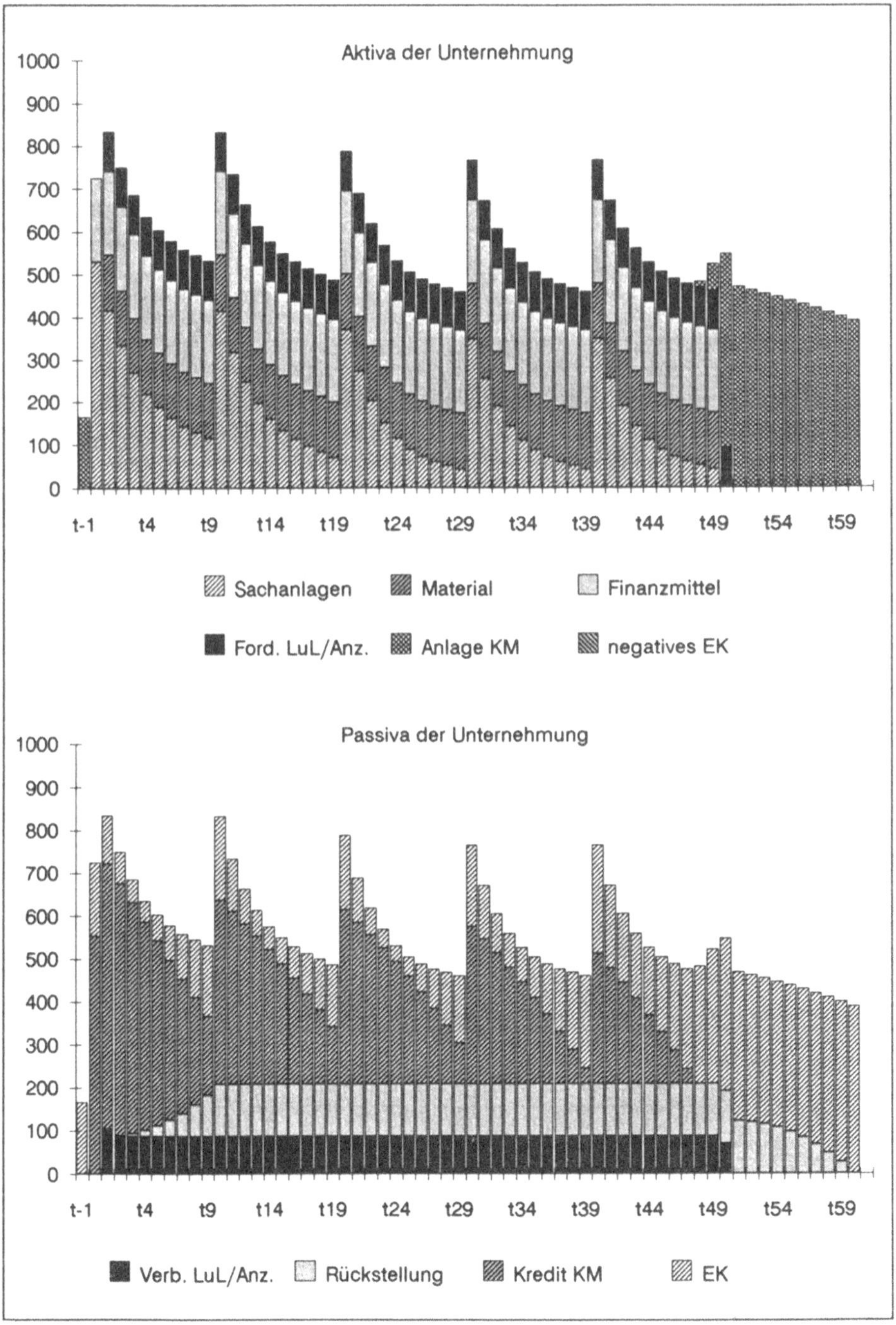

Abb. 36: Struktur von Aktiva und Passiva für erhöhte Eigenkapitalzufuhr (W_6)

Damit könnte die manuelle Modifikation ihren Abschluß finden. Allerdings wirkt noch störend, daß das Verhältnis von Zinsaufwand zu Kredithöhe durchschnittlich nur 0,0490566 beträgt. Es entspricht somit einer Verzinsung von nominal weniger als 5 %. Die effektive Verzinsung von Krediten müßte deutlich höher liegen.[261] Ursache für die Abweichung ist die Tatsache, daß die von der Unternehmung bezahlten Kapitalüberlassungsentgelte zum Teil in anderen Aufwandspositionen enthalten sind. Für die Modellierung der Unternehmungssituation spielt dies zwar keine Rolle, mißlich ist indes aber, daß der solchermaßen errechnete niedrige Zins auf dem vollkommenen Kapitalmarkt auch für den Eigentümer Geltung hat, dessen Zinskosten aber nicht durch in anderen Positionen versteckte Beträge wieder effektiv angehoben werden.

Der Nominalzins soll deshalb durch einen höheren Wert ersetzt werden, der mit dem durchschnittlichen Zinsniveau eher korrespondiert. Hierzu wird ein Zinssatz von 8 % herangezogen.[262] Zum Ausgleich für die bei der Unternehmung gestiegenen Zinsen wird der sonstige Aufwand soweit reduziert, bis das ursprüngliche Gewinnniveau und die ursprüngliche Kapitalstruktur annähernd wieder hergestellt sind.

Durch erneutes Probieren stellt man fest, daß dies bei sonstigen Ausgaben von 112,29 RE (vorher: 124 RE) der Fall ist. Die Kredite betragen dann im Durchschnitt 265 RE, der Jahresüberschuß 58 RE. Die Abbildung 37 gibt das endgültige Bilanzbild von t_{-1} bis t_{60} im "Durchschnittsfall" (W_1) wieder.

---

261 Vgl. die Überblicke zu den Renditen inländischer Wertpapiere in der FAZ vom 10.10.1989, S. 28 und in der FAZ vom 1.6.1985, S. 18. Für Pfandbriefe und Kommunalobligationen mit einer Restlaufzeit von 10 Jahren werden zwischen 1981 und 1989 Verzinsungen von 6,42 % bis 9,96 % genannt.

262 Damit beträgt der Rechenzins der zinskorrigierten Bilanzierung bei konstanten Bruttozinsen ebenfalls 8 %.

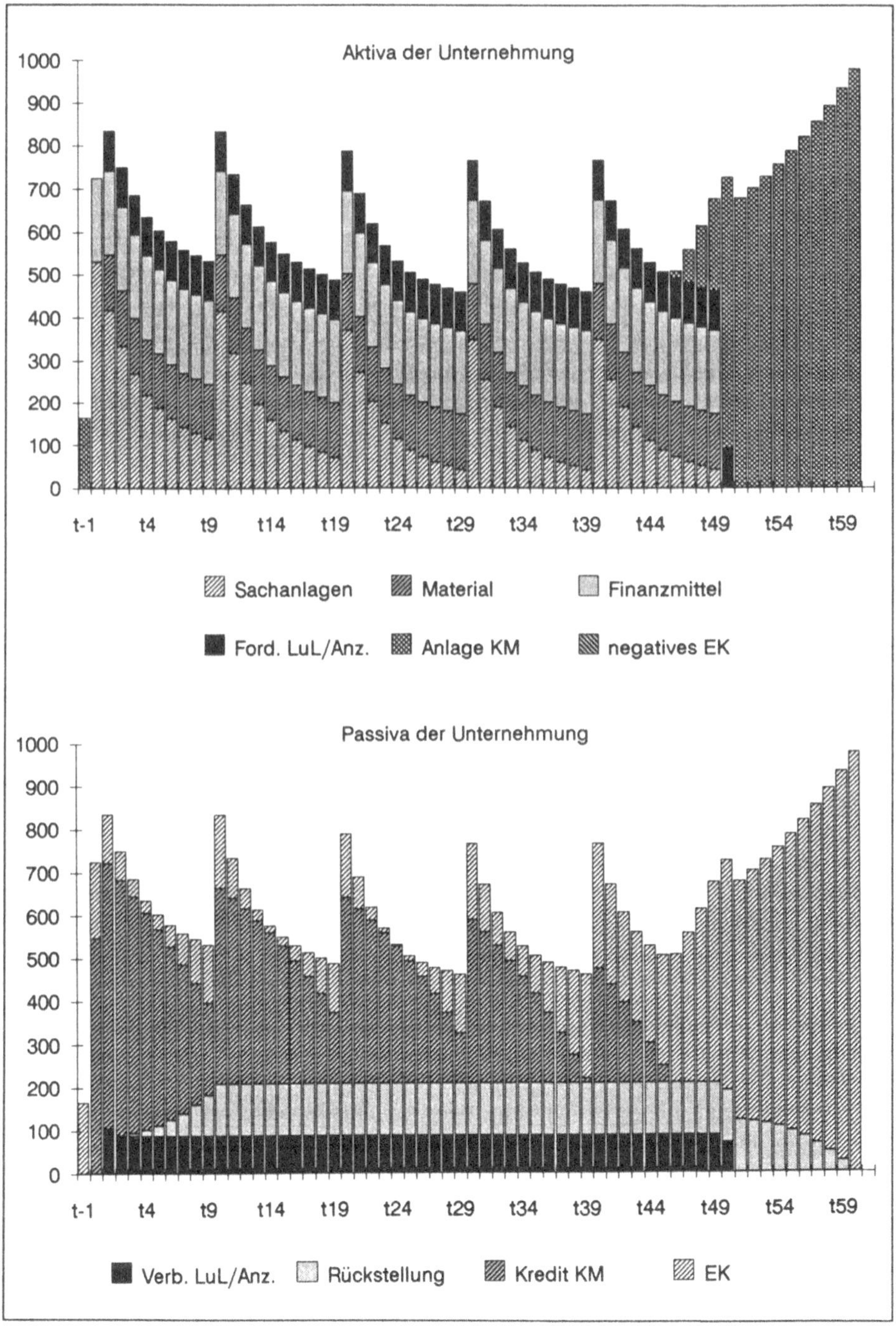

Abb. 37: Struktur von Aktiva und Passiva im Durchschnittsfall (W_1)

f) Ergebnis

In den vorausgegangenen Abschnitten wurden die konkreten wirtschaftlichen Parameter für den Durchschnittsfall abgeleitet.[263]

Das Grundprinzip bildet die Überlegung, daß Realität und Modellgeschehen sich dann entsprechen, wenn unter ähnlichen Abbildungsvorschriften die Bilder (Bilanz, Erfolgsrechnung) von Realität und Modell übereinstimmen. Die ökonomischen Eingabedaten wurden aufgrund von Umkehrschlüssen anschließend so gewählt, daß die als Ziel gesetzte empirische Jahresabschlußstruktur und das erwartete Simulationsergebnis auf Anhieb möglichst kongruent sind. Wegen Fehlern aufgrund der Durchschnittsbildung mußten anschließend bei der Einlage in t_{-1} noch manuelle Korrekturen vorgenommen werden. Außerdem wurde die nominelle Kreditverzinsung auf einen "normalen" Effektivzins heraufgesetzt; die sonstigen Ausgaben wurden dafür entsprechend gekürzt.

C. Wirtschaftliche Parameter der Fallvarianten

Neben dem Durchschnittsfall (W_1) sollen noch gewisse weitere "Unternehmenstypen" in Hinblick auf die Steuerbelastung bei verschiedenen Bemessungsgrundlagen untersucht werden. Hierbei handelt es sich um ertragreiche und ertragsarme sowie kapitalintensive und arbeitsintensive Unternehmen (W_2 bis W_5).

1. Ertragreiche Unternehmen

Ertragreiche Unternehmen können ihre Produkte zu höheren Preisen verkaufen und/ oder zu niedrigeren Kosten herstellen. Um möglichst wenige Änderungen gegenüber dem Durchschnittsfall vornehmen zu müssen, wird unterstellt, daß die Mehrgewinne nur auf Preiserhöhungen (bei unveränderten Aufwendungen) zurückzuführen sind.

Der Umsatz pro Jahr steigt von 1.000 RE auf 1.050 RE Recheneinheiten. Das bedeutet in etwa eine Verdoppelung des Jahresüberschusses vor Steuern. Um einen drastischen Rückgang der Fremdkapitalquote im Zeitablauf zu vermeiden, werden die Ausschüttungen von t_1 bis t_{50} entsprechend auch um 50 RE aufgestockt.

Die Daten ertragreicher Unternehmen sind unter W_2 gespeichert.

---

263 Die Werte für den Durchschnittsfall sind im *Symphony*-Arbeitsblatt unter der wirtschaftlichen Datenkombination W_1 gespeichert.

2. Ertragsarme Unternehmen

Für ertragsarme Unternehmen werden Umsatzeinnahmen von nur 975 Recheneinheiten angenommen. Der Jahresüberschuß halbiert sich dadurch ungefähr. Die laufende Ausschüttung an den Eigentümer muß deshalb um 25 RE reduziert werden.

Die Parameter ertragsarmer Unternehmen sind mit W_3 gekennzeichnet.

3. Kapitalintensive Unternehmen

Bei sog. kapitalintensiven Unternehmen wird die Produktion unter relativ vermehrtem Einsatz von Betriebsmitteln und dafür verminderter Inanspruchnahme von Arbeitsleistungen durchgeführt.

Der höhere Sachkapitaleinsatz wird in der Simulation dadurch erreicht, daß die Werte für Investitionen in Boden (Kaufpreis in t_0 und Verkaufspreis in t_{50}), in Gebäude (Kaufpreis in t_0) und in Maschinen (Kaufpreise in t_0, t_{10}, t_{20}, t_{30} und t_{40}) gegenüber dem Durchschnittsfall verdoppelt werden. Hierdurch würde sich ohne weitere Anpassungen ein bedeutend niedrigerer Gewinn ergeben. Zum Ausgleich werden die Variablen für Barlöhne und spätere Entgeltzusagen proportional soweit ermäßigt, bis sich das gleiche Gewinniveau (58 RE) wie im Ausgangsfall einstellt.[264] Durch probeweises Einsetzen verschiedener Faktoren findet man heraus, daß dies bei 64,17 % der ursprünglichen Summen der Fall ist (Barlöhne: 106,31 RE; Zusagen: 19,46 RE).

Der Fall kapitalintensiver Unternehmen ist mit W_4 bezeichnet.

4. Arbeitsintensive Unternehmen

Lohnintensive Unternehmen stellen den Gegenpol zu kapitalintensiven Betrieben dar. Bei ihnen werden die Modellparameter für Boden, Gebäude und Maschinen im Vergleich zum Ausgangsfall halbiert.

Eine Kompensation erfolgt durch gleichmäßiges Anheben der Vergütungen für Arbeitsleistungen (Barlöhne und Zusagen). Bei Arbeitsentgelten in Höhe von 117,9 % des Durchschnittsfalls (d.h. Barlöhne 195,32 RE, Zusagen 35,76 RE) wird das durchschnittliche Gewinniveau von 58 RE wieder erreicht.

Der arbeitsintensive Unternehmenstypus ist unter W_5 abgespeichert.

---

264 Aus dem höheren Sachanlagevermögen folgt ein gestiegener Gesamtkapitalbedarf, der grundsätzlich durch simultane Zuführung von Eigenkapital und Krediten zu decken wäre. Bei unveränderter Eigenkapitalzufuhr in t_{-1} ergibt sich eine sehr viel höhere absolute und relative Verschuldung; in vielen Perioden wird das Eigenkapital sogar negativ. Durch die größeren Buchwerte nehmen auch die Schwankungen des Eigenkapitals zu. Von einer Korrektur kann jedoch abgesehen werden, da im Modell die Verschuldung der Unternehmung und des Anteilseigners sowohl von den Bruttozinsen als auch von der steuerlichen Behandlung her äquivalent sind.

D. Zinshypothesen

Neben den Daten zur Unternehmensstruktur ist außerdem noch eine Annahme über die Entwicklung des Zinsniveaus, d.h.

- konstante Bruttozinssätze oder

- konstante Nettozinssätze

am Kapitalmarkt zu treffen. Die Auswirkungen der beiden Hypothesen auf die in die Simulation einzusetzenden Zinsen am vollkommenen Kapitalmarkt bedürfen noch einer genaueren Klärung.

1. Konstanter Bruttozinssatz

Konstante Bruttozinsen implizieren das Fehlen von Anpassungsreaktionen beim Zins. Die Höhe des (Brutto-)Zinssatzes am vollkommenen Kapitalmarkt wurde unter Annahme heutiger Besteuerungsverhältnisse bereits mit 8 % festgelegt.[265]

Bei konstanten Bruttomarktzinssätzen ergeben sich zwangsläufig unterschiedliche Nettorenditen je nach steuerlicher Behandlung der Finanzeinzahlungen und Finanzauszahlungen:

Mit der heutigen, bilanziellen Bemessungsgrundlage (S_1) und einem Steuersatz von 40 % verbleibt den Kreditgebern eine Nettorendite von 8 % · (1 - 0,40) = 4,8 %. Entsprechendes gilt auch für S_2 (Lückenbilanz gem. § 4 III EStG) und S_5 (Mischsystem nach *Sinn*).

Unter den betrachteten Steuersystemen befinden sich demgegenüber einige, bei denen die Zinsen auf Kredite bzw. Geldanlagen

- formell (S_4/R-Base; S_7/Konsumausgabensteuer) oder

- effektiv (S_3/R+F-Base; S_6/zinskorrigierte Bilanzierung)

nicht besteuert werden. Die Nettorenditen sind für diese Steuersysteme mit der Bruttorendite identisch und betragen einheitlich 8 %. Dies ist selbstverständlich auch beim vollständigem Verzicht auf jegliche Besteuerung (S_0) der Fall.

Die genannten Zusammenhänge lassen sich gleichfalls der nachstehenden Tabelle entnehmen.

---

265 Vgl. den Vierten Teil, Abschnitt II. B. e) der Untersuchung.

konstante Bruttorendite von 8 %								
System Führt effektiv zur Zinsbesteuerung?	S_0 nein	S_1 **ja**	S_2 ja	S_3 nein	S_4 nein	S_5 ja	S_6 nein	S_7 nein
Kapitalmarktzins = Bruttorendite	8 %	**8 %**	8 %	8 %	8 %	8 %	8 %	8 %
zur Information: ⇒ Nettorendite	8 %	**4,8 %**	4,8 %	8 %	8 %	4,8 %	8 %	8 %

Abb. 38: Zinssätze am vollkommenen Kapitalmarkt bei konstanter Bruttorendite

Als *Nebenwirkung* der Zinsanpassungshypothese muß noch beachtet werden, daß für die Bemessungsgrundlage S_6 (zinskorrigierte Bilanzierung) der steuerliche Korrekturzins r dem Zinssatz am Kapitalmarkt entsprechen soll.[266] Deshalb gilt bei konstanten Bruttozinsen r = 8 %.

2. Konstanter Nettozinssatz

Die Theorie unterstellt bei Änderungen der Bemessungsgrundlage eine *konstante Nettorendite*. Im heutigen bilanzielle Steuersystem wird bei einem Kapitalmarktzins von 8 % eine Nettoverzinsung von 4,8 % erzielt.

Um diese Nettorendite von 4,8 % bei allen Steuersystemen zu gewährleisten, müssen gegebenenfalls die Bruttomarktzinssätze angepaßt werden.[267] Sie können bei den Systemen S_0, S_3, S_4, S_6 und S_7, die keine Zinsbesteuerung beinhalten, auf 4,8 % sinken.

266 Vgl. Abschnitt II. A. 4. dieses Teils.

267 Strenggenommen müßte im Fall konstanter Nettorenditen auch eine Anpassung der Erträge für die Finanzanlagen erfolgen. Die hier auftretende niedrige Verzinsung deutet aber an, daß vor allem andere Gründe als Renditegesichtspunkte - z.B. Liquiditätssicherung - für die Existenz dieser Anlagen maßgeblich sind. In diesem Bereich soll deshalb ein genereller Verzicht auf Anpassungsreaktionen angenommen werden.

Einen Überblick vermittelt die nachstehende Abbildung:

konstante Nettorendite von 4,8 %								
System Führt effektiv zur Zinsbesteuerung?	S_0 nein	S_1 **ja**	S_2 ja	S_3 nein	S_4 nein	S_5 ja	S_6 nein	S_7 nein
Nettorendite	4,8 %	**4,8 %**	4,8 %	4,8 %	4,8 %	4,8 %	4,8 %	4,8 %
⇒ Bruttorendite = Kapitalmarktzins	4,8 %	**8 %**	8 %	4,8 %	4,8 %	8 %	4,8 %	4,8 %

Abb. 39: Zinssätze am vollkommenen Kapitalmarkt bei konstanter Nettorendite

In die Modellrechnung ist der oben ermittelte Kapitalmarktzins einzusetzen. Er ist identisch mit der Bruttorendite.

In Falle der Bemessungsgrundlage S_6 (zinskorrigierte Bilanzierung) muß der steuerliche Korrekturzins r auch an den Zinssatz am Kapitalmarkt angepaßt werden. Es ist somit bei konstanten Nettorenditen $r = 4{,}8\ \%$ (Steuersystem S_6) zu wählen.

III. Zusammenfassung

Der vierte Teil der vorliegenden Untersuchung hatte die Ableitung des konkreten Unternehmensmodells zur Aufgabe. Die Erläuterungen nehmen breiten Raum ein und unterteilen sich in zwei Hauptabschnitte.

Der erste Abschnitt beschäftigt sich mit Überlegungen zur Wahl der Modellstruktur:

- Der zeitliche Horizont soll es erlauben, auch Vorgänge abzubilden, die langfristige Folgen verursachen (Abschreibungen vieljährig genutzter Anlagegüter, Rückstellungsbildung für gewährte Zusagen). Deshalb beträgt die Kernphase des Modells 50 Jahre. Es wird ergänzt durch ein Jahr Vorlauf- und zehn Jahre Nachlaufphase. Diese dienen der sukzessiven Aufnahme und Abwicklung des Unternehmungsgeschehens.
- Inhaltlich umfaßt das Modell die Ebenen von Unternehmung und Eigentümer. Um eine möglichst einfache Abbildung zu erreichen, kann es sich aus wirtschaftlicher Sicht auf Zahlungen beschränken. Hinzu kommen alle Größen, die für die Ermittlung der Bemessungsgrundlagen sowie die Steuerberechnung unverzichtbar sind.
- Für die Ableitung konkreter Einzelaktivitäten aus den bereits eingangs beschriebenen Aktivitätstypen haben sich ebenfalls einige Grundsätze herauskristallisiert. Es ist ein Kompromiß zwischen einer möglichst umfassenden (realitätsgetreuen) und einer möglichst einfachen (überschau- und rechenba-

ren) Abbildung zu finden. Als Nebenbedingung müssen noch empirische Daten über die Aktivitäten vorliegen. Es sind demnach Gruppen von Vorgängen zu bilden, die intern relativ homogen, untereinander aber relativ heterogen sind. Entscheidendes Kriterium für Homo- und Heterogenität ist die Art der bilanziellen Behandlung der Vorgänge. Auf diese Überlegungen aufbauend wurden die Einzelaktivitäten von Unternehmung und Eigentümer abgeleitet.

- Bei Einbeziehung der Besteuerung sind die Einkommenssteuersysteme von der Konsumausgabensteuer zu unterscheiden. Für letztere braucht nur der Steuersatz bestimmt werden. Das Hauptproblem im Rahmen der Einkommensbesteuerung ist demgegenüber die Definition der Bemessungsgrundlage. Hier wurde eine sehr flexible Vorgehensweise gewählt. Für alle steuerlich relevanten Einzelaktivitäten kann gesondert festgelegt werden, ob und wie sie in die Bemessungsgrundlage eingehen.

- Im Modell muß in jeder Periode die Einhaltung des Zahlungsgleichgewichts beim Eigentümer und bei der Unternehmung sichergestellt werden. Dies geschieht während der Modellaufzeit über temporäre Kredite und Anlagen am vollkommenen Kapitalmarkt; ein zu Ende des Planungshorizontes noch bestehender Überschuß bei der Unternehmung kann ausgeschüttet bzw. ein Defizit muß nachgeschossen werden. Das endgültige Modellgleichgewicht (Ausgleich höherer oder niedrigerer Steuerzahlungen sowie anderer Datenänderungen) wird indes durch Anpassung des Konsums hergestellt. Es ist diejenige Konsumannuität zu ermitteln, bei der alle Überschüsse des Unternehmens exakt aufgezehrt werden. Aus rechnerischen Gründen erfolgt die Ermittlung des Periodenkonsums iterativ, d.h. der Periodenkonsum wird probeweise solange variiert bis der Endkonsum (annähernd) null beträgt.

- Aufgrund des hohen Umfangs der vorzunehmenden Berechnungen ist es unumgänglich, die Modellsimulation computergestützt vorzunehmen. Hierfür stehen mehrere Programmtypen zur Wahl. Von den anwenderfreundlichen Endbenutzerwerkzeugen wurde das Konzept der Tabellenkalkulation ausgewählt. Konkret kommt das Produkt *Lotus Symphony*, zum Einsatz. Nach Darlegung der Merkmale von Tabellenkalkulationsprogrammen schließt sich ein Überblick zum Arbeitsblatt des Unternehmensmodells an. Es werden kurz die Anordnung und Aufgaben von Eingabe-, Rechen-, Auswertungs- und Steuerungsbereich erörtert.

Im zweiten Abschnitt geht es um die Festlegung der steuerlichen und wirtschaftlichen Daten der Simulation:

- Teilweise resultieren die Daten zur Besteuerung schon aus den Definitionen der Bemessungsgrundlage. Wo sich die bilanzielle Behandlung nicht unmittelbar aus dem Sachverhalt ergibt, müssen plausible Annahmen, die sich an das geltende Bilanzsteuerrecht anlehnen, getroffen werden (Abschreibungen, Rückstellungen). Beim Steuertarif wird ein Wert von 40 % als Kompromiß zwischen hohen und niedrigen Sätzen festgelegt.

- Die wirtschaftlichen Parameter für den Durchschnittsfall müssen so eingestellt werden, daß das Modell von seiner Struktur her den Verhältnissen in der Realität annähernd entspricht. Als Referenzgröße werden Jahresabschlußstatistiken der Deutschen Bundesbank herangezogen. Strukturgleichheit wird als das Einhalten gleicher Relationen zwischen bestimmten Größen (Aufwands- und Ertragsstruktur, Kapitalumschlag, Bruttovermögensstruktur, Kapitalstruktur) interpretiert. Die tatsächlichen Bilanzierungsvorschriften regeln eine Abbildung von der ökonomischen Realität auf das Bild "Jahresabschluß" (Bilanz und Erfolgsrechnung). Unterstellt man, daß die modellmäßigen bilanziellen Abbildungsregeln diesen Vorschriften im wesentlichen entsprechen, so kann man bei strukturgleichen oder zumindest ähnlichen Abbildern der Realität und des Modellgeschehens (Jahresabschlüsse) darauf schließen, daß sich auch Realität und Modell entsprechen. Durch gezielte Umkehrschlüsse können die wirtschaftlichen Parameter des Durchschnittsfalls abgeleitet werden. Es sind lediglich noch zwei manuelle Korrekturen anzubringen.

- Anschließend erfolgt die Ermittlung von Modelldaten für vier Fallvarianten. Bei den Unternehmenstypen handelt es sich um ertragreiche und ertragsarme sowie kapital- und arbeitsintensive Unternehmungen. Für diese Varianten werden die Daten des Durchschnittsfalls in geeigneter Weise modifiziert.

- Den Abschluß der Ausführungen bildet die Festlegung des Kapitalmarktzinses in Abhängigkeit von Zinshypothese (konstante Brutto- bzw. Nettorenditen) und Steuersystem.

Fünfter Teil: Ermittlung, Vergleich und Analyse der Steuerbelastung

I. Ausgangspunkt und Vorgehensweise

Nachdem die Modellogik spezifiziert und die wirtschaftlichen und steuerlichen Daten festgelegt wurden, gilt es nun, die Steuerbelastung für verschiedene Fallkonstellationen zu ermitteln. Eine solche Konstellation ergibt sich

- durch Anwendung eines bestimmten Steuersystems
- auf einen bestimmten Unternehmenstypus
- unter Wahl einer bestimmten Zinshypothese.

Diese einzelnen Bestimmungsgrößen der Steuerbelastung werden durch die nachfolgend aufgeführten Varianten näher konkretisiert:

Steuersystem	Unternehmenstyp	Zinshypothese
S_1 konventionelle Bilanzierung	W_1 Durchschnitts-unternehmen	• konstante Bruttozinssätze
S_2 Lückenbilanz gem. § 4 III EStG	W_2 ertragreiche Unternehmen	• konstante Nettozinssätze
S_3 R+F-Base	W_3 ertragsarme Unternehmen	
S_4 R-Base	W_4 kapitalintensive Unternehmen	
S_5 Mischsystem nach *Sinn*	W_5 arbeitsintensive Unternehmen	
S_6 zinskorrigierte Bilanzierung		
S_7 Konsumausgabensteuer		

Abb. 40: Differenzierungskriterien und mögliche Fallkonstellationen

Insgesamt sind somit anhand der bekannten Daten $7 \cdot 5 \cdot 2 = 70$ Werte für die Steuerbelastung zu bestimmen (bei sieben Steuersystemen, fünf Unternehmenstypen, zwei Zinshypothesen).

Um jeweils eine dieser 70 Steuerbelastungen zu berechnen, ist von jeder der drei Gruppen eine Variante auszuwählen und die entsprechenden Daten sind in das Modell einzusetzen. Als Resultat liefert das Modell einen Wert für die dem Investor unter diesen Bedingungen möglichen laufenden Konsumentnahmen (Konsumannuität):

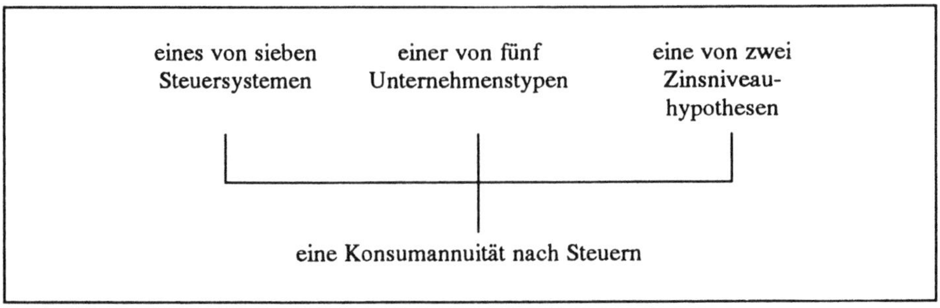

Abb. 41: Datenauswahl und Ergebnis im Steuerfall

Das Einsetzen der ausgewählten Daten und der Start der Modellrechnung liefert zwar die Höhe des nach Steuern möglichen Konsums für die jeweilige Fallkonstellation, aber noch kein unmittelbares Maß für die Steuerbelastung. Zu deren Bestimmung kann auf die Erkenntnisse des Dritten Teils (Abschnitte II. D. und II. E.) zurückgegriffen werden.

Die Steuerbelastung läßt sich durch einen Vergleich der wirtschaftlichen Lage mit und ohne Steuern berechnen. Für die absolute Steuerbelastung in einem bestimmten Fall gilt:

$$\text{absolute Belastung} = \text{"Konsumannuität ohne Steuer"} - \text{"Konsumannuität nach Steuern"}$$

Damit das Ausmaß dieser Einbuße besser vergleichbar ist, wird sie ins Verhältnis zur ursprünglichen Situation ("Konsumannuität ohne Steuer") gesetzt:

$$\text{relative Belastung} = \frac{\text{"Konsumannuität ohne Steuer"} - \text{"Konsumannuität nach Steuern"}}{\text{"Konsumannuität ohne Steuer"}}$$

Um die Steuerbelastung für ein Steuersystem zu errechnen, muß also zusätzlich die folgende Frage beantwortet werden: Wie hoch wäre der Konsum ohne jegliche Steuer gewesen?

Hierzu werden die Daten der gleichen Varianten wie oben in die Rechnung eingesetzt. Lediglich die Besteuerung wird durch Wahl von Einkommens- und Konsumsteuersätzen von 0 % ausgeschaltet.[268] Freilich braucht die "Konsumannuität ohne

---

268 Man darf nicht übersehen, daß die Entscheidung für die Alternative "konstante Nettozinssätze" u.U. einen Wechsel des (Brutto-)Kapitalmarktzinses erforderlich macht, der nicht automatisch vorgenommen wird. Soll z.B. die Belastung für "S_1/W_1/konstante Nettozinssätze" berechnet werden, so ist im Fall der Besteuerung von einem Zinsniveau von 8 % (Nettozins 4,8 %) auszugehen. Zur Ermittlung der Konsumannuität ohne Steuern (Steuersatz auf null gesetzt) muß der Bruttozins auf 4,8 % reduziert werden, da hier brutto gleich netto gilt.

Steuern" nicht für jedes Steuersystem von S_1 bis S_7 gesondert bestimmt werden, da es ja unerheblich ist, auf der Basis welcher Bemessungsgrundlage *nicht* besteuert wird. Der Fall ohne Besteuerung trägt einheitlich die Bezeichnung S_0. Insgesamt sind somit lediglich $5 \cdot 2 = 10$ zusätzliche Vergleichswerte zu berechnen.

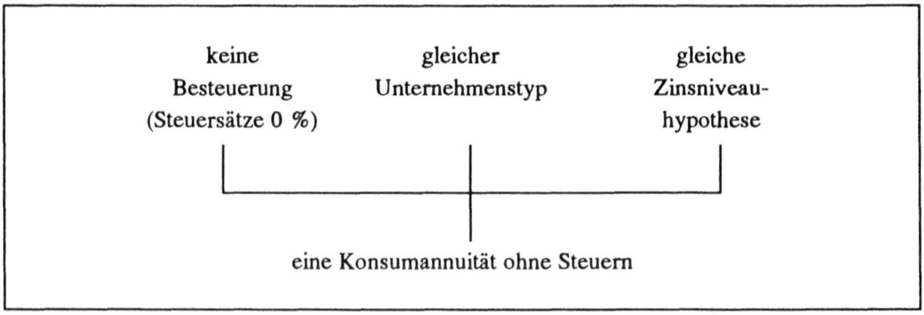

Abb. 42: Datenauswahl und Ergebnis im Fall ohne Steuern

Mit Hilfe dieser Werte kann dann die relative (prozentuale) Steuerbelastung ausgerechnet werden. Ein Beispiel hierfür läßt sich Abbildung 43 entnehmen.

Berechnung für:

- S_3 (R+F-Base)
- W_1 (Durchschnittsunternehmen)
- konstante Bruttozinssätze

Ergebnisse:

Die Konsumannuität für die obige Datenkonstellation (nach Steuern) beträgt 22,3 RE.

Bei Steuersätzen von 0 % (S_0 - Fall ohne Steuern) ergibt sich für beliebige Bemessungsgrundlagen und ansonsten unveränderten Angaben ein Konsum von 37,2 RE.

→ Dies führt zu einer absoluten Steuerbelastung von 37,2 RE - 22,3 RE = 14,9 RE.

→ Prozentual errechnet sich eine Effektivbelastung von 14,9 RE / 37,2 RE = 40,0 %.

Abb. 43: Beispiel zur Berechnung der Steuerbelastung

II. Ermittlung und Vergleich der Steuerbelastung im Ausgangsfall

A. Konsumannuitäten

Gemäß der soeben geschilderten Vorgehensweise lassen sich die Konsumannuitäten für den Durchschnittsfall (W_1) ermitteln. Hierbei ist einerseits nach Steuersystemen (S_1 bis S_7 sowie S_0, d.h. Nicht-Besteuerung), andererseits nach Zinshypothesen (konstante Brutto- oder Nettozinsen) zu differenzieren. Einen Überblick zu den Ergebnissen erlaubt Abbildung 44.

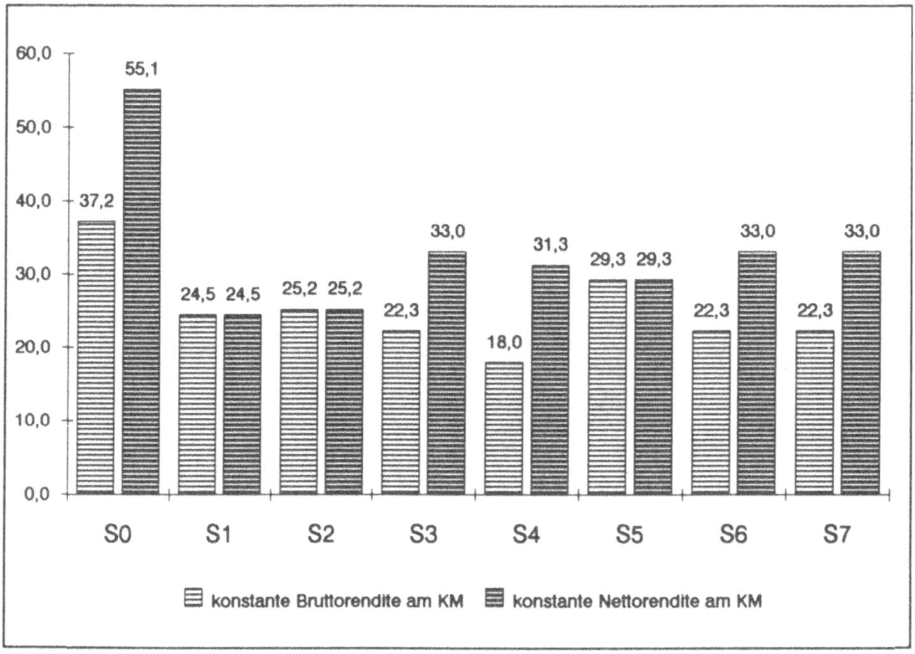

Abb. 44: Konsumannuitäten im Durchschnittsfall (W_1)

Die errechneten Zahlen wurden in Form eines Balkendiagramms aufbereitet. Entlang der Abszisse sind die Steuersysteme aufgereiht. Auf der Ordinate wird der Konsumbetrag in Recheneinheiten (absolute Werte) abgetragen. Die genauen Zahlen können zusätzlich den Beschriftungen der Balken entnommen werden. Die dunkleren Säulen spiegeln die Konsummöglichkeiten unter Annahme konstanter Bruttozinsen, die helleren diejenigen unter Annahme konstanter Nettozinsen wider.

Bei den Systemen S_1 (konventionelle Bilanzierung), S_2 (Lückenbilanz gem. § 4 III EStG) und S_5 (Mischsystem nach *Sinn*) liefern aus den oben genannten Gründen die Brutto- und Nettozinshypothese stets identische Ergebnisse. Damit sich die Werte besser vergleichen lassen, wurden sie jedoch beidesmal in die Abbildung eingetragen. Die Betragsgleichheit der Konsumannuitäten folgt aus der Logik dieser Steuersysteme. Die Bruttozinsrechnung geht von einer Bruttorendite von 8 % aus, die dem Kapitalmarktzins entspricht. Da in allen drei Steuersystemen Zinsen formell und auch effektiv versteuert werden, führt derselbe Kapitalmarktzins von 8 % auch stets zur gewünschten Nettorendite von 4,8 %.

In den anderen Fällen - S_0 (keine Besteuerung), S_3 (R+F-Base), S_4 (R-Base), S_6 (zinskorrigierte Bilanzierung) und S_7 (Konsumausgabensteuer) - variiert der Konsum je nach Zinshypothese, weil zumindest effektiv die Normalverzinsung nicht der Besteuerung unterliegt. Deshalb beträgt der Zinssatz am Kapitalmarkt einmal 8 % (konstante Bruttorenditen) und einmal 4,8 % (konstante Nettorenditen).

Wie würde sich bei Rückgriff auf ein anderes Steuersystem die Konsumannuität gegenüber der heutigen Regelbehandlung (S_1) ändern?

Vergleicht man die Bemessungsgrundlage nach § 4 III EStG (S_2) mit der Steuerbilanz (S_1), so kann man grundsätzlich feststellen, daß sich hier ein etwas höherer Konsum erzielen läßt. Wesentlich deutlicher tritt dieser Vorteil beim Mischsystem von *Sinn* (S_5) hervor.

Für die anderen Bemessungsgrundlagen (S_3, S_4, S_6, S_7) sowie für die Situation ohne Steuern (S_0) kommt es entscheidend auf die Zinshypothese an. Diesen Steuersystemen ist gemein, daß sich im Falle konstanter Nettozinsen ein deutlich höherer Konsum als mit der Steuerbilanz (S_1), im Falle konstanter Bruttozinsen hingegen nur ein deutlich niedriger Konsum verwirklichen läßt.

B. Steuerbelastung

Im nächsten Schritt können aus den Konsumannuitäten die absoluten und relativen Steuerbelastungen berechnet werden.

Abbildung 45 ist formal ähnlich wie die vorangegangene Darstellung aufgebaut. Sie gibt jedoch die relative Steuerbelastung (in Prozent) für die oben angesprochenen Fälle wieder.

Die Angabe der Steuerbelastung von 0 % für den Fall ohne Steuern (S_0) versteht sich zwar von selbst, die Achseneinteilung der Abszisse wurde indes beibehalten, um Vergleiche zwischen den beiden Abbildungstypen nicht zu beeinträchtigen.

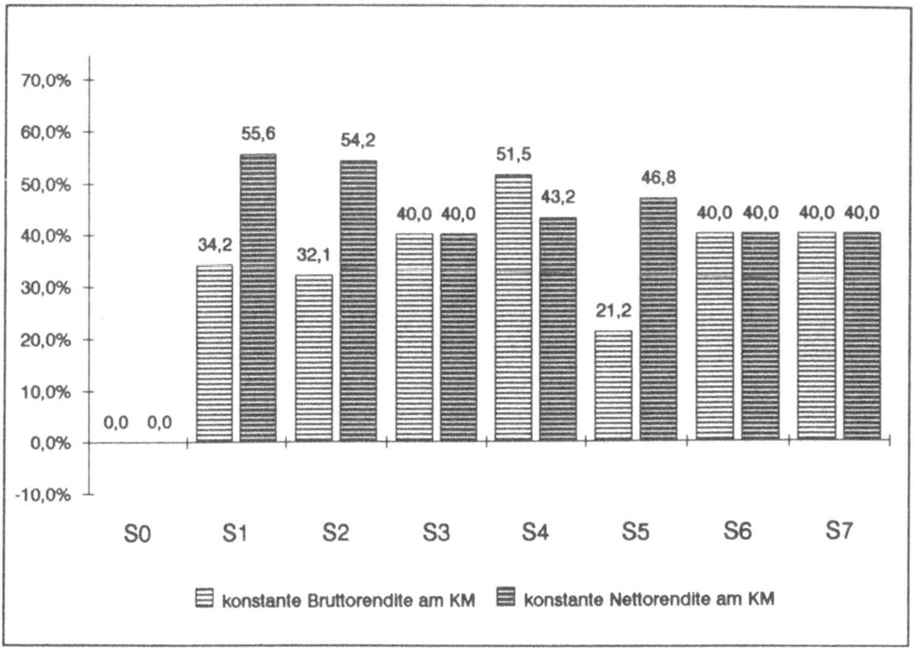

Abb. 45: Effektive Steuerbelastungen im Durchschnittsfall (W_1)

Es fällt sofort auf, daß abermals einige Belastungswerte für beide Zinshypothesen gleich und andere deutlich verschieden sind. Wie sich bei näherer Prüfung herausstellt, verhalten sich diese Relationen umgekehrt wie bei der Konsumbetrachtung.

Die Ursachen hierfür sind nicht schwer zu finden:

Gerade bei denjenigen Steuersystemen, deren Konsumannuität im Steuerfall unabhängig von der Zinshypothese ist (S_1, S_2 und S_5), muß die Steuerbelastung differieren. Der Grund liegt in der wechselnden Bezugsbasis. Die Referenzgröße S_0 (Fall ohne Steuern) hängt nämlich vom unterstellten Zinsniveau ab. Dies schlägt auf die prozentuale Steuerbelastung durch.

Beispiel:

Konsumannuität für S_1:	24,5 RE	
Konsumannuität für S_0 bei konstanter Bruttorendite:	37,2 RE	
Konsumannuität für S_0 bei konstanter Nettorendite:	55,1 RE	
Steuerbelastung von S_1 bei konstanter Bruttorendite:	$\frac{(55,1 - 24,5)}{55,1}$	= 0,556
Steuerbelastung von S_1 bei konstanter Nettorendite:	$\frac{(37,2 - 24,5)}{37,2}$	= 0,342

Das Gegenteil gilt bei den Steuersystemen S_3, S_4, S_6 und S_7. Hier kommen für die beiden Zinshypothesen Änderungen des Konsums

- sowohl bei der Bezugsbasis S_0 (siehe oben)
- als auch bereits im Steuerfall

vor. Diese beiden Entwicklungen laufen - mehr oder weniger - parallel, so daß die prozentuale Steuerbelastung entweder genau (S_3, S_6 und S_7) oder zumindest näherungsweise (S_4) unabhängig von der Zinsentwicklung ist.

Die Höhe des effektiven Steuersatzes beträgt bei S_3, S_6 und S_7 genau 40 %, welches der Nominalbelastung entspricht.[269]

Für S_7 ist dieses Ergebnis nicht weiter verwunderlich, da die Bemessungsgrundlage aus dem beim Konsumenten direkt ermittelten Konsum besteht. Eine Besteuerung nach der R+F-Base (S_3) ist der Konsumbesteuerung (S_7) äquivalent, lediglich die Bemessungsgrundlage wird auf indirektem Weg berechnet. Die formelle Bezeichnung als Einkommenssteuersystem darf nicht darüber hinwegtäuschen, daß es sich in materieller Hinsicht um eine Konsumbesteuerung handelt.

Bei der zinskorrigierten Bilanz (S_6) weichen Einzahlung und Ertrag sowie Auszahlung und Aufwand betragsmäßig voneinander ab. Als Preis für vorgenommene Umperiodisierungen fällt allerdings stets eine Zinskorrektur der Steuerbemessungsgrundlage an, die - sofern sie mit dem "richtigen" Zinssatz vorgenommen wird - dafür sorgt, daß die Steuerbelastung von S_6 mit der von S_3 und S_7 (40 %) identisch ist.

Im Vergleich dazu liegt die Steuerbelastung bei S_4 (R-Base) mit 51,5 % bzw. 43,2 % etwas höher. Die Ursachen sind einerseits in der besonderen Struktur dieser Bemessungsgrundlage, andererseits in der vorliegenden Datenkonstellation

---

269 Hier besteht natürlich ein Zusammenhang mit dem Meßkriterium. Freilich ist die absolute Höhe der Belastung nicht ausschlaggebend, es kommt vielmehr auf die Belastungsunterschiede an.

begründet. Die Verzinsung bestimmter Finanzanlagen ist nämlich etwas niedriger als der Zins am vollkommenen Kapitalmarkt, wohl da neben Renditegesichtspunkten z.B. auch die Sicherung der Liquidität einen Einfluß auf die getätigten Geldanlagen ausübt. Bei der R-Base wird nun ausgerechnet dieser Bereich, in dem unter der Normalverzinsung liegende Erträge anfallen, aus der Besteuerung herausgenommen. Diese partielle Ertragsminderung bleibt unberücksichtigt und die Steuer richtet sich nur nach den in den anderen Bereichen höheren Gewinnen. Hieraus resultiert eine höhere Steuerbelastung.

Wie ist nun die Steuerbelastung der echten Einkommenssteuersysteme (S_1 und S_2) sowie des Mischsystems nach *Sinn* (S_5) zu beurteilen?

Vergleicht man einerseits die Belastungen *dieser drei Bemessungsgrundlagen untereinander*, so liegt - innerhalb der jeweils gleichen Zinsannahme - die Steuerbelastungsquote von S_1 (Steuerbilanz) über der von S_2 (Lückenbilanz nach § 4 III EStG), diese wiederum ist immer noch höher als die Steuerbelastung bei S_5 (Mischsystem nach *Sinn*).

Andererseits hängt die Antwort *in Hinblick auf die Steuersysteme S3, S6 und S7* sehr von der jeweiligen Zinshypothese ab. Für die Annahme gleicher Nettozinsen stellt sich grundsätzlich eine wesentlich höhere effektive Steuerbelastung als 40 % ein. Umgekehrt liegen die Verhältnisse für konstante Bruttozinsen. Hier würde die Steuerbelastung generell unter die 40 %-Marke sinken.

Wegen dieser so gegensätzlichen Entwicklungen stellt sich die Frage, welche Zinssatzsenkung mindestens erforderlich wäre, um bei S_3, S_6 und S_7 die gleiche Steuerbelastung wie durch die Steuerbilanz (S_1) zu erhalten. Durch probeweises Einsetzen verschiedener Werte läßt sich herausfinden, daß dies bei einem Kapitalmarktzins von 7,39 % (gegenüber den Extremwerten 8 % und 4,8 %) der Fall wäre. Dieser Zins stellt somit die kritische Größe für das Umschlagen der Steuerbelastung dar.

III. Sensitivitätsanalyse zur Steuerbelastung

A. Konsumannuitäten

Durch eine Analyse der Steuerbelastung in den weiteren Fällen (W_2 ertragreiche Unternehmen, W_3 ertragsarme Unternehmen, W_4 kapitalintensive Unternehmen, W_5 arbeitsintensive Unternehmen) kann man die Sensitivität der im letzten Abschnitt gewonnenen Erkenntnisse gegenüber Datenänderungen prüfen.

Ausgangspunkt für die Berechnungen sind wiederum die Konsumannuitäten der vier Varianten.

Abbildung 46 zeigt die Ergebnisse für ertragreiche Unternehmen (W_2). Eine Prüfung läßt bereits erkennen, daß die Ergebnisse zwar generell die gleichen Relationen wie bei den Durchschnittsunternehmen (W_1) aufweisen, aber sehr viel dichter beieinander liegen.[270]

Die gegenteilige Tendenz ist für ertragsarme Unternehmen (W_3) zu beobachten (vgl. Abbildung 47). Die Werte weichen in diesem Fall teilweise stark voneinander ab. Manche Konsumannuitäten betragen ein Vielfaches anderer Ergebnisse. Jedoch zeigt die Analyse der Beziehungen zwischen den Konsumannuitäten, daß in der grundlegenden Struktur der Resultate im Vergleich zum Durchschnittsfall (W_1) keine Änderung eingetreten ist.

Auch für kapitalintensive Unternehmen (W_4) ist eine größere Streuung der Werte festzustellen. Die Ergebnisse lassen sich der nachstehenden Abbildung 48 entnehmen. Allerdings ist das relative Ausmaß der Abweichungen tendenziell nicht so groß wie bei den ertragsarmen Unternehmen (W_3).

Im Gegensatz dazu nimmt bei arbeitsintensiven Unternehmen (W_5) die Bandbreite der Ergebnisse ab (vgl. Abbildung 49). Auch hier tritt jedoch kein so starker Effekt wie bei ertragreichen Unternehmen (W_2) ein.

Da sich die absoluten Konsumannuitäten der vier Fallvarianten wegen der unterschiedlichen Ausgangsbasis nur schlecht vergleichen lassen, soll auf eine nähere Untersuchung der Konsumbeträge verzichtet werden. Aussagekräftiger ist vielmehr die Analyse der relativen Steuerbelastung.

---

270 Auf die genauen Gründe soll erst nach Berechnung der prozentualen Steuerbelastungsquoten eingegangen werden, da sich diese Werte leichter vergleichen und interpretieren lassen.

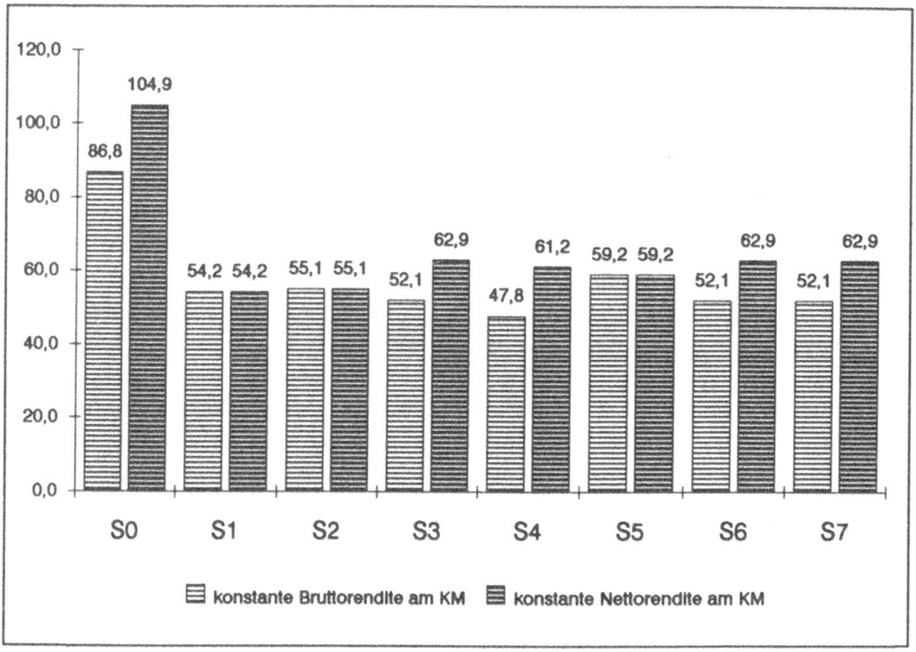

Abb. 46: Konsumannuitäten ertragreicher Unternehmen (W_2)

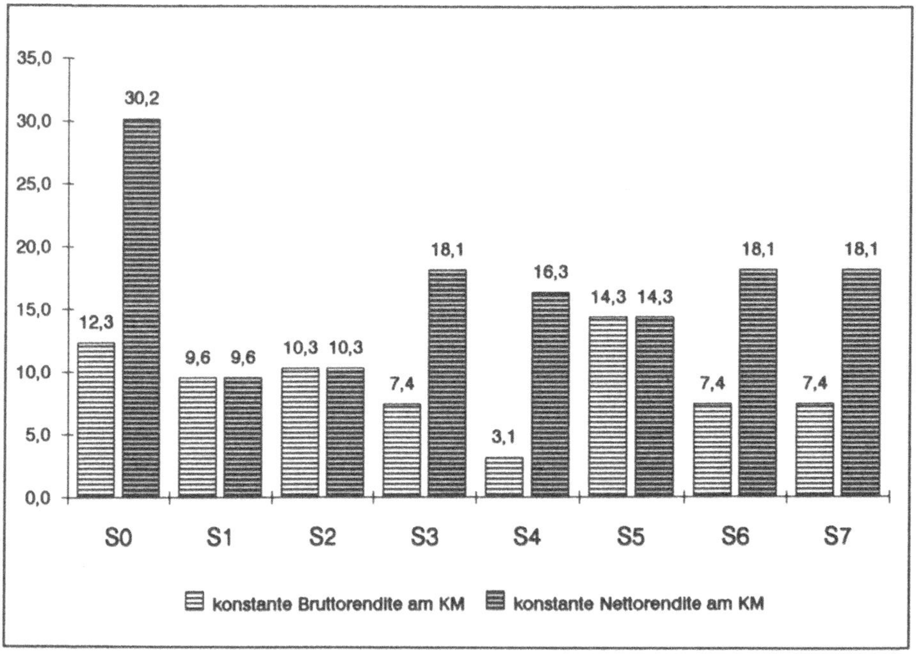

Abb. 47: Konsumannuitäten ertragsarmer Unternehmen (W_3)

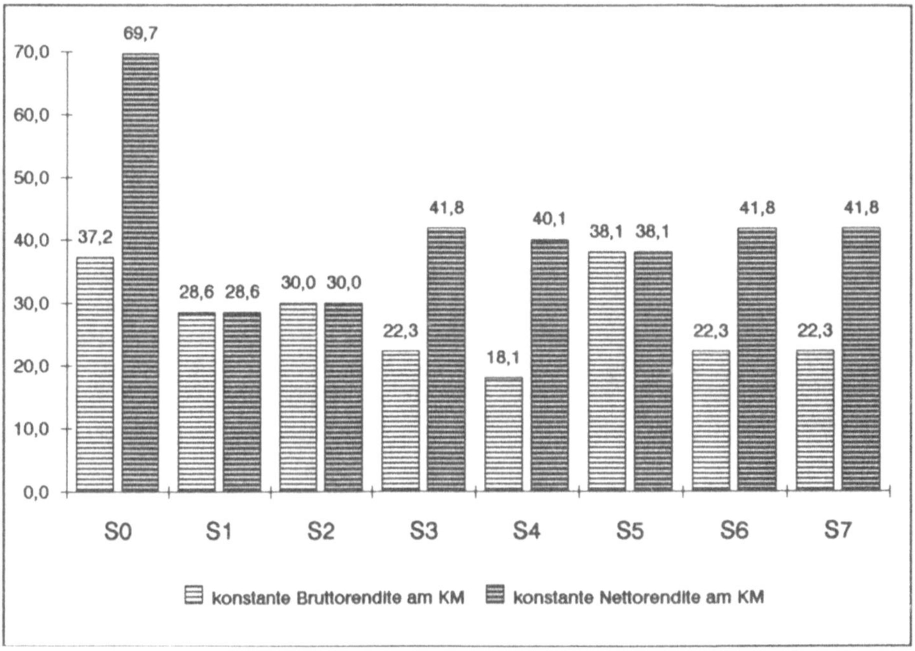

Abb. 48: Konsumannuitäten kapitalintensiver Unternehmen (W_4)

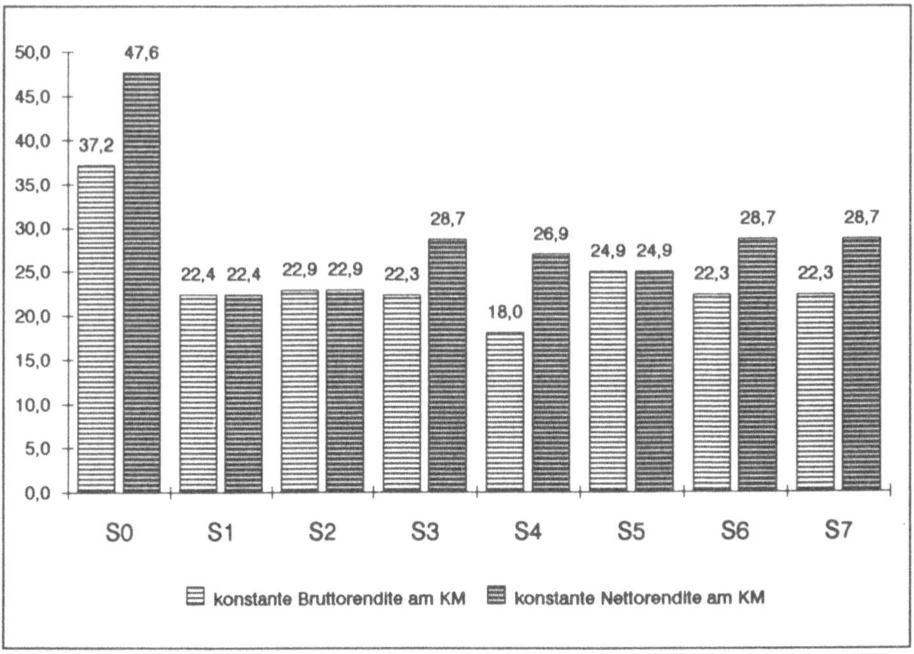

Abb. 49: Konsumannuitäten arbeitsintensiver Unternehmen (W_5)

B. Steuerbelastung

Belastungstendenzen, die im Rahmen der Konsumannuitäten aufgefallen sind, bestätigen sich nach Berechnung der effektiven Steuerbelastung für die vier Varianten.

Die Steuerbelastung ertragreicher Unternehmen (W_2) läßt sich Abbildung 50 entnehmen. Große Unterschiede in der Belastungshöhe zwischen den verschiedenen Bemessungsgrundlagen können hier nicht festgestellt werden. So beträgt das Maximum der Steuerbelastung lediglich 48,3 %, das Minimum immerhin schon 31,9 %. Die Werte liegen damit relativ eng beim nominalen Steuersatz von 40 %.

Verantwortlich für diese Ergebnisentwicklung ist die Tatsache, daß bei hohen Erträgen der Anteil der "Übergewinne" gegenüber der "Normalverzinsung" zunimmt. Solche Übergewinne unterliegen jedoch stets einer Besteuerung in Höhe des Nominalsteuersatzes.[271]

Genau die gegenteilige Entwicklung kann bei ertragsarmen Unternehmen (W_3) beobachtet werden (vgl. Abbildung 51). Hier kommen sehr große Belastungsunterschiede vor. Der Maximalwert der Belastung steigt auf 74,6 % (S_4); das bedeutet fast eine Verdoppelung gegenüber der Nominalbelastung. Noch krasser ist die Entwicklung beim Mischsystem nach *Sinn* (S_5). Falls konstante Bruttozinsen unterstellt werden ist die Steuerbelastung hier sogar negativ (-16,2 %), d.h. der Konsum im Fall mit Steuern ist höher als der Konsum ohne Steuern (S_0).

Ähnliche Resultate, wenn auch weniger gravierend, lassen sich auch für kapitalintensive und arbeitsintensive Unternehmen ausmachen (vgl. die Abbildungen 52 und 53). Allerdings nimmt die Bandbreite hier für kapitalintensive Unternehmen mit umfangreichem Sachanlagevermögen und geringen Pensionsrückstellungen zu (W_4) und für arbeitsintensive Unternehmen ab (W_5).

Als *erstes Fazit* läßt sich demnach festhalten, daß die Abweichungen der Steuerbelastung zwischen den verschiedenen Bemessungsgrundlagen nicht in allen Unternehmenssituationen gleich sind. Die Streuung der Belastungswerte um den Nominalsteuersatz von 40 % nimmt zu,

- je weniger Erträge die Unternehmen erwirtschaften und
- je kapitalintensiver die Unternehmen arbeiten.

Damit steht fest, daß nicht alle Unternehmenstypen von eventuellen Reformen gleichermaßen betroffen wären.

---

271 Eine Ausnahme würde bei der R-Base bestehen, wenn die Übergewinne im finanzwirtschaftlichen Bereich anfielen. Dies ist jedoch hier nicht der Fall.

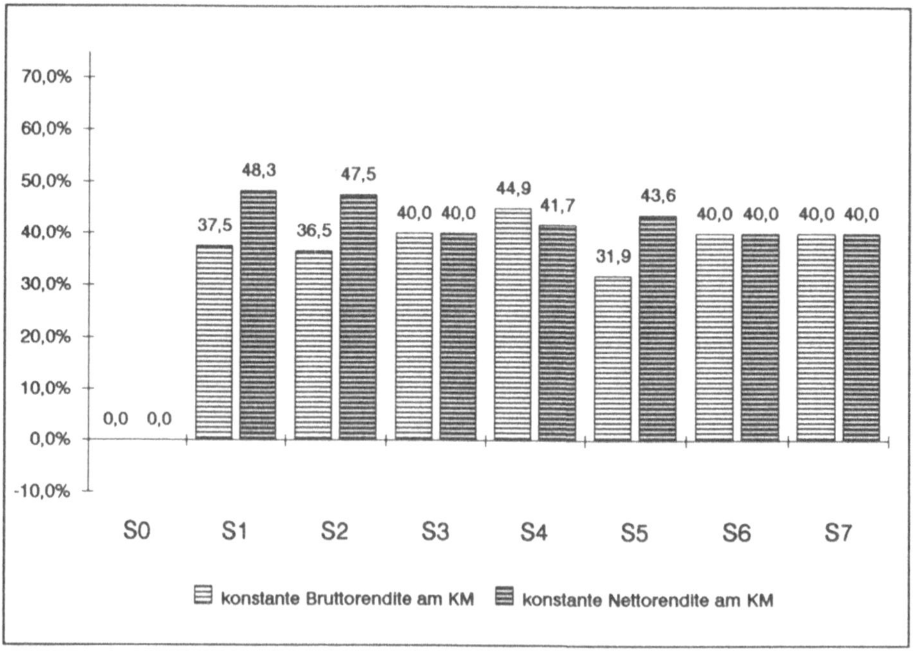

Abb. 50: Effektive Steuerbelastungen ertragreicher Unternehmen (W_2)

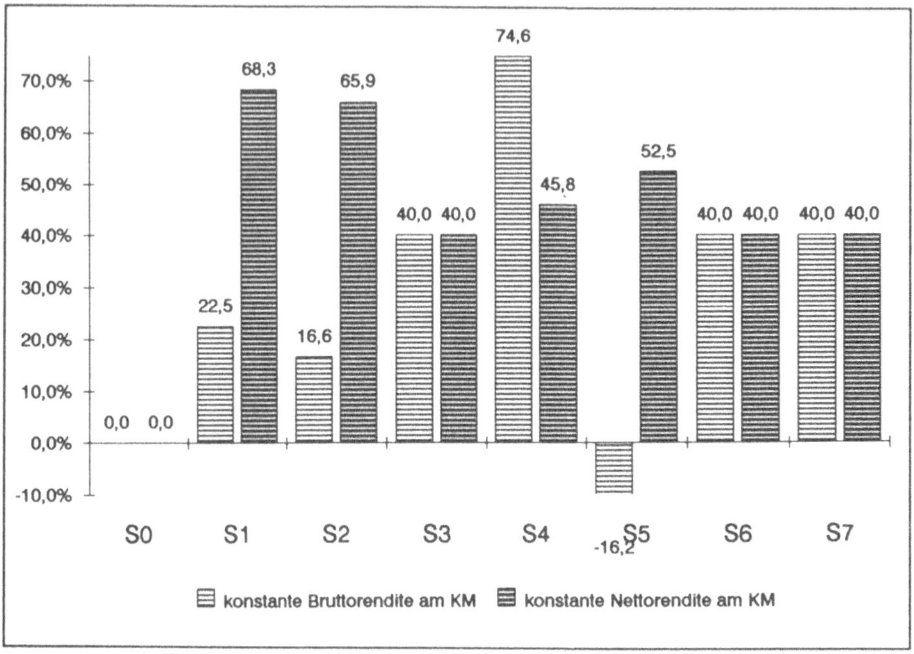

Abb. 51: Effektive Steuerbelastungen ertragsarmer Unternehmen (W_3)

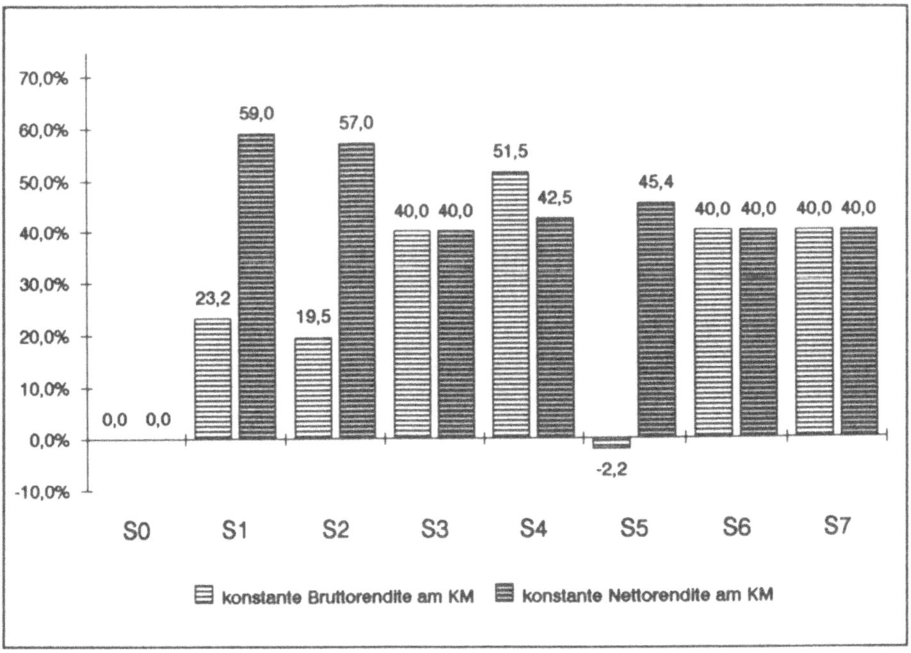

Abb. 52: Effektive Steuerbelastungen kapitalintensiver Unternehmen (W_4)

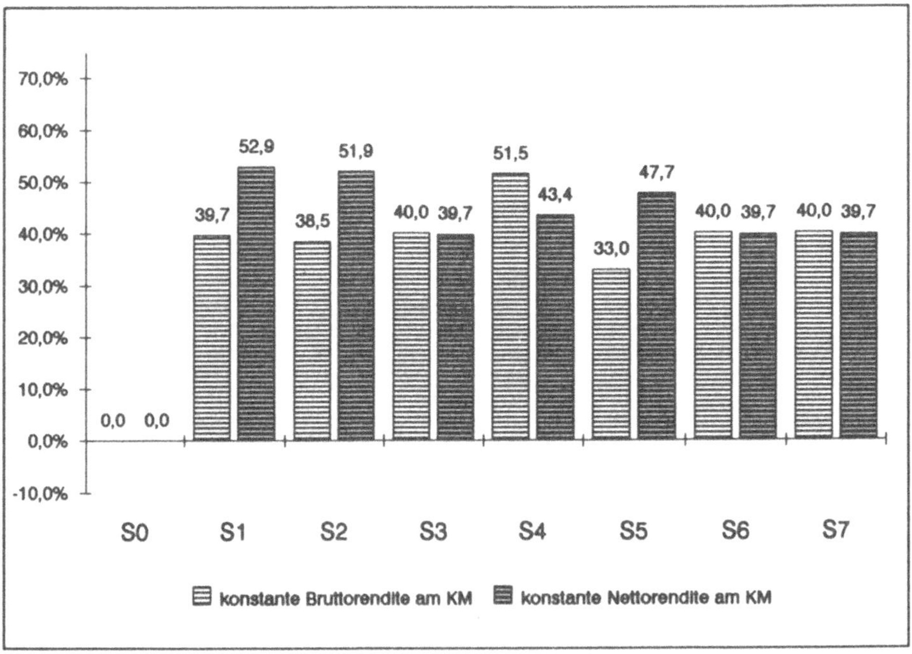

Abb. 53: Effektive Steuerbelastungen arbeitsintensiver Unternehmen (W_5)

Können nun zumindest die Aussagen zur Rangfolge der Steuerbelastung, die anhand des Durchschnittsfalls abgeleitet wurden, verallgemeinert werden?

Zur Beantwortung dieser Frage empfiehlt es sich, die Steuersysteme je nachdem, ob die *Normal*verzinsung effektiv (nicht nominell!) der Besteuerung unterliegt oder nicht, in zwei Gruppen zu trennen. Es lassen sich demnach folgende Bereiche unterscheiden:

(1) Vergleiche innerhalb der ersten Gruppe (S_3, S_4, S_6 und S_7): mit Zinsbesteuerung

(2) Vergleiche innerhalb der zweiten Gruppe (S_1, S_2 und S_5): ohne Zinsbesteuerung

(3) Vergleiche zwischen diesen beiden Gruppen

ad (1):

Die effektive Steuerbelastung von S_3 (R+F-Base) und S_7 (Konsumausgabensteuer) ist in allen Fällen gleich. Sie entspricht überdies dem Nominalsteuersatz in Höhe von 40 %. Dies ist nicht weiter verwunderlich, da die R+F-Base lediglich eine andere - indirekte - Methode zur Berechnung des Konsums darstellt.

Weiterhin sind die Konsummöglichkeiten und Steuerbelastungen der zinskorrigierten Bilanz (S_6) für alle Unternehmenstypen mit den Werten für die R+F-Base (S_3) bzw. die Konsumausgabensteuer (S_7) identisch. Durch die Zinskorrektur im Rahmen der Umperiodisierung erfolgt eine Abkehr vom Nominalwertprinzip. Der damit verbundene Mechanismus sorgt jedoch gleichzeitig auch dafür, daß der Barwert der Steuer konstant bleibt.

Ein weiterer Vergleich der Cash-Flow-Systeme zeigt, daß im Modell für alle Fallvarianten die Belastung bei der R-Base (S_4) stets etwas höher liegt als bei der R+F-Base (S_3) bzw. den hierzu äquivalenten Bemessungsgrundlagen. Die Ergebnisse müßten gleich sein, wenn sich im Bereich finanzwirtschaftlicher Aktivitäten keine Über- oder Untergewinne (gemessen an der Kapitalmarktverzinsung) ergeben würden. Diese Voraussetzungen sind hier nicht gegeben. Die Finanzanlagen weisen eine niedrigere Verzinsung als der (vollkommene Rest-)Kapitalmarkt auf. Ursache ist, daß zumindest teilweise nicht nur die Rendite, sondern z.B. auch Sicherheitsstreben (schnelle Liquidierbarkeit) die Wahl der Anlageform beeinflussen. Die daraus resultierenden Untergewinne wirken bei der R+F-Base (S_3) steuersenkend, sie finden jedoch keine Berücksichtigung im Rahmen der R-Base (S_4). Könnte mit den Finanzanlagen auch eine Rendite genau in Höhe des Kapitalmarktzinses erzielt werden, so wäre die Steuerbelastung von S_4 identisch mit derjenigen bei S_3, S_6 und S_7.

ad (2):

Interessant ist eine Gegenüberstellung der nominalwert-bilanziellen Systeme S_1 (konventionelle Steuerbilanz) und S_2 (Lückenbilanz gem. § 4 III EStG). In allen untersuchten Fällen ist die effektive Steuerbelastung von S_2 geringer. Allerdings ist der Unterschied für arbeitsintensive Unternehmen mit hohen Rückstellungen (W_5) ziemlich gering. Es kann demnach wohl nicht von einer generellen Minderbelastung gesprochen werden. Andere Fälle könnten durchaus vorkommen, dabei dürfte es sich aber eher um Ausnahmen handeln.

Beim Mischsystem nach *Sinn* (S_5) verstärkt sich dieser Effekt noch. Die Steuerbelastung liegt stets noch unter derjenigen für S_2. Im Vergleich zu S_2 (Lückenbilanz gem. § 4 III EStG) wird nämlich auf die Aktivierung von Boden, Gebäuden und Maschinen verzichtet. Die entsprechenden Zahlungen können sofort im Zahlungszeitpunkt steuerlich geltend gemacht werden. Würden außerdem die Finanzanlagen stets zum Zinssatz am vollkommenen Kapitalmarkt getätigt, so wäre unter der Hypothese konstanter Nettozinssätze die Belastung im Mischsystem nach *Sinn* genauso hoch wie für die R+F-Base (S_3) bzw. die Konsumausgabensteuer (S_7).

ad (3):

Besonders aufschlußreich ist die Gegenüberstellung der konventionellen Bilanzierung (S_1) mit den konsumbesteuernden Bemessungsgrundlagen (S_3, S_6, S_7). Das Verhältnis der Steuerbelastung hängt hier entscheidend von der Hypothese über die Zinsentwicklung ab.

Unterstellt man, wie in der Theorie gefordert, eine Anpassung der Bruttozinsen am Kapitalmarkt bis sich identische Nettorenditen ergeben, so würde der Wechsel von der Einkommensermittlung durch Bilanzierung (S_1) zu den Konsumkonzepten (S_3, S_6, S_7) stets eine Reduzierung der Steuerlast bewirken. Dies liegt daran, daß eine Einkommensbemessungsgrundlage, die zur gleichen Belastung wie eine direkte Konsumbesteuerung führen soll, die "Normalverzinsung" steuerfrei beläßt. Im (konventionellen) Bilanzierungsfall wird diese Voraussetzung nicht erfüllt.

Allerdings ist strittig, ob sich der gewünschte Zinsanpassungseffekt tatsächlich so einstellen könnte. Kontrovers diskutiert wird insbesondere die Frage, inwieweit die internationalen Kapitalmärkte ein Sinken der inländischen (Brutto-)Zinsen verhindern würden.[272] Außerdem ist fraglich, ob die Zinsen angesichts ihrer gegenwärtig so lückenhaften Erfassung überhaupt besteuert werden. Sollte sich - im Extremfall - gar keine Veränderung des Zinsniveaus ergeben (konstante Bruttozinssätze), so sieht die Lage völlig anders aus. Die Steuerbelastung heute (S_1) wäre wesentlich geringer als z.B. im Fall S_3 mit 8 % Zins.

Die Abweichnungen zwischen den beiden Zinshypothesen nehmen umso größeres Ausmaß an,

- je geringer die Erträge des Unternehmens sind und

---

[272] Vgl. Cansier, D., Antwort auf eine Replik (Wirtschaftsdienst 1989/V), S. 253; Sinn, H.-W., Antwort auf die Antwort, (Wirtschaftsdienst 1989/V), S. 257.

- je kapitalintensiver das Unternehmen arbeitet.

Bei hohen Erträgen ist das Verhältnis zwischen der Normalverzinsung und den Übergewinnen relativ klein, die verschiedene Besteuerung der beiden spielt somit keine wichtige Rolle mehr. Auch Unternehmungen mit niedrigem Eigenkapital (u.a. geringes Anlagevermögen, hohe Rückstellungen) nähern sich tendenziell einer Cash-Flow-Besteuerung.

Als Abschluß der Sensitivitätsanalyse läßt sich somit festhalten, daß die bei Untersuchung des Durchschnittsfalls gewonnenen Tendenzaussagen auch nach zusätzlicher Einbeziehung der vier weiteren Datenkonstellationen ihre Gültigkeit behalten. Allerdings hängen die konkreten Belastungsunterschiede deutlich von Einzelfall ab.

IV. Analyse des Verlaufs der Bemessungsgrundlage

A. Hypothetischer Verlauf ohne Steuerzahlungen

Bevor sich unser Augenmerk auf den Verlauf der Bemessungsgrundlage bei vollständiger Durchführung der Besteuerung richtet, empfiehlt es sich vorab kurz die Situation für den Fall zu analysieren, daß von der Erhebung der Steuer durch Wahl von Steuersätzen von 0 % bei Einkommen und Konsum abgesehen wird (Steuersystem S_0).

Im Falle S_0 ist der Verlauf der Bemessungsgrundlage zwar ohne Einfluß auf die mögliche Konsumannuität, allerdings kann die Untersuchung interessante Einblicke über manche Ursachen der Belastungsdifferenzen liefern.

Die vorangegangenen Ausführungen haben gezeigt, daß bestimmte Bemessungsgrundlagen zunächst lediglich verschiedene Arten der Periodisierung des erzielten Totalgewinns darstellen.[273] Hierbei handelt es sich um die Steuersysteme

- S_1 (konventionelle Steuerbilanz),
- S_2 (Lückenbilanz gem. § 4 III EStG),
- S_3 (R+F-Base) und
- S_5 (Mischsystem nach *Sinn*).

Hinzu kommt noch die Bemessungsgrundlage S_7 (Konsumausgabensteuer), die völlig identisch mit S_3 ist. Beide unterscheiden sich lediglich durch die rechentechnische Art der Ermittlung (direkt oder indirekt).

---

[273] Vgl. den Zweiten Teil, Abschnitt III. A. 3. a).

Keinen grundsätzlich identischen Totalgewinn weisen demgegenüber die Steuersysteme S_4 (R-Base) und S_6 (zinskorrigierte Bilanz) auf. Im ersten Fall fehlen die finanzwirtschaftlichen Zahlungen in der Bemessungsgrundlage, im zweiten erfolgt eine Abkehr vom Nominalwertprinzip, so daß die Addition der steuerlichen Aufwendungen und Erträge nicht mit dem totalen Zahlungsüberschuß übereinstimmt.

Trägt man die im Zeitablauf kumulierten Periodenbemessungsgrundlagen für die Steuersysteme S_1, S_2, S_3/S_7 und S_5 in ein Diagramm ein, so weisen unter der oben beschriebenen Bedingung - Steuersätze gleich null - alle Verläufe den gleichen Start- und Endpunkt auf. Lediglich zwischen t_{-1} und t_{60} weichen die Linien voneinander ab.

In schematischer Form deutete dieses Ergebnis schon Abbildung 12 an, der konkrete Verlauf für die eben genannten Bemessungsgrundlagen bei einem einheitlichen Zinssatz von 8 % läßt sich aus Abbildung 54 entnehmen.

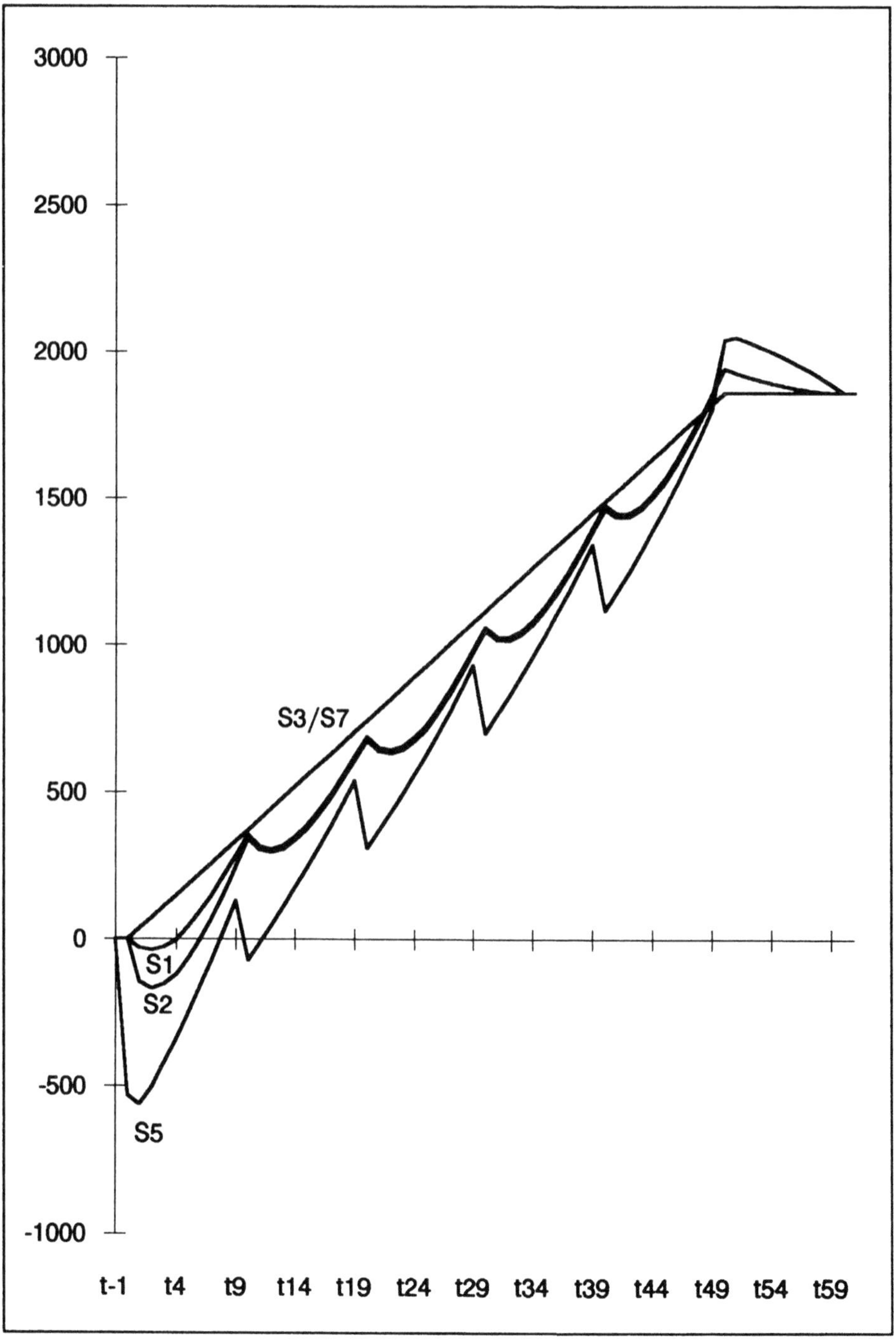

Abb. 54: Kumulierte Bemessungsgrundlagen bei S_0 und 8 % Zins (konstante Bruttorendite) Steuersatz 0 %, Bemessungsgrundlage alternativ wie bei S_1, S_2, S_3/S_7 und S_5

Bei näherer Betrachtung zeigen sich einige markante Unterschiede:

- S_5 weist einen sehr umregelmäßigen ("zackigen") Verlauf auf, bei dem sich Gewinnphasen mit regelmäßig wiederkehrenden Verlustperioden abwechseln. Auffällig sind vor allem auch die hohen Anlaufverluste. Das Unternehmen erhält anfangs Steuererstattungen, die erst nach einigen Jahren durch gewinnbedingte Steuerzahlungen aufgezehrt werden.

- S_2 ist im Vergleich zu S_5 weiter "oben" angesiedelt, d.h. die Besteuerung greift hier früher zu. Die Anlaufverluste sind deutlich geringer und der Verlauf ist insgesamt bedeutend regelmäßiger.

- S_1 unterscheidet sich grundsätzlich nur wenig von S_2. Allerdings sind die Anfangsverluste noch niedriger und die Besteuerung erfolgt in den ersten 10 bis 15 Jahren etwas früher als bei S_2. Ein gewisser Ausgleich dafür läßt sich später in den Jahren ab t_{50} feststellen.

- S_3/S_7 zeichnet sich durch einen absolut glatten und ebenmäßigen Anstieg des kumulierten Erfolgs von t_1 bis t_{50} aus. Verluste sind dementsprechend in keiner Periode aufzufinden. Bei S_3/S_7 wird der Gewinnausweis am schnellsten vorgenommen.

Auf Einzelheiten der beschriebenen Unterschiede und ihre Ursachen soll erst im Rahmen einer Erörterung der verschiedenen Bemessungsgrundlagen genauer eingegangen werden. An dieser Stelle genügt die Feststellung, daß - wenn man vom Schritt der Steuerzahlung absieht - sich diese vier Bemessungsgrundlagen lediglich durch ihre Art der Erfolgsperiodisierung unterscheiden.

Diese Aussagen können auch für den Fall eines Zinssatzes am Kapitalmarkt von 4,8 % bestätigt werden (vgl. Abbildung 55).

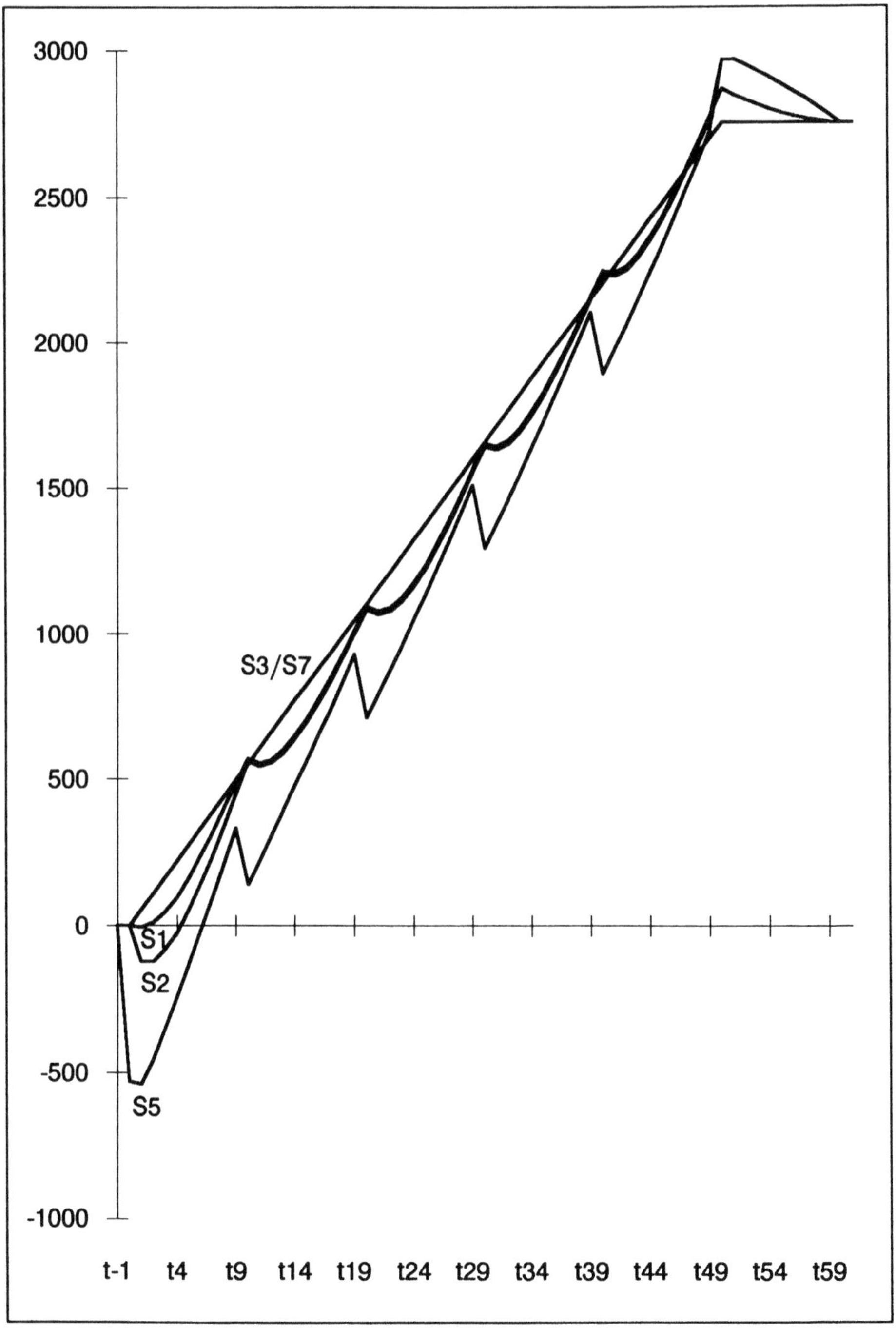

Abb. 55: Kumulierte Bemessungsgrundlagen bei S_0 und 4,8 % Zins (konstante Nettorendite) Steuersatz 0 %, Bemessungsgrundlage alternativ wie bei S_1, S_2, S_3/S_7 und S_5

B. Tatsächlicher Verlauf

Wird nun - wie in der Realität - nicht nur die Bemessungsgrundlage ermittelt, sondern auch die Steuerzahlung mit in die Betrachtung einbezogen, so lassen sich einige Abweichungen feststellen.

Frühe Steuerzahlungen sind ungünstig, da der Barwert der Steuer hoch ist. Umgekehrt sind späte Steuerzahlungen vorteilhaft, weil der Barwert der Steuer gering ist. Konkret äußert sich dies in Änderungen der Zinsen, die das Unternehmen bezahlt (bei Krediten) oder erhält (bei Finanzanlagen). Da alle Zinsaufwendungen und -erträge auch Bestandteile des ökonomischen Totalgewinns sind, bleibt die ursprünglich vorhandene Totalgewinngleichheit bestimmter Bemessungsgrundlagen (S_1, S_2, S_3/S_7, S_5) nicht mehr bestehen. Ihre Steuerbelastung weicht voneinander ab.

Der soeben skizzierte Effekt läßt sich (für einen Bruttozinssatz von 8 %) deutlich der Abbildung 56 entnehmen. Steuersysteme, deren kumulierte Bemessungsgrundlage in den ersten Perioden relativ niedrig verläuft, weisen nun einen größeren Totalgewinn aus. Sie enden bei einem (relativ) höherem Gesamtgewinn-Niveau. Die Endpunkte sind nicht mehr für alle Steuersysteme identisch. Die Linien des kumulierten Erfolgsausweises müssen sich also an zumindest einer Stelle schneiden.

- S_5 weist den höchsten Totalgewinn und die niedrigste Steuerbelastung auf. Hier sind die kumulierten steuerlichen Erfolge anfangs am niedrigsten (Startverluste mit der Folge von Steuererstattungen). Wegen der niedrigeren Verschuldung und der somit ersparten Zinsaufwendungen ergibt sich über die ganze Laufzeit gesehen ein deutlicher Vorteil.
- S_2 folgt an zweiter Stelle. Die Wirkungen sind grundsätzlich die gleichen wie bei S_5, das Ausmaß des hieraus resultierenden Vorteils ist indes wesentlich geringer.
- S_1 führt zu einer noch etwas höheren Steuerbelastung.
- S_3 und S_7 schneiden am schlechtesten ab. Es treten überhaupt keine Anfangsverluste auf; die Bemessungsgrundlage steigt gleichförmig an. Insgesamt wird nur der niedrigste Totalgewinn erzielt.[274]

Im folgenden sollen nun die Verläufe der sieben Bemessungsgrundlagen - soweit nötig auch getrennt für beide Zinshypothesen - vorgestellt werden. Den Anfang bilden die in Abbildung 56 bereits enthaltenen Steuersysteme (S_1, S_2, S_5 und S_3/S_7). Es schließen sich die bislang noch nicht gezeigten Verläufe von S_4 (R-Base) und S_6 (zinskorrigierte Bilanz) an.

---

[274] Allerdings gilt diese Aussage nur für ein Zinsnivau von 8 % am Kapitalmarkt. Nimmt man an, daß bei allen Steuersystemen konstante Nettorenditen am vollkommenen Kapitalmarkt erzielt werden, so könnte der Zins für S_3 und S_7 auf 4,8 % sinken. In diesem Fall würden S_3 und S_7 zu einem höheren Totalüberschuß führen.

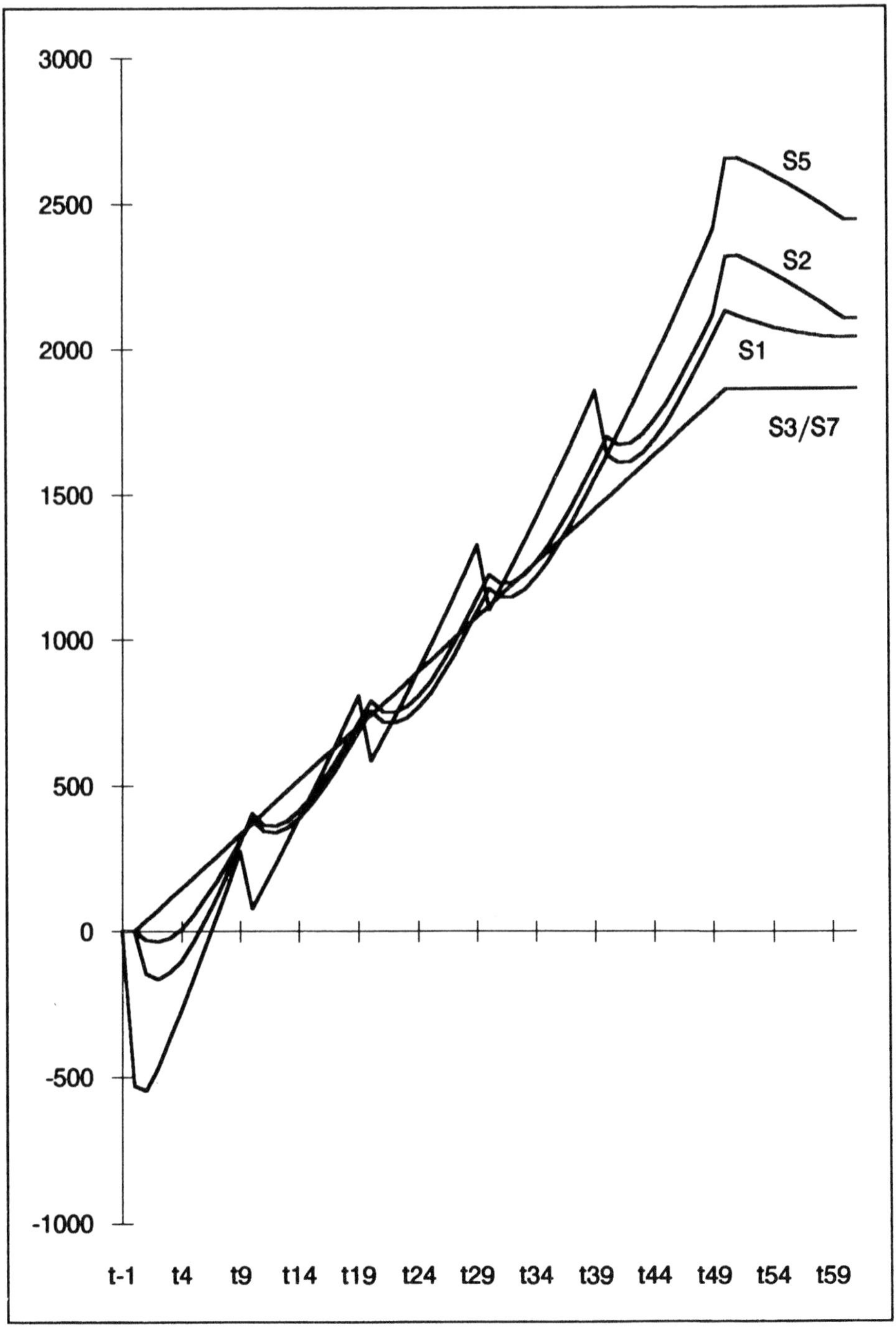

Abb. 56: Kumulierte Bemessungsgrundlagen bei 8 % Zins
(konstante Bruttorendite)
Bemessungsgrundlage alternativ wie bei S_1, S_2, S_3/S_7 und S_5

• Konventionelle Steuerbilanz (S_1) und Lückenbilanz gem. § 4 III EStG (S_2):

Interessant ist eine Gegenüberstellung der bilanziellen Systeme S_1 (konventionelle Steuerbilanz; vgl. Abbildung 57) und S_2 (Lückenbilanz gem. § 4 III EStG; vgl. Abbildung 58).

Da sowohl S_1 als auch S_2 eine formelle und zugleich materielle Zinsbesteuerung beinhalten, ist keine Unterscheidung zwischen den Hypothesen konstanter Brutto- und Nettorenditen am Kapitalmarkt notwendig.

Beiden Verläufen gemeinsam ist ein relativ geglätteter Verlauf mit kleineren Spitzen im Zehnjahresturnus. Diese rühren von den Reinvestitionszyklen in Verbindung mit der degressiven Abschreibung her.

S_2 führt in der Zeit von t_{49} bis t_{50} zu einem vergleichsweise steilen Gewinnanstieg. Es braucht zumindest partiell kein Einkauf von Material mehr zu erfolgen, da das Lager noch geräumt werden kann. Daher steigt der Gewinn für S_2 (Bemessungsgrundlage gleich Materialeinkauf). Bei S_1 ist keine Auswirkung zu bemerken, weil sich hier die Besteuerung nach dem Materialverbrauch richtet.

Ein weiterer, gegenläufiger Effekt ist von t_{50} bis t_{60} zu beobachten. Bei S_2 wirken sich die noch auszuzahlenden Pensionszusagen voll gewinnmindernd aus. Demgegenüber verhindern im Falle von S_1 die vorher schon gebildeten Rückstellungen eine derart starke Ertragsbelastung.

Diese beiden Entwicklungen in den letzen Modellperioden finden ihr - spiegelbildliches - Pendant zu Beginn des Modells. Im Zeitpunkt t_{10} ist der anfängliche Vorteil von S_2 schon fast wieder durch S_1 aufgeholt.

Im Vergleich von S_1 zu S_2 überwiegen bei S_1 in den Anfangsperioden die zusätzlichen nötigen Aktivierungen (Materialvorräte und Forderungen aus Lieferungen und Leistungen) die zusätzlich möglichen Passivierungen (Verbindlichkeiten aus Lieferungen und Leistungen, Rückstellungen). Insgesamt steigt das bilanzielle Eigenkapital. Dies führt bei Erhebung der Steuer zu früheren Steuerzahlungen und damit zu Zinsverlusten. Ab einem gewissen Punkt "überholt" die kumulierte Bemessungsgrundlage von S_2 diejenige von S_1, da wegen des Zinseffekts der Totalgewinn bei der Einnahmen-Überschußrechnung gem. § 4 III EStG höher ausfällt.

Die ihrer Höhe nach geringe und auch hinsichtlich der Dauer relativ begrenzte Überlegenheit von S_2 reicht aus, um insgesamt einen merklichen Unterschied bei der Steuerbelastung zu bewirken. In allen untersuchten Fällen ist die effektive Steuerbelastung von S_2 niedriger (vgl. Abbildung 45).

Jedoch ist der Abstand z.B. umso geringer, je höher die gewährten unmittelbaren Pensionszusagen sind (vgl. arbeitsintensive Unternehmen W_5). Das Belastungsverhältnis zwischen S_1 und S_2 hängt von der konkreten Situation ab. In der Realität gibt es sicher einige Unternehmungen, bei denen im Fall S_2 das bilanzielle Eigenkapital anfangs höher wäre.

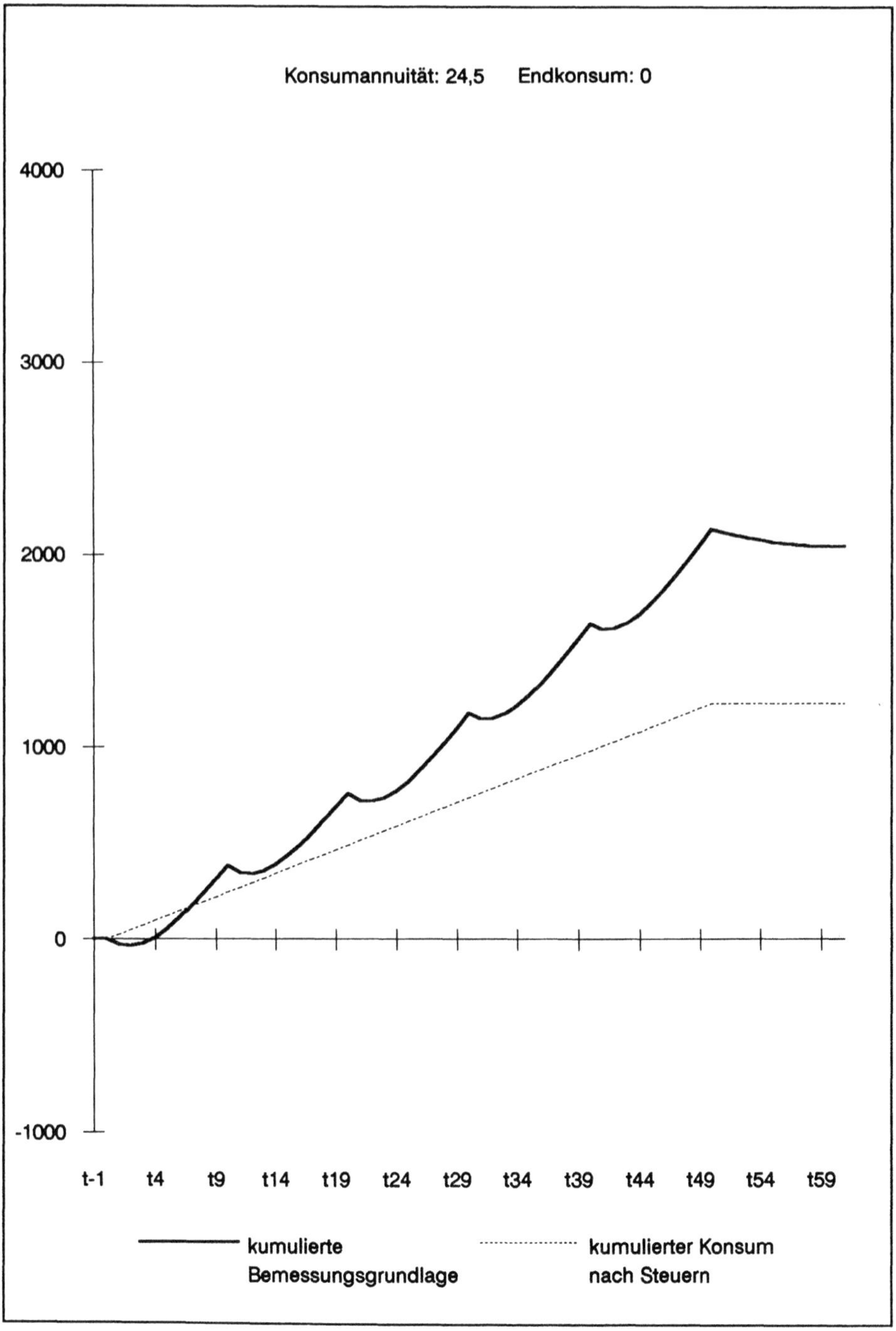

Abb. 57: Kumulierte Bemessungsgrundlage bei S_1 und 8 % Zins
(konstante Brutto- und Nettorendite)

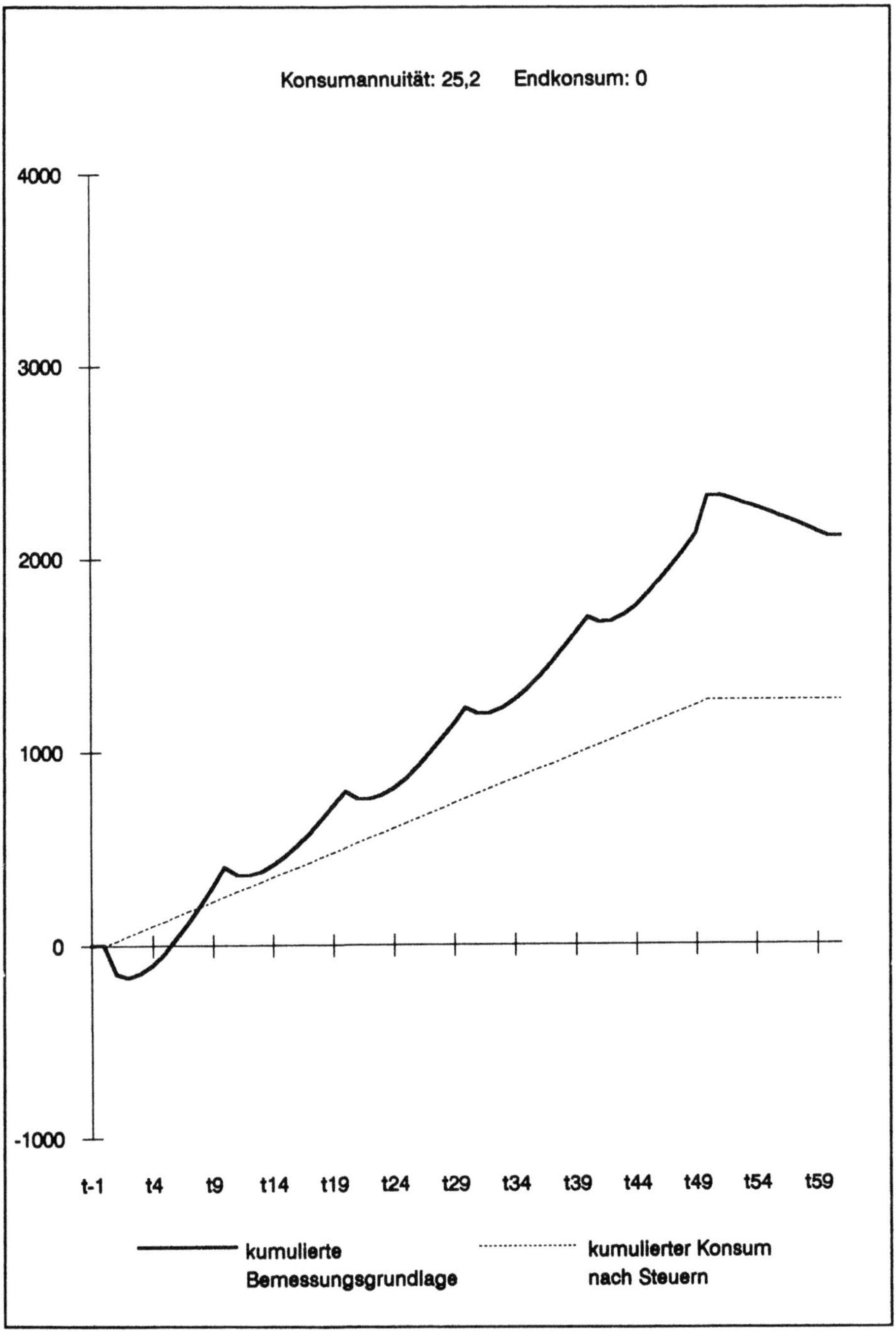

Abb. 58: Kumulierte Bemessungsgrundlage bei S_2 und 8 % Zins
(konstante Brutto- und Nettorendite)

• Mischsystem nach *Sinn* (S_5):

Beim Mischsystem nach *Sinn* (S_5) verstärken sich die Wirkungen einer partiell fehlenden Bilanzierung noch.

Die Zahlungen beim Kauf von abnutzbarem und nicht abnutzbarem Sachanlagevermögen können sofort im Zahlungszeitpunkt steuerlich geltend gemacht werden. Hieraus resultieren hohe Anfangsverluste. Auch Reinvestitionen (in t_{10}, t_{20}, t_{30} und t_{40}) führen immer wieder zu starken Ertragseinbrüchen. Die glättende Wirkung der Abschreibungen auf den Gewinnausweis bleibt aus (vgl. Abbildung 59).

Im Vergleich zu S_2 (Lückenbilanz gem. § 4 III EStG) wird auf die Aktivierung von Boden, Gebäuden und Maschinen verzichtet. Die Steuerbelastung von S_5 liegt daher stets unter derjenigen für S_2.

Die realwirtschaftlichen Aktivitäten werden somit wie bei der R+F-Base (S_3) oder R-Base (S_4) behandelt. Allerdings erfolgt beim Mischsystem von *Sinn* eine wirksame Zinsbesteuerung, so daß auch hier nicht zwischen den beiden Zinshypothesen differenziert werden muß.

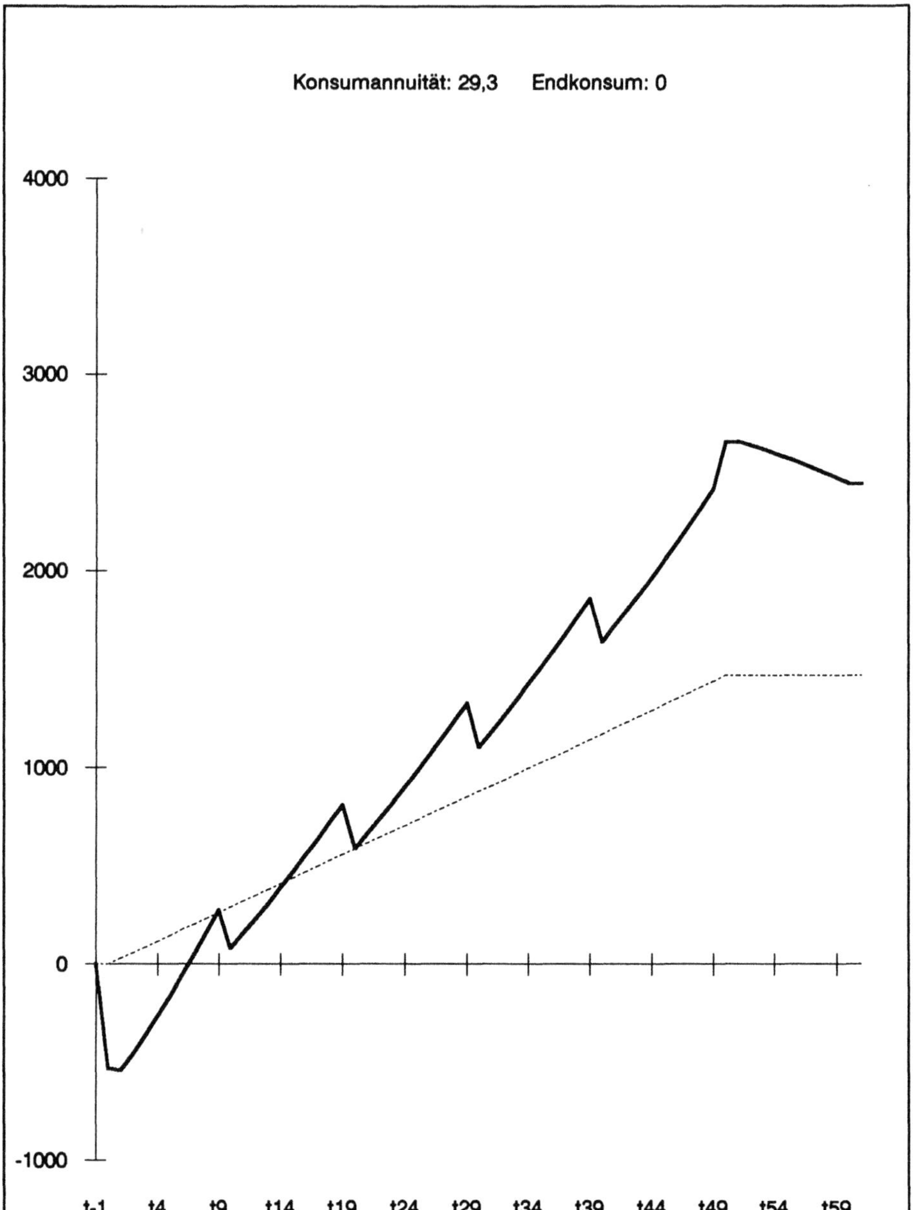

Abb. 59: Kumulierte Bemessungsgrundlage bei S_5 und 8 % Zins (konstante Brutto- und Nettorendite)

• R+F-Base (S_3) bzw. Konsumausgabensteuer (S_7):

Im Gegensatz zu den bisherigen Systemen muß bei S_3 und S_7 in Hinblick auf die unterstellte Zinshypothese differenziert werden:

- Konstante Bruttorenditen von 8 % bedeuten einen Kapitalmarktzins in gleicher Höhe.
- Konstante Nettorenditen von 4,8 % erlauben ein Sinken des Kapitalmarktzinses auf 4,8 %, da Zinserträge in Höhe der Normalverzinsung entweder nominell (bei S_7) oder materiell (bei S_3) nicht besteuert werden.

Die entsprechenden Verläufe der Bemessungsgrundlage lassen sich den Abbildungen 60 und 61 entnehmen.

Ohne Zinsänderung, d.h. bei konstanten Bruttorenditen, ist die Steuerbelastung von S_3/S_7 höher als die der bisher schon untersuchten drei Steuersysteme (S_1, S_2, S_5), da der Gewinnausweis wegen fehlender Anlaufverluste schon sehr frühzeitig und stetig erfolgt (vgl. nochmals die Gegenüberstellungen in den Abbildungen 54 und 56).

Sinkt jedoch der Zins auf 4,8 %, so hat diese Entwicklung einen wesentlich stärkeren Einfluß auf die effektive Steuerbelastung. Sowohl die Fremdkapitalzinsen bei Krediten als auch die entgangenen Anlageerträge des Eigenkapitals fallen. Deshalb wird ein höherer Überschuß erzielt. Der Totalgewinn - verglichen mit dem Verzicht auf die Unternehmensinvestition - steigt deutlich an. Dies wirkt sich natürlich auch auf den nach Steuern noch verfügaren Betrag (Konsumannuität) aus.

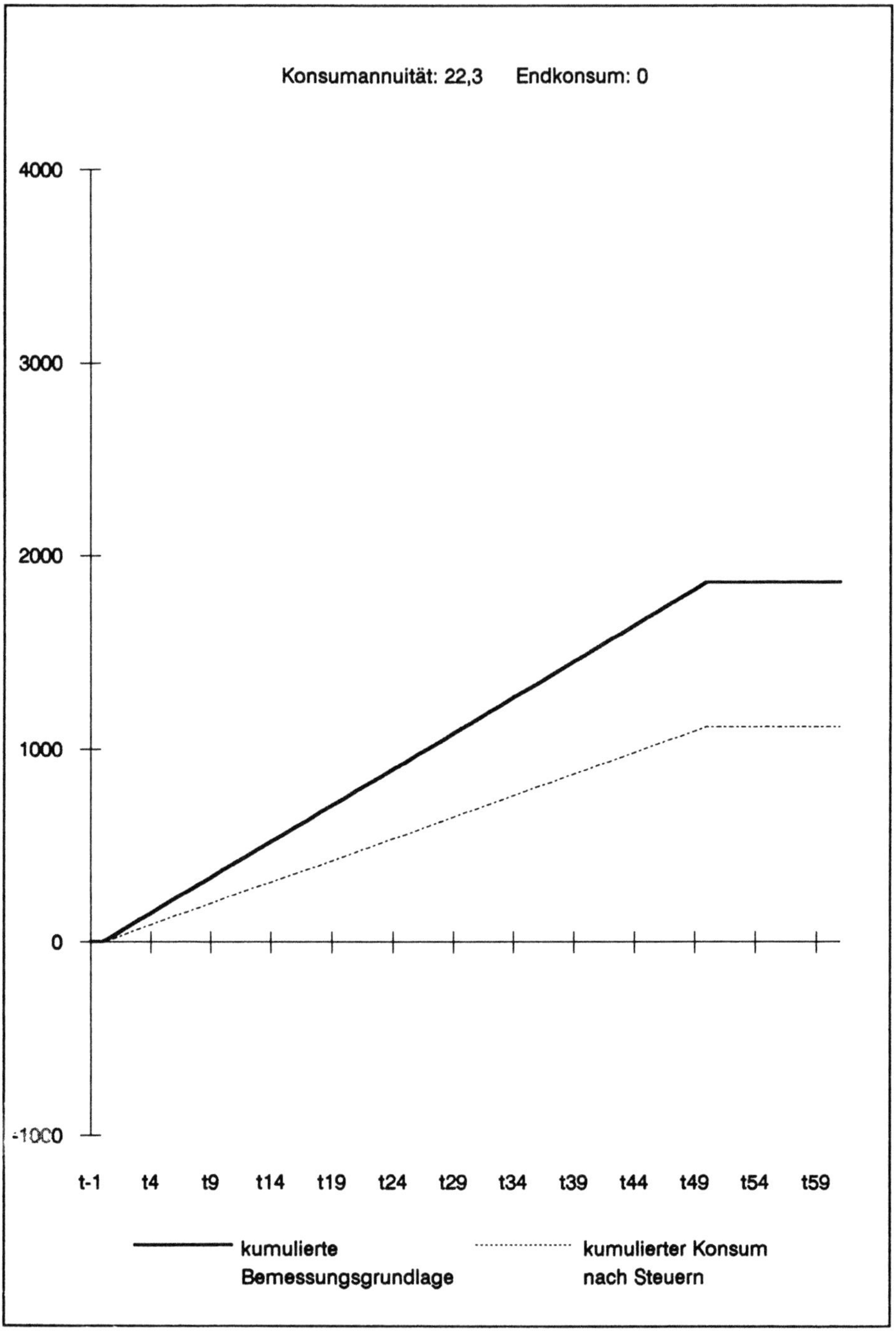

Abb. 60: Kumulierte Bemessungsgrundlage bei S_3/S_7 und 8 % Zins (konstante Bruttorendite)

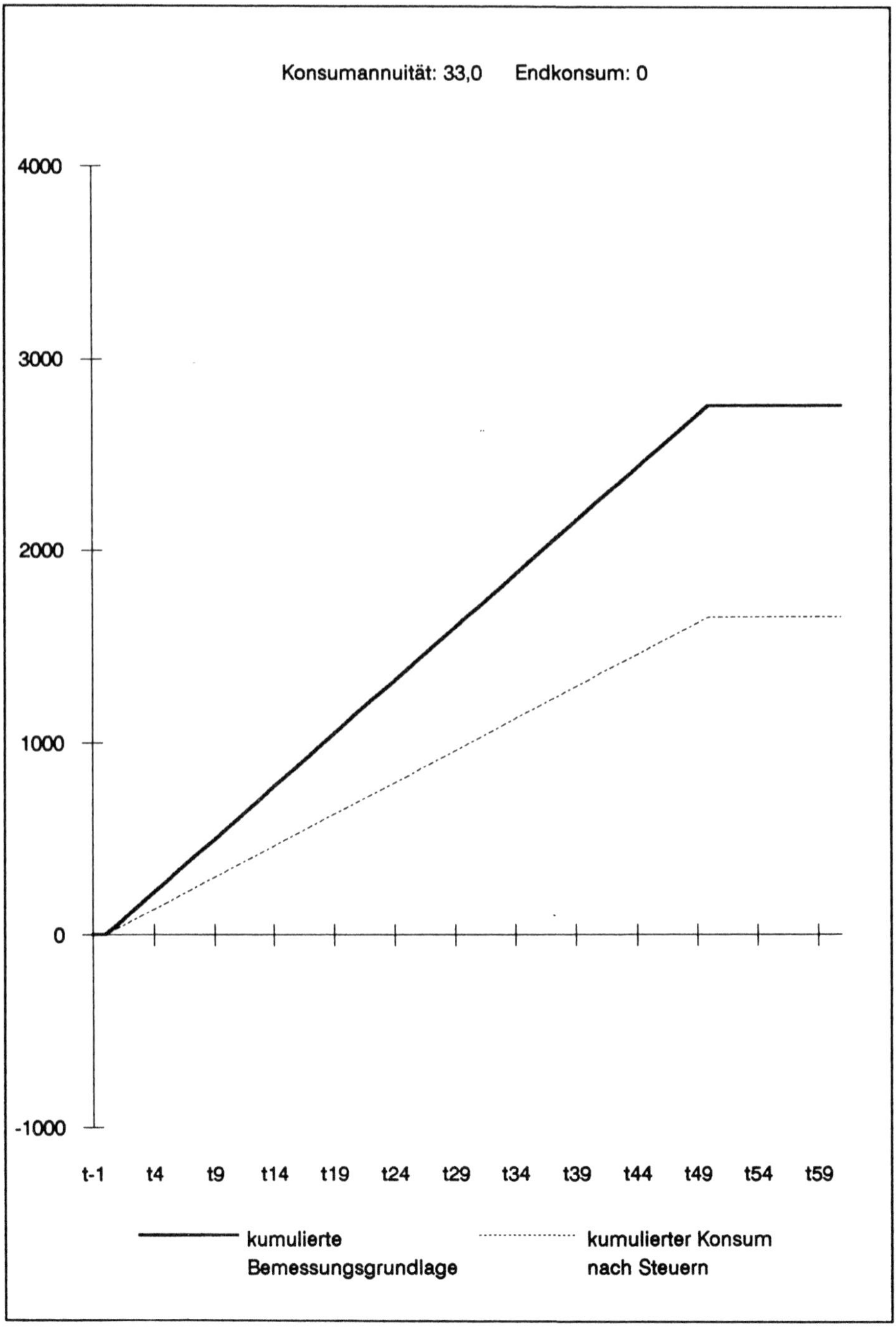

Abb. 61: Kumulierte Bemessungsgrundlage bei S_3/S_7 und 4,8 % Zins (konstante Nettorendite)

- R-Base (S_4):

Die R-Base beinhaltet eine über die Totalperiode systematisch unvollständige Bemessungsgrundlage. Alle Transaktionen auf den Finanzmärkten sind nicht steuerbar.

Wegen der hiermit zwangläufig verbundenen Steuerfreiheit von Zinsen am Kapitalmarkt muß für die R-Base wiederum zwischen Brutto- und Nettozinshypothese unterschieden werden. Bei einem Zinssatz von 4,8 % am vollkommenen Kapitalmarkt ergibt sich eine wesentlich höhere Konsumannuität gegenüber einer Verzinsung von 8 % (vgl. die Abbildungen 62 und 63).

Der zeitliche Verlauf der Bemessungsgrundlage von S_4 kann aufgrund ihrer Unvollständigkeit nur schlecht mit den bisherigen (vollständigen) Steuersystemen verglichen werden.

Von der Form her zeigt sich ein ebenso zackiger Verlauf wie beim Mischsystem nach *Sinn* (vgl. Abbildung 59), da sich diese beiden Steuersysteme im Bereich der realwirtschaftlichen Aktivitäten nicht unterscheiden. Die im Zeitablauf immer größer werdenden Abweichungen zwischen S_4 und S_5 sind lediglich auf die verschiedenartige steuerliche Behandlung des Finanzbereichs zurückzuführen.

Allerdings sind zwei Punkte besonders bemerkenswert:

Zunächst - und das ist ein Charakteristikum der R-Base - wird im Gegensatz zu allen anderen Bemessungsgrundlagen der Verlauf des kumulierten Erfolgsausweises nicht vom Zinsniveau beeinflußt.

Ferner beträgt auch der kumulierte Konsum nicht mehr - wie bei den Steuersystemen S_1, S_2, S_3/S_7 und S_5 - genau das (1-s)-fache des kumulierten steuerlichen Erfolgs.

Für beide Ergebnisse ist die Tatsache verantwortlich, daß Zinsaufwendungen und -erträge bei der Ermittlung der *steuerlichen* Bemessungsgrundlage außer acht bleiben, obwohl sie natürlich einen Einfluß auf die Höhe des *ökonomischen* Nettoüberschusses (Konsums) ausüben.

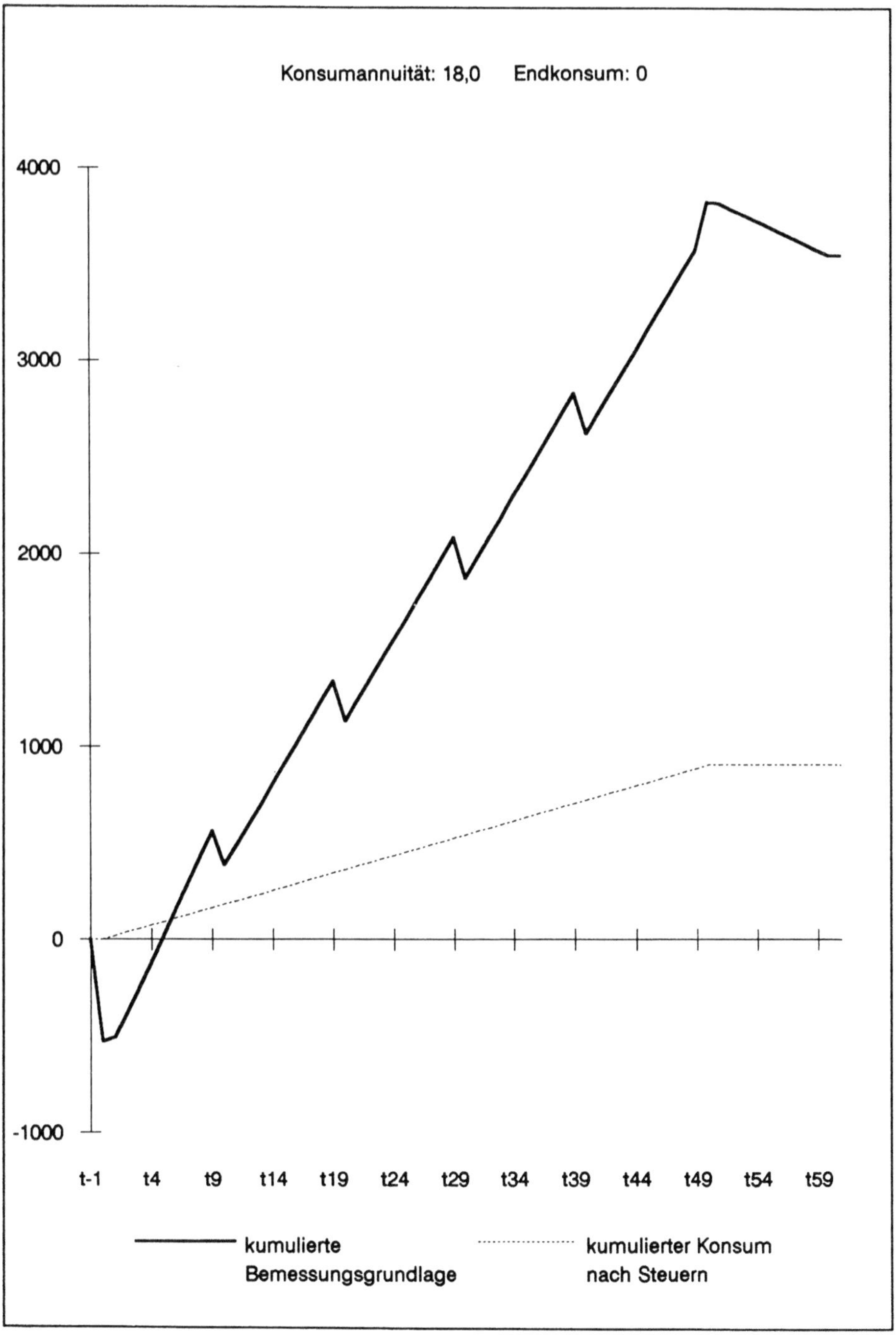

Abb. 62: Kumulierte Bemessungsgrundlage bei S_4 und 8 % Zins (konstante Bruttorendite)

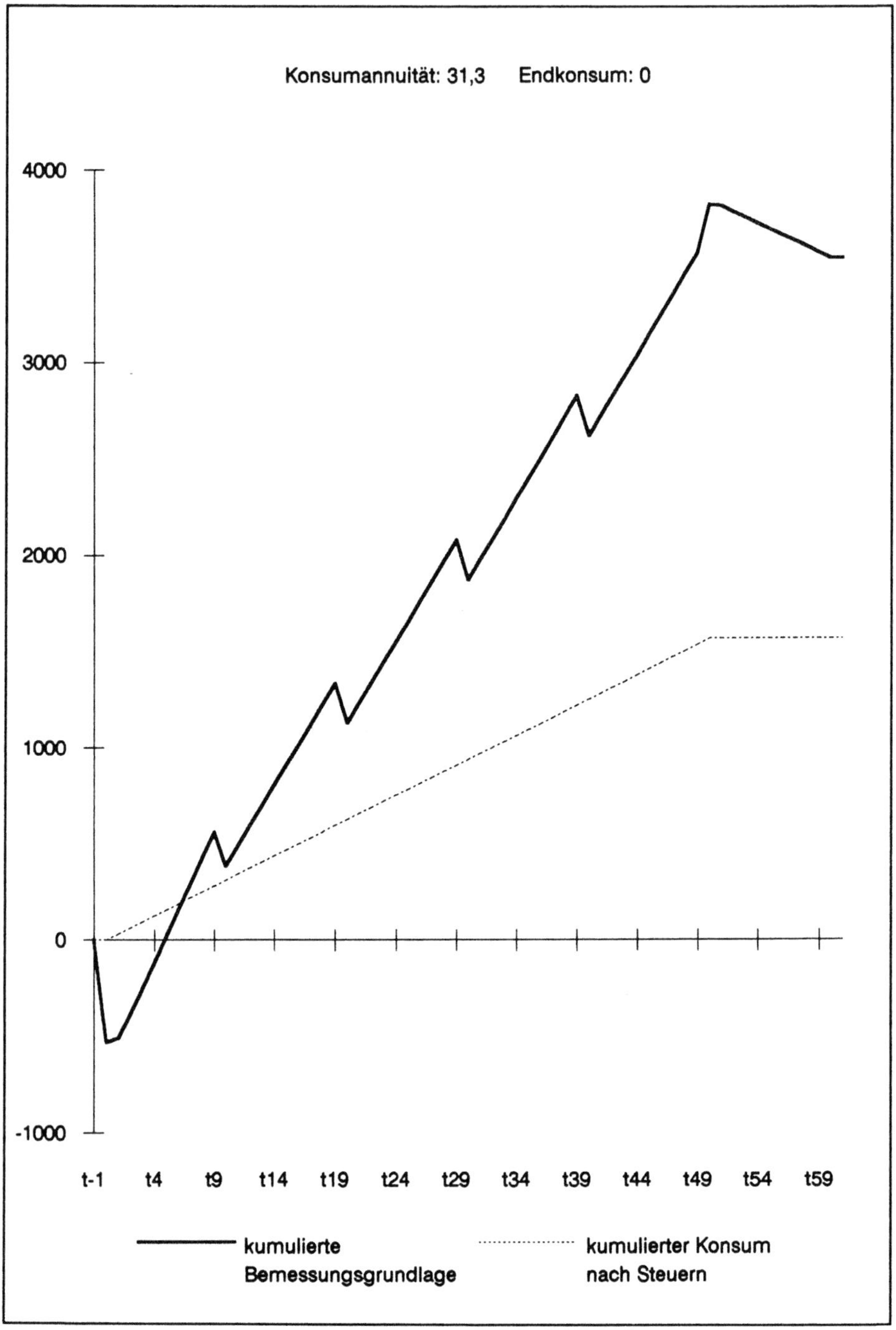

Abb. 63: Kumulierte Bemessungsgrundlage bei S_4 und 4,8 % Zins (konstante Nettorendite)

• Zinskorrigierte Bilanz (S_6):

Die zinskorrigierte Bilanz nimmt ähnlich wie die R-Base eine gewisse Sonderstellung ein. Durch die Zinskorrektur erfolgt eine Abkehr vom Nominalwertprinzip, d.h. die Summe der Erträge und Aufwendungen entspricht nicht mehr der Summe der Einzahlungen und Auszahlungen. Die Auf- und Abzinsungsvorgänge sorgen jedoch gleichzeitig auch dafür, daß der Barwert der Steuer im Vergleich zu einer umfassenden Cash-Flow-Besteuerung (R+F-Base) konstant bleibt.

Auch bei der zinskorrigierten Bilanz kommt es für den Verlauf der Bemessungsgrundlage auf die Zinshypothese an (vgl. die Abbildungen 64 und 65). So sind Zinsen formell zwar zu versteuern, die Zinskorrektur sorgt jedoch für eine effektive Steuerfreiheit.

Im Fall von Geldanlagen muß beispielsweise im Moment des Geldabflusses ein entsprechender Aktivposten gebildet werden. Beim Geldrückfluß in der Folgeperiode darf nicht nur der Nominalwert des eingangs bilanzierten Betrages, sondern das (1+r)-fache davon mit der Einzahlung verrechnet werden. D.h. nicht nur die Rückzahlung des ursprünglich ausgereichten Kapitals, sondern auch die (Normal-)Verzinsung wird steuerlich freigestellt. Für Kredite gelten diese Überlegungen analog.

Was fällt bei einem Vergleich mit der konventionellen Bilanz (Abbildung 57) auf?

Die Linie des kumulierten Gewinnausweises ist grundsätzlich genauso geglättet wie bei S_1, insbesondere werden auch die punktuellen Investitionsschübe weitgehend ausgeglichen.

Allerdings bemerkt man einen mehr (Abbildung 64) oder weniger (Abbildung 65) deutlichen Verlust in t_{50}. Er ist auf den Verkauf des Grundstücks zurückzuführen. Im Verkaufszeitpunkt wird vom Veräußerungserlös der über 50 Jahre aufgezinste Buchwert (= ursprünglicher Kaufpreis) abgezogen. Der aufgezinste Buchwert ist umso größer, je höher der steuerliche Rechenzins (= Kapitalmarktzins) ist. Dementsprechend tritt bei einem Marktzins von 8 % ein wesentlich stärkerer Verlust als bei 4,8 % auf.

Zusätzlich zeigt sich (genau wie bei der R-Base), daß kein linearer Zusammenhang zwischen der kumulierten Bemessungsgrundlage und dem kumulierten Konsum besteht.[275] Im Fall konstanter Bruttorenditen (Abbildung 64) ist der insgesamt mögliche Konsum sogar höher als die (nominell) aufaddierten Gewinne.

---

[275] Der totale Konsum beläuft sich bei S_1, S_2, S_3/S_7 und S_5 auf das (1-s)-fache der totalen Bemessungsgrundlage.

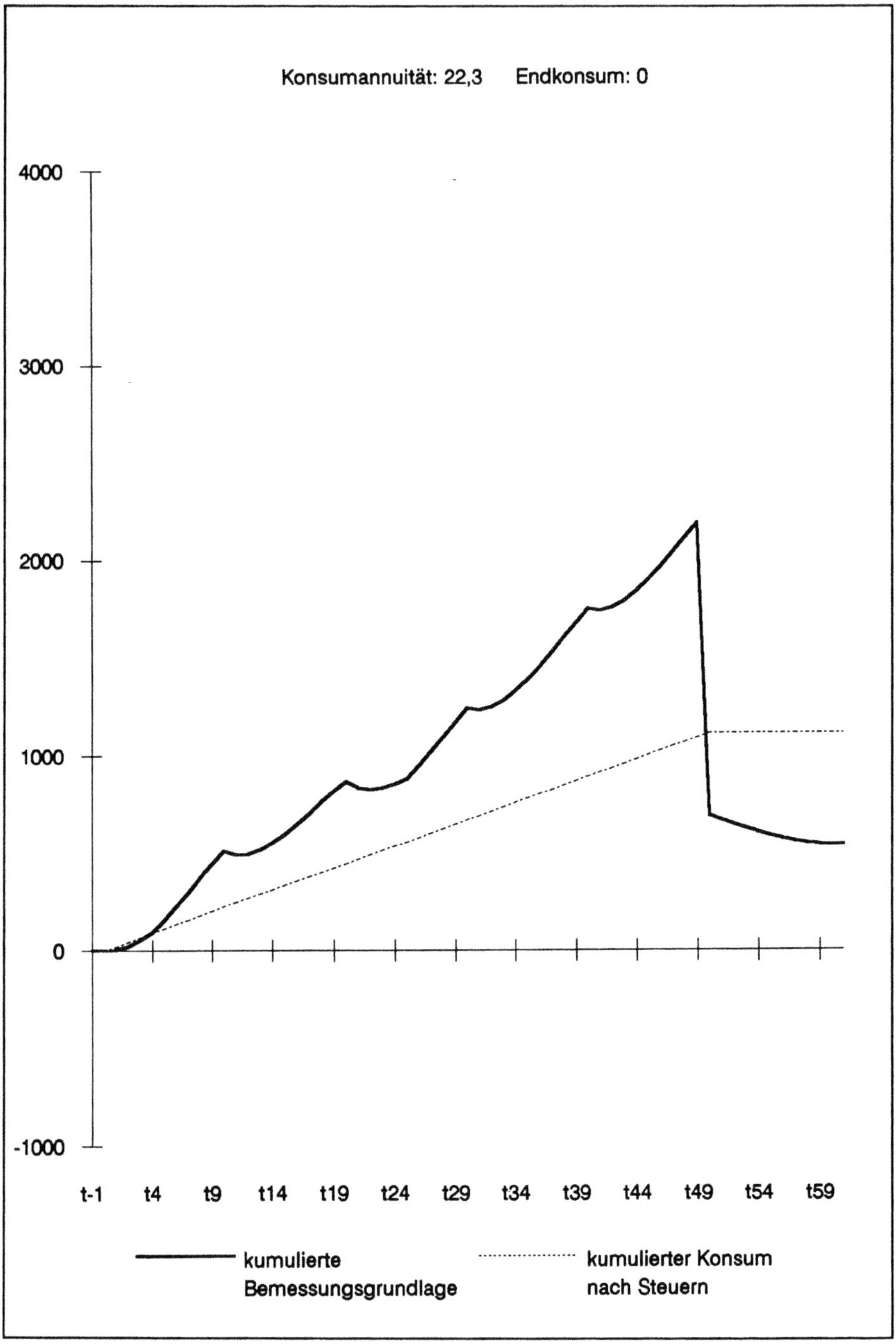

Abb. 64: Kumulierte Bemessungsgrundlage bei S_6 und 8 % Zins (r = 8 %) (konstante Bruttorendite)

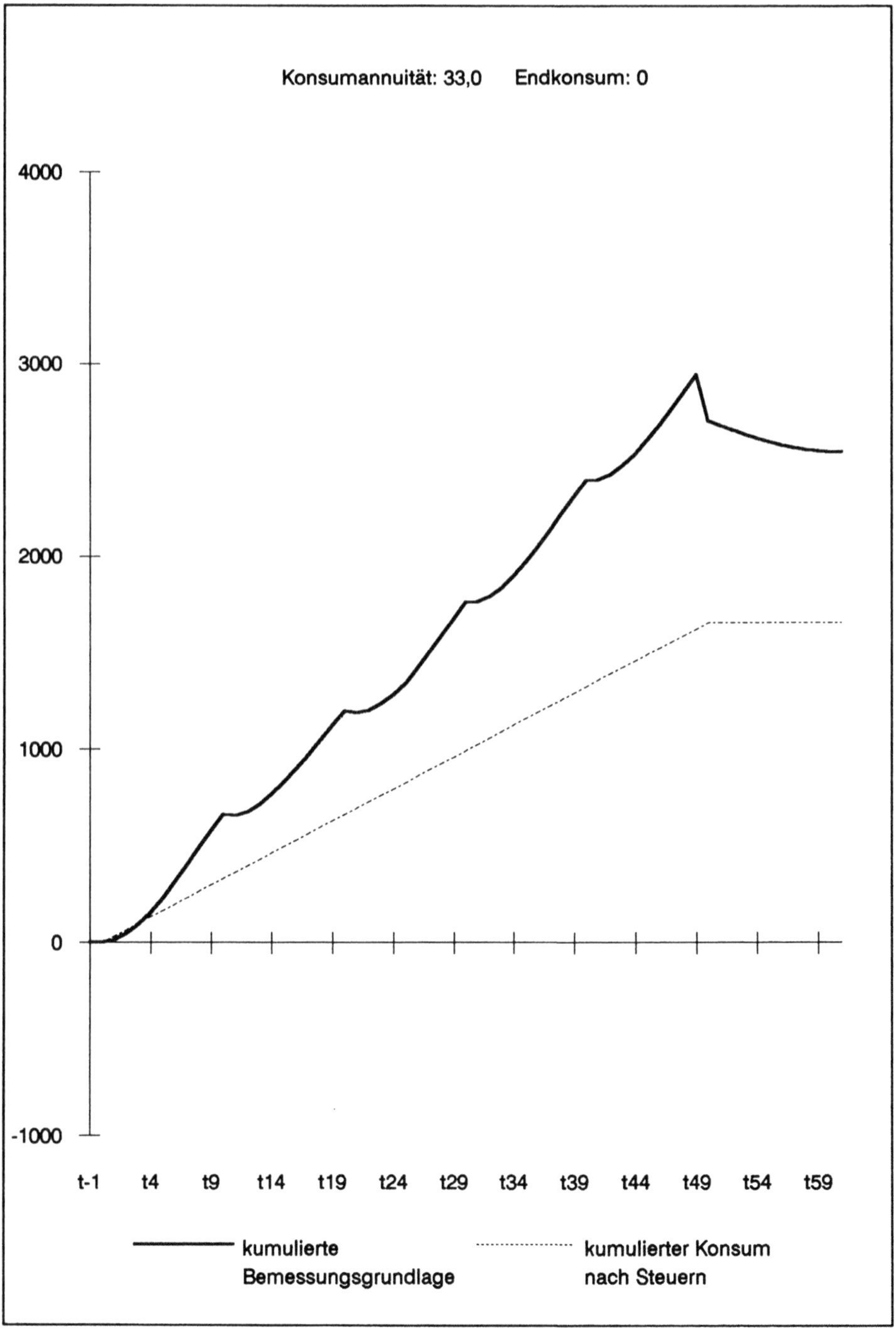

Abb. 65: Kumulierte Bemessungsgrundlage bei S_6 und 4,8 % Zins (r = 4,8 %) (konstante Nettorendite)

Zusammenfassung und Ausblick

Heute wird bei Unternehmungen die Bemessungsgrundlage der Einkommensbesteuerung meist über einen bilanziellen Einzelvermögensvergleich ermittelt. Ein hohes Maß an Unzufriedenheit mit der geltenden Praxis hat verschiedene Reformvorschläge, insbesondere die sog. Cash-Flow-Besteuerung, in die Diskussion gebracht. Diese Steuersysteme bedeuten faktisch eine Abkehr vom Leistungsfähigkeitsmaßstab "Einkommen" und eine Hinwendung zum Maßstab "Konsum".

Die Effizienzvorteile von Cash-Flow-Steuern sind mittlerweile unbestritten, ferner ist eine Vereinfachung des Steuersystems zu erwarten.

Ein wesentliches Problem von Änderungen bei der Einkommensbesteuerung bildet deren Durchsetzbarkeit. Die schwierige Abschätzung von Belastungswirkungen verhinderte bislang Reformen.

Aus den genannten Gründen ist deshalb eine Prognose, Gegenüberstellung und Analyse der Steuerbelastung von idealisierten Unternehmenstypen für verschiedene Varianten der Bemessungsgrundlage erforderlich.

Die *Vorgehensweise der Arbeit* kann folgendermaßen skizziert werden:

- Im Rahmen der Grundlegung wurden als erstes drei Kriteriengruppen zur Beurteilung von Steuersystemen erörtert. Dem schloß sich eine Diskussion des Unternehmensbegriffs sowie eine Betrachtung der im Rahmen des Unternehmensprozesses grundsätzlich stattfindenden Aktivitäten an.

- In Hinblick auf die steuerlichen Alternativen der Erfolgsmessung mußten zunächst Randbedingungen bei Steuersubjekt und Steuertarif getroffen werden, bevor eine umfassende Betrachtung der bei der Bemessungsgrundlage bestehenden Alternativen und die Auswahl von sieben konkreten Varianten folgen konnten.

- Der nächste Teil der Arbeit galt der Festlegung einer zielentsprechenden Konzeption zum Messen der Steuerbelastung. Nach einer kurzen Betrachtung von bisher schon verwendeten Ansätzen wurde die Methode der vorliegenden Untersuchung abgeleitet. Die Messung der durchschnittlichen Steuerbelastung erfolgte unter einzelwirtschaftlichem Blickwinkel mit Hilfe eines computergestützten Unternehmensmodells. Hierbei fand eine - relativ eingeschränkte - Steuertraglastkonzeption Anwendung, die auf der ökonomischen Bezugsgröße "jährlich (für Konsumzwecke) entnehmbarer Betrag" basiert.

- Das Konzept der modellgestützten Steuerbelastungsrechung zog die Entwicklung eines entsprechenden Unternehmensmodells nach sich. Dieses Modell besteht aus zwei sich ergänzenden Komponenten (Modellstruktur und Modelldaten), die sukzessive entwickelt wurden. Die Entscheidungen zur Modellstruktur betrafen Laufzeit und zeitliche Gliederung des Modells, seine inhaltliche Dimension, die einzelnen abzubildenden Modellaktivitäten, die Umsetzung der steuerlichen Regeln, die Herbeiführung und Aufrechterhaltung des Modellgleichgewichts sowie Fragen der EDV-technischen Umsetzung. Die steuerlichen Modelldaten ergaben sich weitgehend aus den Definitionen der untersuchten Bemessungsgrundlagen. Ergänzend mußten noch genauere Bilanzierungsverläufe (bei Abschreibungen und Rückstellungen) und Steuersätze vorgegeben werden. Die wirtschaftlichen Daten wurden überwiegend aus einer Statistik der Deutschen Bundesbank zu den Jahresabschlüssen von Unternehmen abgeleitet (Durchschnittsfall) und um vier weitere Unternehmenstypen ergänzt.

- Anschließend konnten die konkreten Werte der Steuerbelastung ermittelt, verglichen und analysiert werden.

Die *wichtigsten Einzelergebnisse* der Untersuchung lassen sich noch einmal kurz wie folgt zusammenfassen:

- Die Besteuerung nach der R+F-Base (S_3) ist stets identisch mit der Konsumausgabensteuer (S_7). Beide Systeme erreichen auf direktem (S_7) oder indirektem Weg (S_3) eine steuerliche Erfassung des Konsums. Folglich ist auch die Steuerbelastung durch beide Systeme immer gleich.

- Die zinskorrigierte Bilanz (S_6) hat demgegenüber einen völlig anderen zeitlichen Verlauf der Bemessungsgrundlage. Wählt man aber den steuerlichen Korrekturzins in Höhe des allgemeinen Kapitalmarktzinses, so stimmt die Steuerbelastung bei S_6 immer mit derjenigen der oben genannten Systeme (S_3, S_7) überein. Periodenverschiebungen von Aufwand und Ertrag im Vergleich zu beispielsweise S_3 spielen keine Rolle, da durch die vorgenommenen Zinskorrekturen der Barwert der Bemessungsgrundlage konstant bleibt.

- Eine bemerkenswerte Bemessungsgrundlage weist ebenfalls die R-Base (S_4) auf. Hier werden alle Finanztransaktionen aus der Besteuerung herausgenommen. Würden jegliche finanzwirtschaftlichen Geldanlagen und Kredite zum allgemeinen Kapitalmarktzins durchgeführt, so wäre die Steuerbelastung von S_4 genauso hoch wie in den ersten drei Fällen (S_3, S_6, S_7). Durch eine Cash-Flow Besteuerung wie in S_3 wird die "Normalverzinsung" nicht berührt, das Herauslassen aus der Bemessungsgrundlage (bei S_4) bewirkt also keine Veränderung. Allerdings ist diese Voraussetzung in den untersuchten Fällen nicht gegeben. Die Steuerbelastung der R-Base liegt deshalb stets etwas über der Belastung durch die R+F-Base.

- Der Vergleich von Steuerbilanz (S_1) und Lückenbilanz gem. § 4 III EStG (S_2) zeigt eine niedrigere Belastung von S_2 an. Der Totalgewinn wäre zwar zunächst grundsätzlich nach beiden Methoden identisch, der frühere Erfolgsausweis bei der Steuerbilanz (die zusätzlichen Aktivierungen überwiegen die zusätzlichen Passivierungen) führt jedoch zu einem höheren Barwert der Steuerzahlungen.

- Das Mischsystem von *Sinn* (S_5) weist noch eine geringere Steuerbelastung als S_2 oder S_1 auf, da hier sogar eine Aktivierung des abnutzbaren und nicht abnutzbaren Sachanlagevermögens unterbleibt.

- Die Gegenüberstellung der konsumnahen Bemessungsgrundlagen (S_3, S_4, S_6, S_7) und der Systeme mit Zinsbesteuerung (S_1, S_2, S_5) hängt deutlich von der *Hypothese bezüglich des Kapitalmarktzinses* ab. Fällt das Zinsniveau plangemäß (konstante Nettorenditen), so würde sich eine Belastungsminderung bei der konsumorientierten Besteuerung im Vergleich zur heutigen Steuerbilanz ergeben. Bleiben die Bruttozinsen auf dem alten Niveau (konstante Bruttorenditen), so wäre eine Belastungsverschärfung die Folge.

- Eine gewisse Brückenfunktion nimmt unter der Hypothese konstanter Nettozinsen das Mischsystem von *Sinn* (S_5) ein. Würden Geldanlagen und Kredite nur mit den allgemeinen Kapitalmarktzins erfolgen, so wäre die Steuerbelastung durch S_5 mit der bei S_3, S_6 und S_7 identisch. (Das ist dieselbe Voraussetzung wie für die Belastungsgleichheit von R-Base und R+F-Base.)

- Weiterhin kann festgestellt werden, daß die Steuerbelastungsdifferenzen zwischen den verschiedenen Steuersystemen nicht konstant sind. Sie hängen von der *konkreten Unternehmenssituation* ab. Das Ausmaß der Unterschiede nimmt bei niedrigen Gewinnen und kapitalintensiven Betrieben zu. Mögliche Reformen der Bemessungsgrundlage ziehen deshalb unweigerlich relative Gewinner bzw. Verlierer nach sich.

Am wichtigsten erscheint meines Erachtens die Erkenntnis, daß trotz allem die Belastungsunterschiede zwischen der heutigen Steuerbilanz und möglichen Cash-Flow- bzw. Konsumbemessungsgrundlagen nicht so groß sind wie vielleicht erwartet. Zwar hängen die genauen Folgen von der individuellen ökonomischen Situation sowie von der Hypothese über die Entwicklung des Zinsniveaus ab. Sollten sich aber die Zinsen zwischen den beiden genannten Extrempunkten (konstante Nettorenditen oder konstante Bruttorenditen) einpendeln, so kompensieren sich die Tendenzen zur Belastungsminderung und Belastungsverschärfung zumindest teilweise. Insofern könnte man dann sogar von einer annähernden Belastungsgleichheit beider Besteuerungskonzepte sprechen.

Vermutlich würde eine Reform der Ertragsbemessungsgrundlage demnach materiell gar keine so großen Auswirkungen auf die Steuerbelastung haben. Deshalb sollten letztlich die Effizienz- und Vereinfachungsgesichtspunkte den Ausschlag zugunsten einer Cash-Flow- oder Konsumbesteuerung geben.

Allerdings ist in naher Zukunft wohl kaum mit unmittelbaren Änderungen in diesem Bereich des Steuersystems zu rechnen. Geplante Reformen konzentrieren sich auf die - meines Erachtens ebenfalls wünschenswerte - Beseitigung oder Abmilderung der ertragsunabhängigen Besteuerung (Gewerbekapitalsteuer, Vermögensteuer). Eine grundsätzliche Neuregelung der Ertragsbesteuerung steht trotz häufiger Klagen über Einzelprobleme noch nicht auf der politischen Tagesordnung. Ein wesentlicher Grund dürfte darin liegen, daß das Konzept der Cash-Flow-Besteuerung anfangs etwas gewöhnungsbedürftig ist. Falls aus politischen Gesichtspunkten solchen radikalen Vorschlägen keine Durchsetzungschance eingeräumt wird, so stehen zur Einführung eines konsumorientierten Steuersystems noch zwei "Hintertürchen" offen: entweder eine zinskorrigierte Steuerbilanz oder das Mischsystem nach *Sinn*.

Anhang

Dokumentation des Modells

I. Bezugsmöglichkeit der Diskette

Interessierte Leser können eine Diskette mit dem Rechenmodell in den Formaten "Symphony" und "Excel" gegen eine Schutzgebühr von 10 DM direkt vom Autor beziehen. Die Adresse lautet: Universität Bayreuth, Lehrstuhl BWL II, Gebäude RW, D-95440 Bayreuth.

II. Anmerkungen zur Modellogik in Symphony

Die meisten im Symphony-Arbeitsblatt verwendeten mathematischen und logischen Rechenzeichen und Funktionen sind selbsterklärend. Um Mißverständnisse auszuschließen sollen sie dennoch im folgenden kurz dokumentiert werden:

+	Addition
-	Subtraktion
*	Multiplikation
/	Division
^	Exponentialzeichen
@INDEX(a;b;c)	Der Buchstabe a steht für einen rechteckigen Bereich von Zellen (z.B. von C5 bis G12). Die Indexfunktion sucht aus diesem Bereich den Inhalt einer bestimmten Zelle heraus. Die gewünschte Zelle wird über die relative Spalten- (b) und Zeilennummer (c) spezifiziert (wobei b = 0 die äußerte linke Spalte - also hier Spalte C - verkörpert; b = 1 gibt die Spalte D an, b = 2 die Spalte E, usw.; die Adressierung der Zeilen erfolgt analog).
@MIN( )	Die Funktion liefert das Minimum aller in der Klammer stehenden Zahlen oder Ausdrücke.
@MITTELWERT( )	Berechnet den ungewichteten, arithmetischen Mittelwert aller Zahlen oder Ausdrücke innerhalb der Klammern.
@SUMME( )	Ergibt die Summe aller in der Klammer stehenden Zahlen oder Ausdrücke.
@WENN(a;b;c)	Der Buchstabe a symbolisiert eine logische Größe z.B. die Abfrage, ob der Inhalt des Feldes A3 größer als die Zahl 12,5 ist (+A3<12,5). Ist diese Bedingung wahr, so wird der Ausdruck b, im anderen Fall (nicht wahr; falsch) der Ausdruck c berechnet.

#ODER#	Das logische "oder" verbindet zwei Bedingungen; der Gesamtausdruck ist wahr, wenn die erste Bedingung oder die zweite (oder beide) wahr sind.

Die Formeln dürfen in *Symphony* keine Leerzeichen enthalten.

Viele Formeln des Arbeitsblattes beinhalten ferner ein oder mehrere $-Zeichen. Da das $-Zeichen auf die Rechnung keinen Einfluß hat, es jedoch die Übersichtlichkeit beeinträchtigt, wurden diese Symbole bei der Darstellung der Formeln in laufenden Text der Arbeit weggelasen. Das $-Zeichen ist lediglich eine Folge der Modellerstellung durch Kopieren der Formeln von einer Zelle in andere Zellen. Hierbei muß zwischen

- durch das Kopieren unveränderten Zellbezügen (absolute Referenz) und
- sich dem Kopieren entsprechend ändernden Bezügen (relative Referenz)

unterschieden werden. Das Vorliegen eines $-Zeichens indiziert eine absolute Zellreferenz.

III. Eingabebereich

Grundlage aller Berechnungen ist die Erfassung der notwendigen wirtschaftlichen und steuerlichen Daten. Der Begriff des Eingabebereichs ist allerdings nicht zu eng zu interpretieren, da in ihm neben der reinen Eingabe von Werten partiell auch schon erste einfache Weiterverarbeitungsschritte stattfinden. Es handelt sich dabei aber eigentlich nur um Umformungen oder Aufbereitungen der Daten in eine für die späteren Rechnungen zweckmäßige Form. Als Beispiele lassen sich die Umrechnung eines Zinssatzes r in den Faktor 1 + r oder die Ermittlung von prozentualen Restbuchwerten aus Abschreibungsquoten anführen.

Da die

- wirtschaftlichen (= Unternehmenstypen) und die
- steuerlichen (= Steuersysteme)

Daten später wechselseitig miteinander kombiniert werden sollen, bietet es sich bei der Eingabe an, diese beiden Blöcke auch optisch zu trennen. Es wird deshalb zunächst die Eingabe der wirtschaftlichen Parameter vorgenommen (A1 bis J53), danach sind die für die Besteuerung relevanten Werte einzugeben (A58 bis J173).

A. Wirtschaftliche Ausgangsdaten

Als erstes müssen alle Daten abgefragt werden, die als Ausgangsbasis für die Berechnung der abgeleiteten ökonomischen Aktivitäten vonnöten sind. Zum besseren Verständnis werden Bedeutung und Verwendung der Eingabevariablen im Rechenmodell erläutert. Es soll eine bestimmte Reihenfolge eingehalten werden:

Zunächst erfolgt nochmals eine Skizzierung der betreffenden Aktivität und der hierbei zugrunde gelegten Prämissen. Daraus leiten sich dann die benötigten Eingabevariablen ab. Für jede Variable ist stets ihre Zelladresse im *Symphony*-Arbeitsblatt zu nennen. Sofern Eingaben dann umgerechnet werden, um zusätzliche oder besser geeignete Werte zu erhalten, wird der Rechenvorgang erläutert und anschließend die Modellogik in der formalen *Symphony*-Schreibweise wiedergegeben.

1. Bezeichnung der Datenkombination

Damit die Durchführung von Variationsrechnungen nicht stets die Neueingabe aller sich ändernden Daten erfordert, können bis zu sieben wirtschaftliche Datensets (z.B. Unternehmens-Standardfall, besonders ertragreiche Unternehmen, besonders ertragsarme Unternehmen usw.) benannt und unter einer Kennzeichnung abgespeichert werden. Der Name der Variablenkombination kann in einem Feld eingegeben werden:

- Bezeichnung der Datenkombination:[276] F6[277]

Die Benennung dient nur der Identifizierung der Daten. Sie hat mit der Rechnung selbst nichts zu tun. Die für die Berechnung relevanten Daten folgen in den nächsten Zeilen des Arbeitsblattes.

2. Verkauf der Produkte

In der Kernphase (t_1 bis t_{50}) wird ein Endprodukt verkauft. Der Umsatzbetrag kann frei gewählt werden, ist aber über den Lauf aller Perioden hin konstant. Es sind keine Fertigfabrikatelager notwendig, da die Periodenproduktion dem Periodenverkauf entspricht. Die Umsatzerlöse gehen zum Teil erst ein Jahr später ein (Zielverkauf), zum Teil erfolgt der Zahlungseingang schon in dem Jahr vor dem Umsatz (Kundenanzahlungen); den Rest des Umsatzes bilden Barverkäufe. Die prozentualen Anteile der Zielverkäufe und der Anzahlungen am Gesamtumsatz sind im Zeitablauf konstant. Zahlungsausfälle kommen nicht vor. Daher sind folgende Variablen nötig:

- Umsatz (gilt für t_1 bis t_{50}): F7
- Kundenanzahlungen - Anteil: F8
- Kundenzielzahlungen - Anteil: F9

---

276 Hier wird die zum Eingabewert gehörige Beschriftung im Arbeitsblatt genannt.

277 Mit der angeführten Zelladresse ist die Spalten- und Zeilenadresse derjenigen Zelle des Arbeitsblattes in *Symphony* gemeint, in der diese Variable eingegeben wird. Die Eingabe von Variablenwerten ist stets in der Spalte F des Eingabebereichs vorzunehmen.

Der Anteil der Barverkäufe am Umsatz braucht nicht eingegeben zu werden. Man erhält ihn, wenn man von der Zahl eins (100 %) den Anteil der Kundenanzahlungen und den Anteil der Kundenzielzahlungen abzieht.

- Barverkäufe (Restanteil):
  G10[278] = 1-F8-F9[279]

3. Investitionen in Boden

In t_0 wird der für das Unternehmen notwendige Grund und Boden gekauft. Der Verkauf erfolgt am Ende der Periode t_{50}. Kauf- und Verkaufspreis werden in bar bezahlt. Beide Parameter müssen vom Benutzer eingegeben werden:

- Kaufpreis Boden (in t_0): F13
- Verkaufspreis Boden (in t_{50}): F14

4. Investitionen in Gebäude

Weiterhin werden in t_0 von der Unternehmung Gebäude gekauft oder selbst erstellt. Der Preis ist sofort in bar zu bezahlen. Die technische und wirtschaftliche Nutzungsdauer beträgt 50 Jahre (von t_1 bis t_{50}). Die Leistungsfähigkeit besteht während der ganzen Zeit unverändert in gleicher Höhe. In t_{50} endet demnach die Nutzung. Es kann für diese Gebäude bzw. Anlagen kein Restverkaufserlös mehr erzielt werden; allerdings fallen auch keine Abbruch- oder Verschrottungskosten an. Instandhaltungs- und Wartungskosten können z.B. unter der Aufwandsposition "Sonstige Ausgaben" (vgl. unten Punkt 9.) erfaßt werden. Die somit allein nötige Eingabevariable ist:

- Kaufpreis Gebäude (in t_0): F17

5. Investitionen in Maschinen

Zur Herstellung des Absatzproduktes sind ferner Maschinen, maschinelle Anlagen, Fahrzeuge, Geschäftsausstattung etc. notwendig. Hierzu gelten ähnliche Annahmen wie für die 50-jährigen Investitionen in Gebäude. Die erstmalige Beschaffung erfolgt in t_0. Die technische und wirtschaftliche Nutzungsdauer beträgt 10 Jahre. Es wird danach jeweils wieder eine Ersatzbeschaffung in t_{10}, t_{20}, t_{30} und t_{40} vorgenommen. Während der ganzen Zeit besteht die technische Leistungsfähigkeit unverändert in gleicher Höhe. Der Preis wird sofort bezahlt. Preissteigerungen zwischen

---

278 Das Zwischenergebnis "Barverkäufe-Restanteil" wird im Arbeitsblatt in der Zelle mit der Adresse G10 errechnet.

279 Die Zelle G10 enthält die hier aufgeführte Formel. F8 steht für den in der Vorperiode bereits erhaltenen, F9 für den erst im nächsten Jahr eingehenden Bruchteil des Umsatzes (s.o.).

den Perioden kommen nicht vor. Nach Ablauf der Nutzungsdauer (in t_{10}, t_{20}, t_{30}, t_{40} und t_{50}) kann für die ausgemusterten Maschinen kein Resterlös mehr erzielt werden. Ebensowenig entstehen Verschrottungskosten o.ä. Für Instandhaltungs- oder Wartungsarbeiten gelten die gleichen Annahmen wie bei "Gebäuden". Einzugeben ist als wirtschaftliches Datum lediglich:

- Kaufpreis Maschinen (gilt für t_0, t_{10} usw.): `F20`

6. Einkauf und Verbrauch von Material

Für die Herstellung der verkauften Güter werden in t_1 bis t_{50} Materialien mit einem bestimmten, über alle Jahre gleichbleibenden Wert benötigt (konstante Mengen und konstante Preise). Der Einkauf erfolgt in den selben Perioden wie der Verbrauch. Allerdings entspricht die beschaffte Menge nicht stets der Verbrauchsmenge der Periode, da aus Sicherheitsgründen ein Lager unterhalten wird. Die Höhe des Lagerbestandes ist grundsätzlich ein konstanter Prozentsatz vom Materialverbrauch pro Jahr. Das Lager wird in t_1 aufgebaut, indem zusätzlich zum Verbrauch von t_1 noch eine weitere Menge an Material beschafft wird. Der Lagerabbau erfolgt in t_{50} (oder im Bedarfsfall in noch weiter zurückliegenden Zeitpunkten), indem entsprechend weniger als die Verbrauchsmenge oder u.U. in einer oder mehreren Perioden überhaupt nichts mehr beschafft wird. Das Zahlungsverhalten der Unternehmung kann mehrere Arten annehmen. Die Einkäufe werden teilweise erst ein Jahr später bezahlt (Zieleinkauf), zum Teil erfolgt der Zahlungsausgang schon in der Periode vor dem Einkauf (Lieferantenanzahlungen); den Rest nehmen Bareinkäufe ein. Die prozentualen Anteile der Zieleinkäufe und der Anzahlungen am Gesamteinkauf sind während der gesamten Modellaufzeit konstant. Es müssen folgende Werte spezifiziert werden:

- Verbrauch Material (gilt für t_1 bis t_{50}): `F23`
- Lager Sicherheitskoeffizient (< 5): `F24`
- Lieferantenanzahlungen - Anteil: `F25`
- Lieferantenzielzahlungen - Anteil: `F26`

Für die Quote der Bareinkäufe gilt anolog das zu den Verkäufen Gesagte. Der Anteil der Bareinkäufe (G27) ergibt sich, wenn man von der Zahl eins (100 %) den Anteil der Lieferantenanzahlungen (F25) und den Anteil der Lieferantenzielzahlungen (F26) subtrahiert:

- Bareinkäufe (Restanteil):

```
G27    = 1-F25-F26
```

7. Arbeitsleistungen

In den Perioden der Kernphase (t_1 bis t_{50}) benötigt die Unternehmung Arbeitsleistungen zur Fertigung der Produkte, in der Verwaltung und im Vertrieb. Das hierfür bezahlte Entgelt tritt in zweierlei Form auf. Primär wird ein Barlohn in einer bestimmten Höhe bezahlt. Darüber hinaus gibt es eine Entgeltzusage, die - zeitverschoben - erst *10 Jahre nach* der jeweiligen Arbeitsleistung ausbezahlt wird. Die Zahlungstermine hierfür laufen also von t_{11} bis t_{60}. Einmal gemachte Zusagen sind unwiderruflich. Minderungen der Belastung durch Sterbefälle etc. kommen nicht vor oder sind in dem angesetzten Betrag bereits berücksichtigt. Eine vorzeitige Verfügung der Arbeitnehmer über den Betrag ist ausgeschlossen. Folgende Werte müssen demnach festgelegt werden:

- Barlöhne (gilt für t_1 bis t_{50}): `F30`
- Zusagen (gilt für t_1 bis t_{50}): `F33`

8. Anlage von Finanzmitteln und Liquiditätsreserven

Die Unternehmung kann in t_0 einen Betrag als Finanzinvestition anlegen (Kauf von Wertpapieren als Liquiditätsreserve, Erwerb einer Beteiligung usw.). Hierfür erzielt sie eine bestimmte Rendite. Die Erträge werden jeweils in der Folgeperiode (t_1 bis t_{50}) ausbezahlt. In t_{50} erfolgt die Auflösung der Finanzanlage. Eingabevariablen sind:

- Finanzanlage (Höhe ab t_0 bis t_{50}): `F36`
- Renditesatz: `F37`

Der angelegte Betrag multipliziert mit dem Renditesatz ergibt einen konstanten Anlageertrag (G27) in jedem Jahr der Kernphase:

- Anlageertrag pro Jahr:

```
G27    = +F36*F37
```

9. Sonstige Ausgaben

Neben den bisher genannten Ausgaben sowie Zinsen aus Kreditaufnahmen am vollkommenen Kapitalmarkt (vgl. unten Punkt 12.)) entstehen auf Ebene der Unternehmung verschiedene kleinere Ausgaben in den Perioden t_1 bis t_{50}. Sie werden in bar beglichen:

- Sonstige Ausgaben (gilt für t_1 bis t_{50}): `F40`

10. Sonstige Einnahmen

Zusätzlich zu den Umsatzeinnahmen, Erträgen aus Bodenverkäufen, der Verzinsung der Finanzmittel und den Zinsen aus Geldanlagen am vollkommenen Kapitalmarkt (siehe unten Punkt 12.) können auf Ebene der Unternehmung verschiedene kleinere Erträge in den Perioden t_1 bis t_{50} entstehen. Sie werden sofort in bar vereinnahmt:

- Sonstige Einnahmen (gilt für t_1 bis t_{50}): `F43`

11. Einlagen und Ausschüttungen

Zur Ausstattung der Unternehmung mit Eigenkapital erfolgt sofort in t_{-1} eine Einlage durch den Anteilseigner. Während der gesamten Kernphase des Modells (von t_1 bis t_{50}) ist außerdem die Entnahme von Überschüssen möglich. Indes kann dieser Betrag nur pauschal festgelegt werden. Es handelt sich dabei um eine gewisse Antizipation der Gesamtüberschüsse, da die genaue Endabrechnung erst in $t_{60'}$ vorgenommen wird.

- Einlage (t_{-1}): `F46`
- Ausschüttungen (gilt für t_1 bis t_{50}): `F47`

12. Vollkommener Kapitalmarkt

Es liegt ein vollkommener Kapitalmarkt mit einem zu allen Zeitpunkten von t_{-1} bis $t_{60'}$ einheitlichen Kapitalmarktzins vor. Je nach Auftreten am Kapitalmarkt nehmen die Unternehmung und der Eigentümer entweder eine Schuldner- oder eine Gläubigerposition ein. Die Zinsen werden jeweils am Periodenende auf den Kapitalstand zu Periodenbeginn berechnet. Der Zinssatz ist für beide Ebenen des Unternehmens - also Unternehmung und Anteilseigner - identisch:

- Zinssatz: `F50`

13. Laufender Konsum des Eigentümers

Der Eigentümer hat neben dem Unternehmen weitere Konsumquellen, die ihm bereits einen gewissen Grundkonsum sichern. Dieser Grundbetrag ist nicht in der Rechnung enthalten. Die mit Hilfe der Investition zusätzlich geschaffenen Überschüsse möchte der Investor während der Kernlaufzeit der Unternehmensaktivität gleichmäßig verzehren. Sie stellen den Maßstab des Steuerbelastungsvergleichs dar. Sein laufender Konsum soll also so hoch sein, daß bei der Schlußabrechnung in $t_{60'}$ gerade kein konsumierbares Endvermögen übrigbleibt.

Indessen wird - wie schon erläutert - der laufende Konsum in einem iterativen Prozeß ermittelt. Die eigentliche Zielgröße stellt also aus berechnungstechnischer Sicht eine Eingabevariable dar.

- laufender Konsum nach Steuern (gilt für t_1 bis t_{50}): `F53`

Im Arbeitsblatt wird stets der Endkonsum in t_{60}, ermittelt. Allerdings stellt die makrogesteuerte Benutzerführung sicher, daß (auf Wunsch) der "laufende Konsum" solange variiert wird, bis sich ein Endkonsum von annähernd null ergibt. Dann kann das Ergebnis abgelesen werden. Der Konsumbetrag ist als eine Größe nach Steuern zu interpretieren, so daß im Fall einer unmittelbaren Konsumbesteuerung die für diesen Konsumwert effektiv aufzuwendenden Zahlungen um den Betrag der Steuer höher liegen.

B. Steuerliche Ausgangsdaten

Bei den steuerlichen Daten empfiehlt sich eine Differenzierung in solche, die spezifisch für bestimmte Einzelaktivitäten sind (Definition der Bemessungsgrundlagen) und in solche, die grundsätzliche Gültigkeit für das gesamte Unternehmen besitzen (Steuersätze, steuerlicher Rechenzins, Bezeichnung der steuerlichen Datenkombination). Die Reihenfolge der bei Erläuterung der Einzelaktivitäten jeweils angesprochenen Punkte entspricht prinzipiell der schon oben angewandten:

Als erstes wird der Datenbedarf geklärt. Dies beinhaltet stets eine Variable zur Festlegung der grundsätzlichen Bemessungsgrundlage ("n" für Verzicht auf Berücksichtigung bei der Besteuerung, "c" für Cash-Flow, "b" für konventionelle Bilanz, "z" für zinskorrigierte Bilanzierung). Nötig sind aber oft auch nähere Informationen zur genauen Vorgehensweise im Fall der Bilanzierung (z.B. Abschreibungsverläufe). Dann folgt die Angabe der Zelladressen, in denen die Eingaben im *Symphony*-Arbeitsblatt vorgenommen werden. Sollten die Eingaben sehr umfangreich sein und sich stets nach dem gleichen Schema wiederholen (z.B. Höhe der Abschreibungsquote für 50 verschiedene Jahre), so wird auf die vollständige Darstellung aller Variablen verzichtet. Eine repräsentative Wiedergabe kann hier genügen (z.B. die ersten drei und die letzte Periode). Eventuelle Umrechnungen werden erklärt und die zugrunde liegenden *Symphony*-Formeln wiedergegeben. Falls auch die Formeln einen großen Umfang annehmen (z.B. Restbuchwerte in jedem Jahr) erfolgt auch hier nur eine auszugsweise Dokumentation.[280]

---

[280] Eine Datei mit den Inhalten aller nicht-leeren Zellen des Arbeitsblattes würde 14.985 Zeilen Text umfassen (für 14.985 Zellen). Ein kompletter Ausdruck würde also bei 50 Zeilen pro Seite ca. 300 Seiten einnehmen.

1. Bezeichnung der Datenkombination

Ebenso wie bei den wirtschaftlichen Daten können auch bis zu sieben Kombinationen der steuerlichen Eingabevariablen abgespeichert werden. Für die Auswahl bestehen keine Beschränkungen, allerdings empfiehlt es sich, die Attributwerte der sieben untersuchten Steuersysteme (1. konventionelle Steuerbilanz, 2. Lückenbilanz gem. § 4 III EStG, 3. R+F-Base, 4. R-Base, 5. Mischsystem nach *Sinn*, 6. zinskorrigierte Bilanz, 7. Konsumausgabensteuer) festzuhalten. In diesem Fall kann bei Durchführung der Untersuchung ohne große Mühe zwischen diesen Alternativen "umgeschaltet" werden. Zur Kenntlichmachung ist die Datenkombination mit einem Namen zu versehen:

- Bezeichnung der Datenkombination: `F61`

2. Allgemeine steuerliche Daten

Die Festlegung der Bemessungsgrundlage reicht noch nicht für ein vollständiges Steuersystem aus. Es wurden Annahmen zur Art des Steuersubjekts und zum Verlauf des Steuertarifs getroffen (vgl. Zweiter Teil, II. Randbedingungen). Beim Einkommenssteuertarif ist noch die Höhe des konkreten linearen Steuersatzes festzusetzen. Das gleiche gilt für den Steuersatz der Konsumausgabensteuer:

- Steuersatz Einkommen: `F64`
- Steuersatz Konsum: `F66`

Im Fall einer zinskorrigierten Bilanzierung werden zwar Umperiodisierungen von Aufwand/Ertrag gegenüber den ursprünglichen Auszahlungen/Einzahlungen vorgenommen, jedoch erfolgt gleichzeitig eine Zinskorrektur mit dem steuerlichen Korrekturzins r. So tritt z.B. an die Stelle der Verrechnung einer Auszahlung von 100 in t_{10} die Verrechnung eines Aufwandes von $100 \cdot (1 + r)^2$ zwei Jahre später in t_{12}.

- Steuerlicher Korrekturzins: `F65`

Um das spätere Rechnen zu erleichtern, wird r sofort in den Steuerfaktor 1 + r umgerechnet:

- Steuerfaktor bei zinskorrigierter Bilanzierung:
  `G65     = 1+F65`

Nach diesen allgemeinen Daten kann nun auf die spezifischen steuerlichen Parameter der einzelnen ökonomischen Aktivitäten eingegangen werden.

3. Verkauf der Produkte

Beim Verkauf kann - wie generell - zwischen verschiedenen Varianten der steuerlichen Behandlung der Zahlungen gewählt werden. Bei steuerlicher Ignorierung der zufließenden Zahlungen, die hier nicht sehr sinnvoll ist und in keinem System der Einkommenssteuer vorgeschlagen wird, muß für die Wahl der Bemessungsgrundlage "n" eingegeben werden. Im Fall einer direkten Berücksichtigung der Zahlungen ist der Buchstabe "c", bei normaler Bilanzierung von Kundenanzahlungen und Forderungen aus Lieferungen und Leistungen "b", sowie bei zinskorrigierter Bilanzierung "z" zu setzen:

- BG Verkauf: F69

Weitere Angaben sind nicht erforderlich, da die bilanzielle Berücksichtigung im Modell keine Probleme bereitet. Im Zeitpunkt der Anzahlung wird ein Passivposten in gleicher Höhe gebildet und eine Periode später bei Realisierung wieder aufgelöst. Bei Zielverkäufen wird im Umsatzzeitpunkt eine Forderung in Höhe der späteren Zahlungserwartung aktiviert und mit der Zahlung in der Folgeperiode verrechnet.

4. Investitionen in Boden

Auch bei Investitionen in Boden muß die grundsätzliche Art der Bemessungsgrundlage ausgewählt werden.

- BG Boden: F72

Bilanziert wird der gezahlte Betrag; Abschreibungen erfolgen nicht, da Grund und Boden nicht zum abnutzbaren Anlagevermögen zählt. Lediglich im Verkaufszeitpunkt wird der Buchwert (gegebenenfalls zinskorrigiert) gegen die Einnahme aus der Veräußerung aufgerechnet.

5. Investitionen in Gebäude

Gebäude stellen langfristig genutztes, abnutzbares Anlagevermögen dar. Neben der Frage nach der anzuwendenden Bemessungsgrundlage ist deswegen für den Fall konventioneller oder zinskorrigierter Bilanzierung auch ein Abschreibungsverlauf festzulegen. Er gibt den Bruchteil der Investitionsausgabe an, der sofort (in t_0) oder in den Folgejahren der Nutzung (t_1 bis t_{50}) als Aufwand verrechnet werden darf. Die Bruchteile müssen sich auf den Wert eins addieren.[281]

---

[281] Die Abschreibungsquoten werden im Fall einer zinskorrigierten Bilanzierung erst später innerhalb der Rechnung dem Zeitablauf und dem Zins entsprechend erhöht. Ihre nominelle Summe wird dadurch größer als eins. Die Dateneingabe wird hiervon jedoch nicht berührt.

- Abschreibungsanteile
  Abschreibung t_0: F75
  Abschreibung t_1: F76
  Abschreibung t_2: F77
  Abschreibung t_3: F78
  ...
  Abschreibung t_{50}: F125
- BG Gebäude: F126

Als einfache Folgeergebnisse werden die jeweiligen Restbuchwertquoten errechnet. Der Restbuchwert des Gebäudes ist im Kaufzeitpunkt 1,0 minus der Prozentquote einer eventuellen Sofortabschreibung. Die Restbuchwerte der Folgejahre sind jeweils der Restbuchwert des Vorjahres abzüglich der Jahresabschreibung:

- Restbuchwerte
  in t_0: G75 = 1-F75
  in t_1: G76 = +G75-F76
  in t_2: G77 = +G76-F77
  in t_3: G78 = +G77-F78
  ...
  in t_{50}: G125 = +G124-F125

Die Bestimmung des durchschnittlichen, in den Jahren der 50-jährigen Nutzung ausgewiesenen Restbuchwertes erleichtert später die Einstellung des Modells auf empirische Daten:

- Durchschnittlicher Buchwert:
  G126 = @MITTELWERT(G75..G124)

6. Investitionen in Maschinen

Bei Maschinen kann grundsätzlich auf die Ausführungen zu Gebäuden verwiesen werden. Allerdings ist der Abschreibungsverlauf zeitlich nicht absolut (in t_0, t_1, t_2 usw.), sondern relativ (zeitgleich mit der Investition = t_y, eine Periode später als die Investition = t_{y+1}, zwei Perioden später als die Investition = t_{y+2} usw.) festzulegen, da Maschinen mehrmals gekauft werden.

- Abschreibungsanteile
  Abschreibung t_y: F129
  Abschreibung t_{y+1}: F130
  Abschreibung t_{y+2}: F131
  Abschreibung t_{y+3}: F132
  ...
  Abschreibung t_{y+10}: F139
- BG Maschinen: F140

Auch hier werden Restbuchwertquoten und der durchschnittliche, während der jeweils zehn Nutzungsjahre vorhandene Restbuchwert ermittelt:

- Restbuchwerte
  in t_y: `G129 = 1-F129`
  in t_{y+1}: `G130 = +G129-F130`
  in t_{y+2}: `G131 = +G130-F131`
  in t_{y+3}: `G132 = +G131-F132`
  ...
  in t_{y+10}: `G139 = +G138-F139`
- Durchschnittlicher Buchwert[282]
  `G140 = @MITTELWERT(G129..G138)`

7. Einkauf und Verbrauch von Material

Beim Material wird nur die Art der Bemessungsgrundlage bestimmt:

- BG Material: `F143`

Für die Bestimmung der bilanziellen Folgen sind keine zusätzlichen Variablen nötig. Bilanziert wird gegebenenfalls der Lagerbestand in Höhe des Wertes (Einkaufsbetrags) der jeweils gelagerten Materialien. Weiterhin können sich auch durch Anzahlungen an die Lieferanten und Zieleinkäufe weitere Bilanzpositionen ergeben. Die Überlegungen zum Verkauf lassen sich analog anwenden.

8. Arbeitsleistungen

Das Entgelt für Arbeitsleistungen besteht einerseits aus Barlohn, andererseits aus den zeitversetzt 10 Jahre später ausgezahlten Beträgen, die hier mit "Späteres Entgelt" bezeichnet werden. Für beide Bereiche - Barlohn und späteres Entgelt - kann getrennt die Bemessungsgrundlage definiert werden:

- BG Barlöhne: `F146`
- BG Späteres Entgelt: `F160`

Barlöhne führen allerdings im Modell niemals zu aktiven oder passiven Bilanzpositionen, so daß bei allen Eingaben (bis auf die generelle Nichtberücksichtigung durch "n") die gleichen steuerlichen Folgen eintreten.

---

282 In t_{y+10} ist der Restbuchwert einer Maschinengeneration notwendigerweise gleich null. Allerdings stehen im gleichen Augenblick schon die Buchwerte der nächsten Generation (t_y) in der Bilanz. Die Einbeziehung des Restbuchwerts von t_{y+10} (gleich 0) in die Durchschnittsbildung würde somit das Bild verzerren, da durch die Überlappung von t_{y+10} der einen und t_y der anderen Generation ein falsches Resultat entstünde. Es darf vielmehr nur der Mittelwert von zehn Zeitpunkten (t_y bis t_{y+9}) gebildet werden. Diese Überlegungen lassen sich auch auf die Mittelwertbildung bei Gebäuden (s.o.) übertragen.

Im Falle der Passivierung von Rückstellungen für spätere Zahlungszusagen muß der Zuschreibungsverlauf zwischen dem Zusagezeitpunkt (t_x) und dem Auszahlungszeitpunkt noch näher spezifiziert werden. Zur Wahl stehen insbesondere eine sofortige volle Passivierung der gesamten späteren Belastung oder anteilige Zuschreibungen im Zeitablauf. In beiden Fällen läßt sich der Rückstellungsverlauf mit oder ohne Zinsberücksichtigung bilden. Eine bestimmte Liste vorgegebener Verläufe wäre deshalb immer noch nicht flexibel genug. Vielmehr kann der Verlauf frei für jedes Jahr individuell gewählt werden. Dazu ist eine Reihe von Variablen nötig, die die Quote der Zuführung zehn Jahre vor der Auszahlung (bei Zusage = t_{x-10}), neun Jahre vorher (= t_{x-9}), acht Jahre vorher (= t_{x-8}) usw. angeben. Die Summe aller Quoten (prozentuale Anteile) ergibt eins (100 %):[283]

- Arbeit gegen späteres Entgelt
  Bildung Rückstellung t_{x-10}: F149
  Bildung Rückstellung t_{x-9}: F150
  Bildung Rückstellung t_{x-8}: F151
  Bildung Rückstellung t_{x-7}: F152
  ...
  Bildung Rückstellung t_{x-1}: F158
  Bildung Rückstellung t_x: F159

Als später benötigte Zwischenergebnisse werden die kumulierten Buchwerte für jeweils eine Zusage ermittelt:

- Kumulierte Buchwerte
  in t_{x-10}: G149 = +F149
  in t_{x-9}: G150 = +G149+F150
  in t_{x-8}: G151 = +G150+F151
  in t_{x-7}: G152 = +G151+F152
  ...
  in t_x: G159 = +G158+F159

Allerdings hat der theoretische Buchwert im Auszahlungszeitpunkt keinen Bestand, da er sofort mit der Zahlung verrechnet und daher ausgebucht wird.

In der Bilanz stehen gleichzeitig Verpflichtungen, die noch eine unterschiedliche Laufzeit bis zur Fälligkeit besitzen. Der addierte Buchwert aller Rückstellungen mit einer Restlaufzeit von einem[284] bis zehn Jahren ist für die Einstellung des Modells auf empirische Daten nützlich:

- Buchwert t_{x-10} bis t_{x-1}
  G160 = @SUMME(G149..G158)

---

283 Bei der zinskorrigierten Bilanzierung sind Aufwandsvorwegnahmen nur abgezinst zulässig. Die Summe der Aufwendungen würde dann weniger als 100 % der Auszahlung betragen. Hiervon ist die Eingabe aber nicht betroffen, die Zinskorrektur wird vielmehr in der späteren Berechnung der Bemessungsgrundlage vorgenommen. Vgl. auch die Anmerkung zu den Abschreibungen unter Punkt "5. Investitionen in Gebäude".

284 Bei einer Restlaufzeit von null erscheint der kumulierte Buchwert von 100 % nicht in der Bilanz, da er zeitgleich mit der Zahlung verrechnet wird.

9. Anlage von Finanzmitteln und Liquiditätsreserven

Die steuerliche Würdigung von Finanzanlagen richtet sich nach der Wahl der Bemessungsgrundlage:

- BG Finanzanlage: `F163`

Bilanziert wird in der Kernphase (t_1 bis t_{50}) der angelegte Betrag (Auszahlung). Die Bilanzierung wird erst mit Beendigung der Geldanlage endgültig aufgelöst.

10. Sonstige Ausgaben

Bei den sonstigen Ausgaben ist lediglich die Art der Bemessungsgrundlage festzulegen. Sie werden jedoch in bar beglichen, d.h. nur die Eingabe von "n" verändert die steuerlichen Konsequenzen.

- BG sonstige Ausgaben: `F166`

11. Sonstige Einnahmen

Das für die sonstigen Ausgaben Gesagte gilt analog für die sonstigen Einnahmen.

- BG sonstige Einnahmen: `F169`

12. Einlagen und Ausschüttungen

Einlagen und Ausschüttungen sind weder im Fall der Bilanzierung noch im Fall der untersuchten Cash-Flow-Systeme[285] Bestandteil der Bemessungsgrundlage. Steuerliche Daten brauchen daher nicht eingegeben werden.

13. Vollkommener Kapitalmarkt

Auf dem vollkommenen Kapitalmarkt sollen für die Unternehmung und den Eigentümer zwar gleiche Zinskonditionen gelten, die Art der Besteuerung kann jedoch getrennt eingestellt werden:

- BG Kapitalmarkt-Unternehmung: `F172`
- BG Kapitalmarkt-Eigentümer: `F173`

Bilanziert würde jeweils der als Kredit aufgenommene bzw. der am Kapitalmarkt angelegte Betrag.

---

[285] Auf die Einbeziehung der S-Base wurde wegen ihrer Äquivalenz zur R+F-Base verzichtet.

14. Laufender Konsum des Eigentümers

Es gibt keine gesonderte Variable, um die Besteuerung des Konsums (Ausgabensteuer) ein- oder auszuschalten. Das Abstellen der Konsumbesteuerung kann durch Wahl eines Konsumsteuersatzes (Zelle F66) von 0 % erreicht werden.

IV. Rechenbereich

Nach erfolgter Spezifikation der Daten wird die Modellogik der Simulation sukzessive in die *Symphony*-Modellrechnung umgesetzt werden. Die Beschreibung des Rechenbereichs soll mit der Ebene der Unternehmung beginnen und anschließend auf den Eigentümerbereich eingehen.

Zunächst werden sowohl für die Unternehmung als auch den Eigentümer jeweils die modellendogen determinierten Einzelaktivitäten abgebildet:

- Auf Grundlage der Eingabevariablen werden - soweit notwendig - gewisse weitere *Zwischenergebnisse* errechnet. Diese sind entweder für die Errechnung der Zahlungen oder der steuerlichen Folgen notwendig. Es handelt sich z.B. um die Höhe des Lagerbestandes an Material in jeder Periode oder um den Einkauf von Material je Periode.
- Schließlich erfolgt eine Ableitung der im Rahmen der Einzelaktivität anfallenden *Bruttoein- und Bruttoauszahlungen.* Im Falle des Produktionsfaktors Material würden z.B. drei Kategorien von Zahlungen anfallen: in bar erfolgte Käufe von Material, Einkäufe auf Ziel und Einkäufe mit Anzahlungen an die Lieferanten.
- Die Zahlungsermittlung ist außerdem die entscheidende Grundlage für die Ableitung der jeweiligen *Teil-Bemessungsgrundlage.* Im Rahmen der Bemessungsgrundlage wird geprüft, inwieweit neue Bilanzpositionen aufgebaut oder erhöht, alte Bilanzpositionen abgebaut oder reduziert werden. Daraus leitet sich die neue Höhe des bilanzierten Betrages ab. Die Bemessungsgrundlage entspricht der Zahlung, korrigiert um Zunahmen und Abnahmen bei der Bilanzierung, gegebenenfalls unter Berücksichtigung von Zinsen.

In der Folge wird stets zunächst die Vorgehensweise verbal erläutert, bevor (in repräsentativen Auszügen) die Wiedergabe der Modellogik in formaler *Symphony*-Schreibweise erfolgt.

Nach Durchführung der modellexogen gesteuerten Vorgänge müssen modellendogene Folge- und Anpassungsreaktionen stattfinden. Als Folgen sind die Entstehung und Begleichung einer Steuerschuld zu nennen. Bei den Anpassungsreaktionen handelt es sich um die Vorgänge zur Herbeiführung des Zahlungsausgleichs (über den vollkommenen Kapitalmarkt, die Endausschüttung und den Endkonsum). Dieser ist simultan unter Einschluß eventueller steuerlicher Folgen zu planen.

A. Ebene der Unternehmung

1. Verkauf von Produkten

Da die Umsätze in allen Perioden gleich sind, kann sich die Formel für die Zahlungsströme aus Kundenanzahlungen (Zeile 193) stets unmittelbar auf die Inputvariable "Umsatz" (F7) beziehen. Die Höhe der Anzahlung erhält man demnach durch Multiplikation der Zelle F7 mit der Anzahlungsquote (F8). Allerdings ist bei den Anzahlungen der Zahlungseingang im Vergleich zum Umsatz (Realisationszeitpunkt; t_1 bis t_{50}) eine Periode vorverschoben (t_0 bis t_{49}).

- Anzahlungen; a) Zahlungsstrom:[286]
  in t_0: `E193 = +F7*F8`
  in t_1: `F193 = +F7*F8`
  in t_2: `G193 = +F7*F8`
  ...
  in t_{49}: `BB193 = +F7*F8`

Wenn die Art der Bemessungsgrundlage (F69) entweder "c" oder "n" ist, wird nichts - d.h. der Wert null - bilanziert.[287] Ansonsten (also für "b" oder "z") wird der Zahlungseingang durch Passivierung der Position "erhaltene Anzahlungen" vorläufig erfolgsmäßig neutralisiert (Zeile 194).

Wie schon weiter oben festgelegt wurde, sind Passiva Bilanzpositionen mit einem negativen Vorzeichen. Die nachstehende Formel enthält deshalb z.B. für t_0 den Ausdruck "-E193", da im Bilanzierungsfall ein Passivum in Höhe der in t_0 erfolgten Einzahlung (E193) gebildet wird.

- Anzahlungen; b) Aufbau der Bilanzierung
  in t_0: `E194 = @WENN(F69="C"#ODER#F69="N";0;-E193)`
  in t_1: `F194 = @WENN(F69="C"#ODER#F69="N";0;-F193)`
  in t_2: `G194 = @WENN(F69="C"#ODER#F69="N";0;-G193)`
  ...
  in t_{49}: `BB194 = @WENN(F69="C"#ODER#F69="N";0;-BB193)`

Im jeweils nächsten Jahr erfolgt der Realisationsakt (Umsatz). Das Passivum "erhaltene Anzahlungen" wird aufgelöst (Zeile 195). Der Abbau der Bilanzierung entspricht dem in der Vorperiode (eine Spalte weiter links) stattgefundenen Aufbau (Zeile 194), allerdings mit umgekehrtem Vorzeichen.

---

[286] Anzahlungen kommen in 50 Perioden vor, so daß grundsätzlich die Formeln von 50 Zellen wiedergegeben werden müßten. Wo sich die Formeln nur im Periodenbezug oder gar nicht unterscheiden, wird - wie schon oben erläutert - auf die umfassende Darstellung aller Formeln verzichtet. Angeführt werden insbesondere die Formeln der ersten und der letzten relevanten Perioden.

[287] Strenggenommen erfolgt in diesem Fall überhaupt kein Bilanzansatz. Für die Rechnung spielt jedoch die Differenzierung zwischen keinem Bilanzansatz (Bilanzierung dem Grund nach) und einem Ansatz mit dem Wert 0 (Bilanzierung der Höhe nach) keine Rolle. Deshalb wird auf eine zusätzliche Komplizierung des Problems verzichtet.

- Anzahlungen; c) Abbau der Bilanzierung
  in t_1: F195 = -E194
  in t_2: G195 = -F194
  in t_3: H195 = -G194
  ...
  in t_{50}: BC195 = -BB194

Bei Zugrundelegung des zinskorrigierten Steuersystems (F69 = "z") sind indes noch Modifikationen vorzunehmen (Zeile 196). Da die Ertragsverrechnung erst eine Periode nach der Zahlung erfolgt, ist der Barwert des Erfolgs relativ gesehen zu gering. Zur Kompensation wird der durch den Wegfall (Abbau) des Passivpostens "erhaltene Anzahlung" entstehende Erfolg aufgezinst, d.h. mit dem Faktor 1 + r (Zelle G65) multipliziert. Bei geeigneter Wahl von r ist der Barwert von Zahlung und Ertrag identisch. Der Barwert der Steuerzahlungen wird somit durch eine zinskorrigierte bilanzielle Bemessungsgrundlage nicht verändert. Soll nur ein konventioneller Abbau der Bilanzierung vorgenommen werden (Bemessungsgrundlage F69 = "b") oder wurde gar nicht bilanziert[288] ("c" oder "n"), so entspricht der zinskorrigierte Wert (Zeile 196) dem nominalen Abbau (Zeile 195).

- Anzahlungen; c) zinskorrigiert
  in t_1: F196 = @WENN(F69="Z";F195*G65;F195)
  in t_2: G196 = @WENN(F69="Z";G195*G65;G195)
  in t_3: H196 = @WENN(F69="Z";H195*G65;H195)
  ...
  in t_{50}: BC196 = @WENN(F69="Z";BC195*G65;BC195)

Die Höhe des Bilanzansatzes einer Periode ist gleich der Höhe des Vorjahrsansatzes (gleiche Zeile, aber eine Spalte weiter links) plus dem neuen Aufbau der Bilanzierung plus dem Abbau der Bilanzierung in der Periode (wegen der oben eingeführten Konvention zur Schreibweise braucht lediglich eine Addition vorgenommen werden, denn: Aufbau eines Passivums = positive Zahl; Abbau eines Passivums = negative Zahl[289]) Weiterhin sollte darauf hingewiesen werden, daß Auf- und Abbau der Bilanzierung ineinander übergehen, da laufend sowohl Anzahlungen von früher ausgebucht werden als auch stetig neue Anzahlungen eintreffen.

- Anzahlungen; d) Bilanzierung
  in t_0: E197 = +D197+E194+E195
  in t_1: F197 = +E197+F194+F195
  in t_2: G197 = +F197+G194+G195
  ...
  in t_{50}: BC197 = +BB197+BC194+BC195

Die Höhe der (Teil-)Bemessungsgrundlage (Zeile 198) ist grundsätzlich null, wenn die Verkäufe von der Steuer ausgenommen werden (F69 = "n"). Ansonsten gleicht

---

288 Beachte, daß in diesem Fall die Zeile 195 den Wert null enthält.

289 Dies gilt auch für die anderen Aktivitäten. Ein- und Auszahlungen, Aktiva und Passiva, Zu- und Abnahmen der Bilanzierung können stets addiert werden, ohne auf die genaue Ausprägung der Rechengröße achten zu müssen.

sie dem Zahlungsstrom (Zeile 193) plus dem Aufbau der Bilanzierung (Zeile 194; hier besteht kein Unterschied zwischen nominal und zinskorrigiert) plus dem auf eventuelle Zinskorrekturen überprüften Abbau der Bilanzierung (Zeile 196).

- Anzahlungen; e) Anteil BG
  in t_0: `E198 = @WENN(F69="N";0;+E193+E194+E196)`
  in t_1: `F198 = @WENN(F69="N";0;+F193+F194+F196)`
  in t_2: `G198 = @WENN(F69="N";0;+G193+G194+G196)`
  ...
  in t_{50}: `BC198 = @WENN(F69="N";0;+BC193+BC194+BC196)`

Die Berechnung der hierdurch ausgelösten Steuer wird erst später vorgenommen.

Die Zahlungen aus Barverkäufen (Zeile 201) sind das Produkt aus Umsatz (F7) und dem Anteil der Barverkäufe (G10). Die Zahlungen fließen zeitgleich mit der Tätigung der Umsätze (von t_1 bis t_{50}).

- Barverkäufe; a) Zahlungsstrom
  in t_1: `F201 = +F7*G10`
  in t_2: `G201 = +F7*G10`
  in t_3: `H201 = +F7*G10`
  ...
  in t_{50}: `BC201 = +F7*G10`

Barverkäufe führen grundsätzlich zu keiner Bilanzierung. Die z.B. bei Anzahlungen notwendigen Zeilen b), c) und d) können daher entfallen.

Der Zahlungsstrom wird unmittelbar zur Bemessungsgrundlage (Zeile 202), außer er soll steuerlich gar nicht erfaßt werden (F69 = "n").

- Barverkäufe; e) Anteil BG
  in t_1: `F202 = @WENN(F69="N";0;F201)`
  in t_2: `G202 = @WENN(F69="N";0;G201)`
  in t_3: `H202 = @WENN(F69="N";0;H201)`
  ...
  in t_{50}: `BC202 = @WENN(F69="N";0;BC201)`

Die Zahlungseingänge bei Verkäufen auf Ziel hinken dem Umsatzzeitpunkt um eine Periode hinterher (eine Spalte weiter rechts; t_2 bis t_{51}). Ihr Betrag ergibt sich aus der Multiplikation des Umsatzes (F7) mit dem Anteil der Zielverkäufe (F9).

- Zielzahlungen; a) Zahlungsstrom
  in t_2: `G205 = +F7*F9`
  in t_3: `H205 = +F7*F9`
  in t_4: `I205 = +F7*F9`
  ...
  in t_{51}: `BD205 = +F7*F9`

Wenn bilanziert wird (F69 gleich "b" oder "z"), führen Zielverkäufe im Vergleich zum Zahlungseingang zu einer Ertragsantizipation. Man bildet einen Aktivposten ("Forderungen aus Lieferungen und Leistungen"; Zeile 206) in Höhe der erwarteten

Zahlung der Folgeperiode (eine Spalte weiter rechts). D.h. Forderungen werden von t_1 bis t_{50} aktiviert.

• Zielzahlungen; b) Aufbau der Bilanzierung
in t_1: `F206 = @WENN(F69="C"#ODER#F69="N";0;G205)`
in t_2: `G206 = @WENN(F69="C"#ODER#F69="N";0;H205)`
in t_3: `H206 = @WENN(F69="C"#ODER#F69="N";0;I205)`
...
in t_{50}: `BC206 = @WENN(F69="C"#ODER#F69="N";0;BD205)`

Bei zinskorrigierten Steuersystemen (F69 = "z") ist darauf zu achten, daß der Ertrag ein Jahr früher als die Einzahlung der Steuer unterliegt. Um den gleichen Barwert zu erhalten, darf nur der mittels Division durch 1 + r abgezinste Aktivierungsbetrag in die Bemessungsgrundlage eingerechnet werden. Ansonsten bleibt es bei den in Zeile 206 ermittelten Werten (Zeile 207).

• Zielzahlungen; b) zinskorrigiert
in t_1: `F207 = @WENN(F69="Z";F206/G65;F206)`
in t_2: `G207 = @WENN(F69="Z";G206/G65;G206)`
in t_3: `H207 = @WENN(F69="Z";H206/G65;H206)`
...
in t_{50}: `BC207 = @WENN(F69="Z";BC206/G65;BC206)`

Bei Zahlungseingang wird der in der Vorperiode (eine Spalte links davon) aktivierte Betrag wieder ausgebucht (Zeile 208).

• Zielzahlungen; c) Abbau der Bilanzierung
in t_2: `G208 = -F206`
in t_3: `H208 = -G206`
in t_4: `I208 = -H206`
...
in t_{51}: `BD208 = -BC206`

Ähnlich wie bei den Anzahlungen muß darauf hingewiesen werden, daß zu einem Zeitpunkt grundsätzlich sowohl alte Forderungen aufgelöst als auch neue gebildet werden. Der neu in der Bilanz stehende Wert (Zeile 209) ist somit der Wert des Vorjahrs (gleiche Zeile, eine Spalte links davon) plus Aufbau und Abbau der Bilanzierung in der aktuellen Periode (Zeilen 206 und 208).

• Zielzahlungen; d) Bilanzierung
in t_1: `F209 = +E209+F206+F208`
in t_2: `G209 = +F209+G206+G208`
in t_3: `H209 = +G209+H206+H208`
...
in t_{51}: `BD209 = +BC209+BD206+BD208`

Sofern Umsatzerlöse besteuert werden, entspricht die Bemessungsgrundlage (Zeile 210) den Zahlungen der Periode (Zeile 205) ergänzt um die möglicherweise zinskorrigierte Zunahme der Forderungen (Zeile 207) und den Abbau der Forderungen (Zeile 208).

- Zielzahlungen; e) Anteil BG
  in t_1: `F210   = @WENN(F69="N";0;F205+F207+F208)`
  in t_2: `G210   = @WENN(F69="N";0;G205+G207+G208)`
  in t_3: `H210   = @WENN(F69="N";0;H205+H207+H208)`
  ...
  in t_{51}: `BD210  = @WENN(F69="N";0;BD205+BD207+BD208)`

2. Investitionen in Boden

Insgesamt fließen nur zwei Zahlungen. In t_0 erfolgt eine Auszahlung in Höhe des Kaufpreises des Bodens, in t_{50} eine Einzahlung in Höhe des Verkaufspreises des Bodens.

- Investition in Boden; a) Zahlungsstrom:
  in t_0: `E215   = -F13`
  in t_{50}: `BC215  = +F14`

Wenn die Investition in Grund und Boden bilanziert werden soll (also die Eingabevariable zur Bemessungsgrundlage F72 weder "c" noch "n" ist), wird der Kaufpreis aktiviert. Da die Begleichung des Kaufpreises eine Auszahlung, "Boden" aber ein Aktivum darstellt, muß das Vorzeichen umgedreht werden (Zeile 216).

- Investition in Boden; b) Aufbau der Bilanzierung:
  in t_0: `E216   = @WENN(F72="C"#ODER#F72="N";0;-E215).`

Eine in t_0 vorgenommene Bilanzierung bleibt bis t_{50} stehen. Dort wird sie wieder rückgängig gemacht (Zeile 217).

- Investition in Boden; c) Abbau der Bilanzierung:
  in t_{50}: `BC217  = -E216`

Da im Bilanzierungsfall die Zahlung erst 50 Jahre später als Aufwand steuerlich anerkannt wird, sinkt der Barwert des Aufwands im Vergleich zur Zahlung. Die zinskorrigierte Bemessungsgrundlage gleicht dies dadurch aus, daß ein über 50 Perioden aufgezinster Betrag von BC217 $\cdot$ $(1 + r)^{50}$ zum Abzug gebracht werden darf (Zeile 218).

- Investition in Boden; c) zinskorrigiert:
  in t_{50}: `BC218  = @WENN(F72="Z";BC217*G65^50;BC217)`

Bilanziert wird in t_0 der neu hinzukommende Betrag. Von t_1 bis t_{49} gibt es keine Änderung; es wird jeweils der Betrag der Vorperiode (gleiche Zeile, eine Spalte links davon) übernommen. In t_{50} ist keine Bilanzierung mehr vorhanden, die entsprechende Zelle kann deshalb leer bleiben.

- Investition in Boden; d) Bilanzierung:
  in t_0: `E219 = +E216`
  in t_1: `F219 = +E219`
  in t_2: `G219 = +F219`
  in t_3: `H219 = +G219`
  ...
  in t_{49}: `BB219 = +BA219`

Eine steuerlich relevante Bemessungsgrundlage (Zeile 220) kann höchstens in zwei Perioden entstehen, nämlich in t_0 (Kaufzeitpunkt) und in t_{50} (Verkaufszeitpunkt). Der Betrag in t_0 entspricht der Zahlung für den Kauf (E215; dieser Wert ist negativ) erhöht um einen eventuell aktivierten Betrag (E216). Er besteht in t_{50} aus dem Verkaufserlös (BC215) plus dem (u.U. zinskorrigierten) Abbau des Buchwertes (BC218; negative Zahl). Natürlich gilt dies nur, soweit Geschäfte mit Grund und Boden grundsätzlich steuerlich relevant sind (F72 ungleich "n").

- Investition in Boden; e) Anteil BG:
  in t_0: `E220 = @WENN(F72="N";0;E215+E216)`
  in t_{50}: `BC220 = @WENN(F72="N";0;BC215+BC218)`

3. Investitionen in Gebäude

Die einzige Zahlung für das Gebäude ist die Ausgabe für Kauf oder Herstellung des Gebäudes in t_0 (E244).

- Investition in Gebäude; a) Zahlungsstrom
  in t_0: `E224 = -F17`

Die Ausgabe führt zu einer Aktivierung in gleicher Höhe, aber mit wechselndem Vorzeichen in t_0 (E225), sofern eine bilanzielle Behandlung der Bemessungsgrundlagen von "Gebäuden" eingestellt ist (F126).

- Investition in Gebäude; b) Aufbau der Bilanzierung
  in t_0: `E225 = @WENN(F126="C"#ODER#F126="N";0;-E224)`

Die mögliche Abschreibung (Zeile 226) hat als Ausgangsbasis den aktivierten Betrag (E225). Sie kann in allen Perioden von t_0 (Sofortabschreibung) bis t_{50} vorgenommen werden. Die dazugehörigen Prozentanteile (Abschreibungsquoten) wurden in den Zellen F75 (t_0), F76 (t_1), F77 (t_2), usw. bis F125 (t_{50}) festgelegt. Grundsätzlich ist zur Berechnung des absoluten Abschreibungsbetrags pro Periode also E225 mit der Abschreibungsquote der entsprechenden Periode zu multiplizieren. Dies wird technisch dadurch gelöst, daß aus dem Zellbereich F75..F125 entsprechend einem Periodenindex (E188 = 0, F188 = 1, G188 = 2, ..., BC188 = 50) jeweils die betreffende Quote herausgegriffen wird.[290]

---

290 Der Befehl INDEX kann nicht nur aus einer einfachen Reihe von Zahlen (eindimensional), sondern aus einem Feld (zweidimensional) eine gewünschte Zahl heraussuchen. Die im obigen Befehl enthaltene "0" läßt sich damit erklären, daß hier die zweite Dimension nicht benötigt wird.

- Investition in Gebäude; c) Abbau der Bilanzierung

in t_0: `E226 = -E225*@INDEX(F75..F125;0;E188)`
in t_1: `F226 = -E225*@INDEX(F75..F125;0;F188)`
in t_2: `G226 = -E225*@INDEX(F75..F125;0;G188)`
...
in t_{50}: `BC226 = -E225*@INDEX(F75..F125;0;BC188)`

Bei zinskorrigierter Bilanzierung wird die steuerlich verrechnete Abschreibung gemäß dem Faktor 1 + r (Feld G65) und der Zeitdifferenz zwischen Auszahlungszeitpunkt und Aufwandsverrechnungszeitpunkt aufgezinst. Da der Auszahlungszeitpunkt t_0 ist, kann statt der Differenz der Jahre unmittelbar die jeweilige Periode der Abschreibung (Zeile 188) herangezogen werden (Zeile 227).

- Investition in Gebäude; c) zinskorrigiert

in t_0: `E227 = @WENN(F126="Z";E226*G65^E188;E226)`
in t_1: `F227 = @WENN(F126="Z";F226*G65^F188;F226)`
in t_2: `G227 = @WENN(F126="Z";G226*G65^G188;G226)`
...
in t_{50}: `BC227 = @WENN(F126="Z";BC226*G65^BC188;BC226)`

Der bilanzierte Wert (Zeile 228) ergibt sich wiederum aus dem Bilanzansatz der Vorperiode (gleiche Zeile, eine Spalte links davon) plus Erhöhungen oder Minderungen der Bilanzierung (Zeilen 225 und 226).

- Investition in Gebäude; d) Bilanzierung

in t_0: `E228 = +D228+E225+E226`
in t_1: `F228 = +E228+F225+F226`
in t_2: `G228 = +F228+G225+G226`
...
in t_{50}: `BC228 = +BB228+BC225+BC226`

Der Anteil an der Bemessungsgrundlage (Zeile 229) errechnet sich auf die bereits mehrfach geschilderte Art und Weise: Zahlungsstrom (Zeile 224) plus Aufbau der Bilanzierung (Zeile 225) plus auf Zinskorrekturen geprüfter Abbau der Bilanzierung (Zeile 227).

- Investition in Gebäude; e) Anteil BG

in t_0: `E229 = @WENN(F126="N";0;+E224+E225+E227)`
in t_1: `F229 = @WENN(F126="N";0;+F224+F225+F227)`
in t_2: `G229 = @WENN(F126="N";0;+G224+G225+G227)`
...
in t_{50}: `BC229 = @WENN(F126="N";0;+BC224+BC225+BC227)`

4. Investitionen in Maschinen

Maschinen werden zu fünf Zeitpunkten erworben (in t_0, t_{10}, t_{20}, t_{30}, t_{40}). Um die Übersicht zu erleichtern, werden die einzelnen Generationen innerhalb der Modellrechnung nacheinander behandelt. Allerdings sind bei den Formeln sehr große Parallelen vorhanden.

Für jede der fünf Maschinengenerationen erfolgt eine Auszahlung in Höhe des Kaufpreises der Maschinen beim Erwerb. Für die erste Generation gilt (Zeile 235):

- Maschinen 1. Generation; a) Zahlungsstrom
  in t_0: `E235 = -F20`

Entsprechend der Vorgehensweise bei Gebäuden wird u.U. eine Aktivierung vorgenommen (Zeile 236). Die für die Art der Bemessungsgrundlage bei Maschinen ausschlaggebende Variable ist F140.

- Maschinen 1. Generation; b) Aufbau der Bilanzierung
  in t_0: `E236 = @WENN(F140="C"#ODER#F140="N";0;-E235)`

Die Abschreibungssätze für Maschinen stehen in den Zellen F129 (t_y), F130 (t_{y+1}), F131 (t_{y+2}), usw. bis F139 (t_{y+10}). Ähnlich wie oben schon bei Gebäuden dargestellt, muß deshalb mit Hilfe der Periodennummer (Zeile 188) - genauer gesagt der Differenz zwischen dem Wert der aktuellen Periode und dem Kaufzeitpunkt der Maschinen - die entsprechende Abschreibungsquote dem Zellbereich F129..F139 entnommen werden. Multipliziert mit dem ursprünglich aktivierten Betrag (E236) und mit einem anderen Vorzeichen versehen, errechnet sich die Abschreibung in den Perioden t_0 bis t_{10}.

- Maschinen 1. Generation; c) Abbau der Bilanzierung
  in t_0: `E237 = -E236*@INDEX(F129..F139;0;E188-0)`
  in t_1: `F237 = -E236*@INDEX(F129..F139;0;F188-0)`
  in t_2: `G237 = -E236*@INDEX(F129..F139;0;G188-0)`
  ...
  in t_{10}: `O237 = -E236*@INDEX(F129..F139;0;O188-0)`

Für den Fall einer zinsbereinigten Bemessungsgrundlage (F124 = "z") muß als Kompensation für die später erfolgenden Abschreibungen eine Aufzinsung des Abschreibungsbetrages vorgenommen werden. Maßgebend hierfür ist - neben dem Aufzinsungsfaktor (G65) - die Zeitdifferenz zwischen dem Jahr des Erwerbs (bei Maschinen der ersten Generation: 0) und dem Jahr der Abschreibung (gleiche Spalte, Zeile 188).

- Maschinen 1. Generation; c) zinskorrigiert
  in t_0: `E238 = @WENN(F140="Z";+E237*G65^(E188-0);E237)`
  in t_1: `F238 = @WENN(F140="Z";+F237*G65^(F188-0);F237)`
  in t_2: `G238 = @WENN(F140="Z";+G237*G65^(G188-0);G237)`
  ...
  in t_{10}: `O238 = @WENN(F140="Z";+O237*G65^(O188-0);O237)`

Der Bilanzansatz errechnet sich nach dem bereits besprochenen Schema:

- Maschinen 1. Generation; d) Bilanzierung
  in t_0: `E239 = +D239+E236+E237`
  in t_1: `F239 = +E239+F236+F237`
  in t_2: `G239 = +F239+G236+G237`
  ...
  in t_{10}: `O239 = +N239+O236+O237`

Gleiches gilt für die Bemessungsgrundlage:

- Maschinen 1. Generation; e) Anteil BG
  in t_0: `E240 = @WENN(F140="N";0;+E235+E236+E238)`
  in t_1: `F240 = @WENN(F140="N";0;+F235+F236+F238)`
  in t_2: `G240 = @WENN(F140="N";0;+G235+G236+G238)`
  ...
  in t_{10}: `O240 = @WENN(F140="N";0;+O235+O236+O238)`

Bei Maschinen der zweiten Generation wird entsprechend verfahren. Unterschiede bestehen nur in bezug auf die Zeitverschiebung um zehn Jahre:

- Maschinen 2. Generation; a) Zahlungsstrom
  in t_{10}: `O243 = -F20`

- Maschinen 2. Generation; b) Aufbau der Bilanzierung
  in t_{10}: `O244 = @WENN(F140="C"#ODER#F140="N";0;-O243)`

Um die richtige Abschreibungsquote aus dem Bereich F129..F139 zu bestimmen, darf bei Maschinen der zweiten Generation nicht mehr die Zelle des (absoluten) Jahres der Abschreibung genommen werden. Vielmehr ist vom Jahr der Abschreibung (Zeile 188) die Zahl 10 abzuziehen, da die zweite Generation erst in t_{10} gekauft wurde. Für die Abschreibung z.B. im Zeitpunkt t_{16} ist demnach der Abschreibungsprozentsatz von $t_{16-10} = t_{y+6}$ (Abschreibung im 6. Jahr nach Erwerb der Maschine) heranzuziehen (Zeile 245).

- Maschinen 2. Generation; c) Abbau der Bilanzierung
  in t_{10}: `O245 = -O244*@INDEX(F129..F139;0;O188-10)`
  in t_{11}: `P245 = -O244*@INDEX(F129..F139;0;P188-10)`
  in t_{12}: `Q245 = -O244*@INDEX(F129..F139;0;Q188-10)`
  ...
  in t_{20}: `Y245 = -O244*@INDEX(F129..F139;0;Y188-10)`

Für den zinskorrigierten Abbau der Bilanzierung (Zeile 246) sind äquivalente Überlegungen anzustellen. Die Aufzinsung erfolgt um diejenige Anzahl von Perioden, die sich durch Subtraktion von 10 (= Jahr des Kaufs bei der 2. Generation) vom Jahr der Abschreibung (Zeile 188) ergibt.

- Maschinen 2. Generation; c) zinskorrigiert
  in t_{10}: `O246 = @WENN(F140="Z";+O245*G65^(O188-10);O245)`
  in t_{11}: `P246 = @WENN(F140="Z";+P245*G65^(P188-10);P245)`
  in t_{12}: `G246 = @WENN(F140="Z";+Q245*G65^(Q188-10);Q245)`
  ...
  in t_{20}: `Y246 = @WENN(F140="Z";+Y245*G65^(Y188-10);Y245)`

Hinsichtlich der Bilanzierung (Zeile 247) und der Bemessungsgrundlage (Zeile 248) treten keine Besonderheiten auf.

- Maschinen 2. Generation; d) Bilanzierung
  in t_{10}: `O247 = +N247+O244+O245`
  in t_{11}: `P247 = +O247+P244+P245`
  in t_{12}: `Q247 = +P247+Q244+Q245`
  ...
  in t_{20}: `Y247 = +X247+Y244+Y245`

- Maschinen 2. Generation; e) Anteil BG
  in t_{10}: `O248 = @WENN(F140="N";0;+O243+O244+O246)`
  in t_{11}: `P248 = @WENN(F140="N";0;+P243+P244+P246)`
  in t_{12}: `Q248 = @WENN(F140="N";0;+Q243+Q244+Q246)`
  ...
  in t_{20}: `Y248 = @WENN(F140="N";0;+Y243+Y244+Y246)`

Bei den anderen Maschinengenerationen wird prinzipiell genauso vorgegangen:

- Maschinen 3. Generation; a) Zahlungsstrom
  in t_{20}: `Y251 = -F20`

- usw.

- Maschinen 4. Generation; a) Zahlungsstrom
  in t_{30}: `AI259 = -F20`

- usw.

- Maschinen 5. Generation; a) Zahlungsstrom
  in t_{40}: `AS267 = -F20`

- usw.

5. Einkauf und Verbrauch von Material

Im ersten Schritt wird der Verbrauch an Material zur Produktion ermittelt (Zeile 277). Er ist in allen Perioden von t_1 bis t_{50} konstant (F23).

- Verbrauch an Material in der Produktion
  in t_1: `F277 = +F23`
  in t_2: `G277 = +F23`
  in t_3: `H277 = +F23`
  ...
  in t_{50}: `BC277 = +F23`

Die Unternehmung lagert aus Sicherheitsgründen eine gewisse Menge an Materialien. Der Sicherheits-Lagerbestand am Periodenende (Zeile 278) - d.h. nach den Lagerabgängen für die Produktion - entspricht grundsätzlich einem bestimmten Vielfachen (sog. Lager-Sicherheitskoeffizient; F24) des Periodenverbrauchs. Allerdings soll nicht mehr auf Lager gehalten werden, als in den künftigen Perioden noch verbraucht werden kann, damit bei Einstellung der Produktion keine überzähligen Lagerbestände wieder verkauft werden müssen. Daher ist der Lagerbestand gleich dem aus Sicherheitsgründen für notwendig erachteten Bedarf (F23*F24), höchstens aber die Summe aller künftigen Materialverbräuche. Er richtet sich also nach dem

Minimum beider Werte. Aus Vereinfachungsgründen wird festgelegt, daß der Lager-Sicherheitskoeffizient höchstens fünf (Periodenverbräuche) betragen darf.[291] Hieraus folgt, daß dann nicht mehr alle künftigen Lagerabgänge, sondern nur noch die der nächsten 5 Perioden zur Festlegung der Lagerobergrenze aufaddiert werden müssen:

- Sicherheits-Lager nach der Produktion
  in t_1: `F278 = @MIN(F23*F24;@SUMME(G277..K277))`
  in t_2: `G278 = @MIN(F23*F24;@SUMME(H277..L277))`
  in t_3: `H278 = @MIN(F23*F24;@SUMME(I277..M277))`
  ...
  in t_{50}: `BC278 = @MIN(F23*F24;@SUMME(BD277..BH277))`

Vor der Ermittlung der Zahlungen muß in einem nächsten Schritt der Wert des von t_1 bis t_{50} zu beschaffenden Materials bestimmt werden (Zeile 279). Der Einkaufsbetrag entspricht dem Bedarf (Lagerabgang in die Produktion - Zeile 277 - plus gewünschter Lagerendbestand - Zeile 278) vermindert um den vor Beginn der Produktion schon vorhandenen Lageranfangsbestand (entspricht dem Lagerendbestand der Vorperiode; d.h. ebenfalls Zeile 278, aber eine Spalte weiter links).

- Einkaufsbetrag
  in t_1: `F279 = +F277+F278-E278`
  in t_2: `G279 = +G277+G278-F278`
  in t_3: `H279 = +H277+H278-G278`
  ...
  in t_{50}: `BC279 = +BC277+BC278-BB278`

Im Fall der Bilanzierung (F143 ist weder "c" noch "n") ist der von t_1 bis t_{49} jeweils (neu) aktivierte Lagerbestand (Zeile 282) der Wert des Sicherheitslagers nach Abschluß der Produktion (Zeile 278).

- Lagerhaltung; b) Aufbau der Bilanzierung
  in t_1: `F282 = @WENN(F143="C"#ODER#F143="N";0;F278)`
  in t_2: `G282 = @WENN(F143="C"#ODER#F143="N";0;G278)`
  in t_3: `H282 = @WENN(F143="C"#ODER#F143="N";0;H278)`
  ...
  in t_{49}: `BB282 = @WENN(F143="C"#ODER#F143="N";0;BB278)`

In der Folgeperiode (t_2 bis t_{50}) wird der aktivierte Betrag (Zeile 282) aufgelöst (Zeile 283).

- Lagerhaltung; c) Abbau der Bilanzierung
  in t_2: `G283 = -F282`
  in t_3: `H283 = -G282`
  in t_4: `I283 = -H282`
  ...
  in t_{50}: `BC283 = -BB282`

---

[291] Ein Faktor von fünf reicht in allen Fällen für die Simulation der Realität aus, da in der Praxis die durchschnittliche Lagerhaltung weit unter einem Jahresverbrauch liegt.

Zum Ausgleich der erst ein Jahr später erfolgenden Aufwandsverrechnung ist der Abbau der Bilanzierung bei zinskorrigierten Steuersystemen aufzuzinsen (Zeile 284).

- Lagerhaltung; c) zinskorrigiert
  in t_2: G284 = @WENN(F143="Z";G283*G65;G283)
  in t_3: H284 = @WENN(F143="Z";H283*G65;H283)
  in t_4: I284 = @WENN(F143="Z";I283*G65;I283)
  ...
  in t_{50}: BC284 = @WENN(F143="Z";BC283*G65;BC283)

Die Formel für die aktivierte Bestandsgröße (Zeile 285) entspricht dem schon mehrfach besprochenen Schema.

- Lagerhaltung; d) Bilanzierung
  in t_1: F285 = +E285+F282+F283
  in t_2: G285 = +F285+G282+G283
  in t_3: H285 = +G285+H282+H283
  ...
  in t_{50}: BC285 = +BB285+BC282+BC283

Die durch eine Aktivierung von Lagerbeständen ausgelösten Folgen auf die Bemessungsgrundlage (Zeile 286) weisen eine Besonderheit auf. Da mit der Lagerhaltung *unmittelbar* keine Zahlungen zusammenhängen, entfällt hier die Einbeziehung eines Zahlungsstroms. Zeile 286 wird daher - sofern Element der Bemessungsgrundlage - durch Addition von bilanziellem Lageraufbau (Zeile 282) und des (u.U. zinsbereinigten) bilanziellen Lagerabbaus (Zeile 284) berechnet.

- Lagerhaltung; e) Anteil BG
  in t_1: F286 = @WENN(F143="N";0;F282+F284)
  in t_2: G286 = @WENN(F143="N";0;G282+G284)
  in t_3: H286 = @WENN(F143="N";0;H282+H284)
  ...
  in t_{50}: BC286 = @WENN(F143="N";0;BC282+BC284)

Die in einer Periode geleisteten Anzahlungen gegenüber den Lieferanten (Zeile 289) ergeben sich aus dem Produkt von Einkaufs- und Lieferungsbetrag der Folgeperiode und dem Anteil der Lieferantenanzahlungen an den Einkäufen (F25). Lieferantenanzahlungen können somit zu den Zeitpunkten t_0 bis t_{49} erfolgen.

- Anzahlungen; a) Zahlungsstrom
  in t_0: E289 = -F279*F25
  in t_1: F289 = -G279*F25
  in t_2: G289 = -H279*F25
  ...
  in t_{49}: BB289 = -BC279*F25

Anzahlungen an Lieferanten führen im Bilanzierungsfall (F143 ist weder "c" noch "n", sondern "b" oder "z") zur Bildung eines Aktivums (Zeile 290). Da eine Auszahlung zugrunde liegt, ist das Vorzeichen zu ändern:

- Anzahlungen; b) Aufbau der Bilanzierung
  in t_0: `E290 = @WENN(F143="C"#ODER#F143="N";0;-E289)`
  in t_1: `F290 = @WENN(F143="C"#ODER#F143="N";0;-F289)`
  in t_2: `G290 = @WENN(F143="C"#ODER#F143="N";0;-G289)`
  ...
  in t_{49}: `BB290 = @WENN(F143="C"#ODER#F143="N";0;-BB289)`

Aktivierte Beträge werden in der Folgeperiode (eine Spalte rechts; t_1 bis t_{50}) abgebaut (Zeile 291).

- Anzahlungen; c) Abbau der Bilanzierung
  in t_1: `F291 = -E290`
  in t_2: `G291 = -F290`
  in t_3: `H291 = -G290`
  ...
  in t_{50}: `BC291 = -BB290`

Eine Aufzinsung wird bei der zinskorrigierten Variante der Bemessungsgrundlage vorgenommen, da der Aufwand erst ein Jahr nach der Auszahlung steuerlich berücksichtigt wird (Zeile 292).

- Anzahlungen; c) zinskorrigiert
  in t_1: `F292 = @WENN(F143="Z";F291*G65;F291)`
  in t_2: `G292 = @WENN(F143="Z";G291*G65;G291)`
  in t_3: `H292 = @WENN(F143="Z";H291*G65;H291)`
  ...
  in t_{50}: `BC292 = @WENN(F143="Z";BC291*G65;BC291)`

Für die Höhe der Bilanzposition sowie den Anteil an der Bemessungsgrundlage bestehen keinerlei Besonderheiten:

- Anzahlungen; d) Bilanzierung
  in t_0: `E293 = +D293+E290+E291`
  in t_1: `F293 = +E293+F290+F291`
  in t_2: `G293 = +F293+G290+G291`
  ...
  in t_{50}: `BC293 = +BB293+BC290+BC291`

- Anzahlungen; e) Anteil BG
  in t_0: `E294 = @WENN(F143="N";0;E289+E290+E292)`
  in t_1: `F294 = @WENN(F143="N";0;F289+F290+F292)`
  in t_2: `G294 = @WENN(F143="N";0;G289+G290+G292)`
  ...
  in t_{50}: `BC294 = @WENN(F143="N";0;BC289+BC290+BC292)`

Die Zahlungen für Bareinkäufe sind das Produkt aus dem Einkaufsbetrag der Periode und dem Anteil der Bareinkäufe an den Einkäufen (G27). Bareinkäufe werden von t_1 bis t_{50} vorgenommen.

- Bareinkäufe; a) Zahlungsstrom

  in t_1: `F297   = -F279*G27`
  in t_2: `G297   = -G279*G27`
  in t_3: `H297   = -H279*G27`
  ...
  in t_{50}: `BC297  = -BC279*G27`

Da Bareinkäufe genauso wie Barverkäufe nicht in der Bilanz erscheinen, verkürzt sich die steuerliche Behandlung stark. Relevant ist nur noch die grundsätzlich auftretende Frage, ob der Einsatz des Produktionsfaktors "Material" überhaupt Bestandteil der Bemessungsgrundlage ist. In diesem - praktisch völlig ausgeschlossenen Fall - wäre Zeile 298 gleich null.

- Bareinkäufe; e) Anteil BG

  in t_1: `F298   = @WENN(F143="N";0;F297)`
  in t_2: `G298   = @WENN(F143="N";0;G297)`
  in t_3: `H298   = @WENN(F143="N";0;H297)`
  ...
  in t_{50}: `BC298  = @WENN(F143="N";0;BC297)`

Die Zahlungen für Einkäufe auf Ziel (Zeile 301) sind das Produkt aus dem Einkaufsbetrag der Vorperiode (Zeile 279) und dem Anteil der Lieferantenzielzahlungen an den Einkäufen (F26). Bei Einkäufen auf Ziel können die Zahlungen daher in den Zeitpunkten t_2 bis t_{51} auftreten:

- Zieleinkäufe; a) Zahlungsstrom

  in t_2: `G301   = -F279*F26`
  in t_3: `H301   = -G279*F26`
  in t_4: `I301   = -H279*F26`
  ...
  in t_{51}: `BD301  = -BC279*F26`

Die Überlegungen zu Zielverkäufen lassen sich entsprechend auch auf Zieleinkäufe anwenden. An die Stelle des Aktivums "Forderungen aus Lieferungen und Leistungen" tritt lediglich das Passivum "Verbindlichkeiten aus Lieferungen und Leistungen". Auf nähere Erläuterungen kann daher verzichtet werden.

- Zieleinkäufe; b) Aufbau der Bilanzierung

  in t_1: `F302   = @WENN(F143="C"#ODER#F143="N";0;G301)`
  in t_2: `G302   = @WENN(F143="C"#ODER#F143="N";0;H301)`
  in t_3: `H302   = @WENN(F143="C"#ODER#F143="N";0;I301)`
  ...
  in t_{50}: `BC302  = @WENN(F143="C"#ODER#F143="N";0;BD301)`

- Zieleinkäufe; b) zinskorrigiert

  in t_1: `F303   = @WENN(F143="Z";F302/G65;F302)`
  in t_2: `G303   = @WENN(F143="Z";G302/G65;G302)`
  in t_3: `H303   = @WENN(F143="Z";H302/G65;H302)`
  ...
  in t_{50}: `BC303  = @WENN(F143="Z";BC302/G65;BC302)`

- Zieleinkäufe; c) Abbau der Bilanzierung
  in t_2: `G304 = -F302`
  in t_3: `H304 = -G302`
  in t_4: `I304 = -H302`
  ...
  in t_{51}: `BD304 = -BC302`

- Zieleinkäufe; d) Bilanzierung
  in t_1: `F305 = +E305+F302+F304`
  in t_2: `G305 = +F305+G302+G304`
  in t_3: `H305 = +G305+H302+H304`
  ...
  in t_{51}: `BD305 = +BC305+BD302+BD304`

- Zieleinkäufe; e) Anteil BG
  in t_1: `F306 = @WENN(F143="N";0;+F301+F303+F304)`
  in t_2: `G306 = @WENN(F143="N";0;+G301+G303+G304)`
  in t_3: `H306 = @WENN(F143="N";0;+H301+H303+H304)`
  ...
  in t_{51}: `BD306 = @WENN(F143="N";0;+BD301+BD303+BD304)`

6. Arbeitsleistungen

Barlöhne fallen während der gesamten Kernphase der Unternehmungstätigkeit an. Die Auszahlung von Barlöhnen (Zeile 311) in den Zeitpunkten t_1 bis t_{50} entspricht in der Höhe unmittelbar der Variablen "Barlöhne" (F30).

- Arbeit gegen Barlohn; a) Zahlungsstrom
  in t_1: `F311 = -F30`
  in t_2: `G311 = -F30`
  in t_3: `H311 = -F30`
  ...
  in t_{50}: `BC311 = -F30`

Weil die Löhne bar ausgezahlt werden, ist die steuerliche Behandlung ziemlich einfach. Die Zahlung stellt - im Prinzip - direkt die Bemessungsgrundlage dar (Zeile 312):

- Arbeit gegen Barlohn; e) Anteil BG
  in t_1: `F312 = @WENN(F146="N";0;F311)`
  in t_2: `G312 = @WENN(F146="N";0;G311)`
  in t_3: `H312 = @WENN(F146="N";0;H311)`
  ...
  in t_{50}: `BC312 = @WENN(F146="N";0;BC311)`

Zusagen für "später zu zahlendes Arbeitsentgelt" (F33) werden ebenfalls in den Perioden t_1 bis t_{50} gemacht (Zeile 317).

- Arbeit gegen späteres Entgelt; Zusagen
  in t_1: `F317 = +F33`
  in t_2: `G317 = +F33`
  in t_3: `H317 = +F33`
  ...
  in t_{50}: `BC317 = +F33`

Die Auszahlung erfolgt aber erst zeitversetzt 10 Jahre später, also von t_{11} bis t_{60} (Zeile 319).

- Arbeit gegen späteres Entgelt; a) Zahlungsstrom
  in t_{11}: `P319 = -F33`
  in t_{12}: `Q319 = -F33`
  in t_{13}: `R319 = -F33`
  ...
  in t_{60}: `BM319 = -F33`

Im Bilanzierungsfall muß für die spätere Verpflichtung eine Rückstellung gebildet werden. Die Rückstellungsbildung kann im Jahr der Zusage, also 10 Jahre vor der Auszahlung (t_{x-10}), im Jahr nach der Zusage, also 9 Jahre vor der Auszahlung (t_{x-9}), usw. erfolgen. Aus Gründen der Übersichtlichkeit wird hierfür jeweils eine eigene Zeile (320 bis 330) vorgesehen. Die prozentualen Anteile der Rückstellungsbildung von t_{x-10} bis t_x wurden in den Zellen F149 bis F159 festgelegt.

Der (bei F160 ungleich "n" oder "c") sofort im Zusagezeitpunkt (t_{x-10}) zu passivierende Betrag ist die Zusage (F33) multipliziert mit dem Faktor für die Zuführung in t_{x-10} (F149). Der Betrag für t_1 wird identisch für die nächsten 49 Jahre übernommen. Die Passivierung findet demnach zeitgleich mit den Jahren der Zusage statt (t_1 bis t_{50}) (Zeile 320).

- Arbeit gegen späteres Entgelt; b) Aufbau der Bilanzierung t_{x-10}
  in t_1: `F320 = @WENN(F160="C"#ODER#F160="N";0;-F33*F149)`
  in t_2: `G320 = +F320`
  in t_3: `H320 = +G320`
  ...
  in t_{50}: `BC320 = +BB320`

Im nächsten Jahr (eine Spalte weiter rechts) kommt ein Betrag dazu, der gleich der Zusage (F33) mal dem Faktor für die Zuführung zur Rückstellung in t_{x-9} (F150) ist (Zeile 321). Demnach läuft diese Reihe von t_2 bis t_{51}. Die Zahlen der nachfolgenden 49 Jahre (bis t_{51}) entsprechen der Passivierung in t_2.

- Arbeit gegen späteres Entgelt; b) Aufbau der Bilanzierung t_{x-9}
  in t_2: `G321 = @WENN(F160="C"#ODER#F160="N";0;-F33*F150)`
  in t_3: `H321 = +G321`
  in t_4: `I321 = +H321`
  ...
  in t_{51}: `BD321 = +BC321`

Eine Periode später (Zeile 322) wird die Rückstellung abermals erhöht. Die Zuführung entspricht der Zusage (F33) multipliziert mit dem entsprechenden Prozentsatz für t_{x-8} (F151). Der Wert für t_3 wird für die Jahre t_4 bis t_{52} übernommen.

- Arbeit gegen späteres Entgelt; b) Aufbau der Bilanzierung t_{x-8}
  in t_3: `H322 = @WENN(F160="C"#ODER#F160="N";0;-F33*F151)`
  in t_4: `I322 = +H322`
  in t_5: `J322 = +I332`
  ...
  in t_{52}: `BE322 = +BD332`

Die restlichen Zeilen von 323 bis 330 sind nach dem gleichen Schema aufgebaut. Sukzessive wird die Bilanzierung ergänzt, bis schließlich spätestens in t_x (Auszahlungszeitpunkt) die gesamte Gehaltszusage passiviert ist. Hierzu wird auf die restlichen Prozentsätze von F152 bis F159 zurückgegriffen.

Rückstellungen bedeuten die Antizipation von Aufwand relativ zum Auszahlungszeitpunkt. Zinskorrigierende bilanzielle Bemessungsgrundlagen nehmen daher eine Abzinsung des der Rückstellung zugeführten Betrages vor (Zeilen 331 bis 341). Die Abzinsung geschieht mit Hilfe einer Division durch den Faktor 1 + r (Zelle G65) potenziert mit der Zahl der Perioden, die bis zum Auszahlungszeitpunkt noch fehlen:

- Arbeit gegen späteres Entgelt; b) zinskorrigiert t_{x-10}
  in t_1: `F331 = @WENN(F160="Z";F320/G65^10;F320)`
  in t_2: `G331 = +F331`
  in t_3: `H331 = +G331`
  ...
  in t_{50}: `BC331 = +BB331`
- Arbeit gegen späteres Entgelt; b) zinskorrigiert t_{x-9}
  in t_2: `G332 = @WENN(F160="Z";G321/G65^9;G321)`
  in t_3: `H332 = +G332`
  in t_4: `I332 = +H332`
  ...
  in t_{51}: `BD332 = +BC332`
- Arbeit gegen späteres Entgelt; b) zinskorrigiert t_{x-8}
  in t_3: `H333 = @WENN(F160="Z";H322/G65^8;H322)`
  in t_4: `I333 = +H333`
  in t_5: `J333 = +I333`
  ...
  in t_{52}: `BE333 = +BD333`
- usw. bis t_x.

Von t_{11} bis t_{60} werden die früher zugesagten Beträge ausgezahlt. Es erfolgt dann auch ein Abbau der Bilanzierung (Zeile 342). Der Abbau entspricht der - bislang sukzessive passivierten - Zahlungsbelastung (Zeile 319).

- Arbeit gegen späteres Entgelt; c) Abbau der Bilanzierung in t_x)

```
in t11: P342   = @WENN(F160="C"#ODER#F160="N";0;-P319)
in t12: Q342   = +P342
in t13: R342   = +Q342
...
in t60: BM342  = +BL342
```

Der passivierte Rückstellungsbetrag (Zeile 343) ergibt sich auf konventionelle Weise: Passivierung in der Vorperiode (gleiche Zeile, eine Spalte weiter links) plus Summe aller Zugänge in der Bilanz (Zeilen 320 bis 330) plus Abbau der Bilanzierung (Zeile 342).

- Arbeit gegen späteres Entgelt; d) Bilanzierung

```
in t1:  F343   = +E343+@SUMME(F320..F330)+F342
in t2:  G343   = +F343+@SUMME(G320..G330)+G342
in t3:  H343   = +G343+@SUMME(H320..H330)+H342
...
in t60: BM343  = +BL343+@SUMME(BM320..BM330)+BM342
```

Auch für den Anteil an der Bemessungsgrundlage ist die übliche Formel nahezu unverändert anwendbar. Sie besteht aus dem Zahlungsstrom, dem zinskorrigierten Aufbau der Bilanzierung (Zeilen 331 bis 341) und dem Abbau der Rückstellung (Zeile 342).

- Arbeit gegen späteres Entgelt; e) Anteil BG

```
in t1:  F344   = @WENN(F160="N";0;+F319+@SUMME
                 (F331..F341)+F342)
in t2:  G344   = @WENN(F160="N";0;+G319+@SUMME
                 (G331..G341)+G342)
in t3:  H344   = @WENN(F160="N";0;+H319+@SUMME
                 (H331..H341)+H342)
...
in t60: BM344  = @WENN(F160="N";0;+BM319+@SUMME
                 (BM331..BM341)+BM342)
```

7. Anlage von Finanzmitteln und Liquiditätsreserven

In t_0 erfolgt eine Auszahlung für eine Finanzanlage, deren Höhe durch eine Eingabevariable (F36) festgelegt wird. Bei der Auflösung in t_{50} entsteht eine entsprechende Einzahlung. Das Feld G37 gibt die pro Jahr anfallenden Erträge wieder.

Beide Komponenten zusammen konstituieren die im Zusammenhang mit der Finanzanlage anfallenden Zahlungen (Zeile 349).

- Riskante Finanzanlage; a) Zahlungsstrom
  in t_0: `E349 = -F36`
  in t_1: `F349 = +G37`
  in t_2: `G349 = +G37`
  in t_3: `H349 = +G37`
  ...
  in t_{49}: `BB349 = +G37`
  in t_{50}: `BC349 = +F36+G37`

Aktiviert wird im Bedarfsfall der angelegte Betrag (F36) (Zeile 350).

- Riskante Finanzanlage; b) Aufbau der Bilanzierung
  in t_0: `E350 = @WENN(F163="C"#ODER#F163="N";0;F36)`
  in t_1: `F350 = @WENN(F163="C"#ODER#F163="N";0;F36)`
  in t_2: `G350 = @WENN(F163="C"#ODER#F163="N";0;F36)`
  ...
  in t_{49}: `BB350 = @WENN(F163="C"#ODER#F163="N";0;F36)`

In der jeweils nächsten Periode (eine Spalte rechts; t_1 bis t_{50}) wird diese Bilanzposition wieder abgebaut (Zeile 351).

- Riskante Finanzanlage; c) Abbau der Bilanzierung
  in t_1: `F351 = -E350`
  in t_2: `G351 = -F350`
  in t_3: `H351 = -G350`
  ...
  in t_{50}: `BC351 = -BB350`

Zinskorrigierter Abbau, Bilanzierung und Anteil an der Bemessungsgrundlage berechnen sich auf die übliche Art:

- Riskante Finanzanlage; c) zinskorrigiert
  in t_1: `F352 = @WENN(F163="Z";F351*G65;F351)`
  in t_2: `G352 = @WENN(F163="Z";G351*G65;G351)`
  in t_3: `H352 = @WENN(F163="Z";H351*G65;H351)`
  ...
  in t_{50}: `BC352 = @WENN(F163="Z";BC351*G65;BC351)`

- Riskante Finanzanlage; d) Bilanzierung
  in t_0: `E353 = +D353+E350+E351`
  in t_1: `F353 = +E353+F350+F351`
  in t_2: `G353 = +F353+G350+G351`
  ...
  in t_{50}: `BC353 = +BB353+BC350+BC351`

- Riskante Finanzanlage; e) Anteil BG
  in t_0: `E354 = @WENN(F163="N";0;E349+E350+E352)`
  in t_1: `F354 = @WENN(F163="N";0;F349+F350+F352)`
  in t_2: `G354 = @WENN(F163="N";0;G349+G350+G352)`
  ...
  in t_{50}: `BC354 = @WENN(F163="N";0;BC349+BC350+BC352)`

8. Sonstige Ausgaben

Die Auszahlungen für sonstige Ausgaben (Zeile 359) in den Zeitpunkten t_1 bis t_{50} sind der Höhe identisch mit der Variablen "Sonstige Ausgaben" (F40).

- Sonstige Ausgaben; a) Zahlungsstrom
  in t_1: `F359 = -F40`
  in t_2: `G359 = -F40`
  in t_3: `H359 = -F40`
  ...
  in t_{50}: `BC359 = -F40`

Sollen die sonstigen Ausgaben nicht einbezogen werden (F166 = "n"), so steht in Zeile 360 die Zahl null, andernfalls der Wert der Auszahlung. Der erste Betrag wird für t_2 bis t_{50} übernommen.

- Sonstige Ausgaben; e) Anteil BG
  in t_1: `F360 = @WENN(F166="N";0;F359)`
  in t_2: `G360 = +F360`
  in t_3: `H360 = +G360`
  ...
  in t_{50}: `BC360 = +BB360`

9. Sonstige Einnahmen

Die Einzahlungen aus sonstigen Einnahmen in den Perioden t_1 bis t_{50} (Zeile 365) entsprechen genau der Variablen "Sonstige Einnahmen" (F43).

- Sonstige Einnahmen; a) Zahlungsstrom
  in t_1: `F365 = +F43`
  in t_2: `G365 = +F43`
  in t_3: `H365 = +F43`
  ...
  in t_{50}: `BC365 = +F43`

Die Behandlung von sonstigen Einnahmen und die von sonstigen Ausgaben (s.o.) geschieht analog.

- Sonstige Einnahmen; e) Anteil BG
  in t_1: `F366 = @WENN(F169="N";0;F365)`
  in t_2: `G366 = +F366`
  in t_3: `H366 = +G366`
  ...
  in t_{50}: `BC366 = +BB366`

10. Einlagen und Ausschüttungen von t_{-1} bis t_{50}

Die Einzahlung für die Einlage in t_{-1} wird durch eine Modellvariable (F46) festgelegt. Dasselbe gilt für die Ausschüttungen von t_1 bis t_{50}, die stets in gleicher Höhe (F47) anfallen. Beide Zahlungen werden in Zeile 371 zusammengefaßt:

- Einlagen/Ausschüttungen t_{-1} bis t_{50}; a) Zahlungsstrom
  in t_{-1}: `D371 = +F46`

  in t_1: `F371 = -F47`
  in t_2: `G371 = -F47`
  in t_3: `H371 = -F47`
  ...
  in t_{50}: `BC371 = -F47`

Einlagen und Ausschüttungen sind bei den untersuchten Steuersystemen kein Bestandteil der Bemessungsgrundlage. Unmittelbare Steuerfolgen müssen somit nicht beachtet werden.

Gemäß den oben getroffenen Annahmen findet weiterhin in $t_{60'}$ eine Endabrechnung statt. Für die Unternehmung bedeutet dies eine Glattstellung eventueller Anlagen oder Kredite am Kapitalmarkt. Das finanzielle Gleichgewicht für die Unternehmung muß in $t_{60'}$ anders gesichert werden. Ein sich ergebender Überschuß wird ausgekehrt (Ausschüttung) oder ein sich zeigendes Defizit durch eine Einlage gedeckt. Die damit in $t_{60'}$ verbundenen Vorgänge müssen allerdings vorläufig ausgeklammert werden. Ihre Schilderung erfolgt erst unter Punkt "12. Zahlungsausgleich".

11. Zinsen am vollkommenen Kapitalmarkt

Der vollkommene Kapitalmarkt hat zu allen Zeitpunkten (mit Ausnahme von $t_{60'}$; s.o.) die Aufgabe, das finanzielle Gleichgewicht bei der Unternehmung zu sichern. Ein vorläufiges Zahlungsungleichgewicht kann zu jedem Zeitpunkt durch die Aufnahme von Krediten oder Rückführung von Geldanlagen (Zahlungsdefizit) bzw. die Tilgung von Krediten oder Erhöhung von Geldanlagen (Zahlungsüberschuß) ausgeglichen werden.[292] Für aufgenommene Kredite fallen Schuldzinsen an, eventuelle Geldanlagen bringen Guthabenzinsen.

Zur Bestimmung der zu zahlenden bzw. zu vereinnahmenden Zinsen muß zunächst der Stand von Krediten (-) oder Anlagen (+) am vollkommenen Kapitalmarkt zu

---

[292] Die dazu verwendeten Formeln sollen jedoch ebenfalls erst unter "12. Zahlungsausgleich" dargestellt werden.

Periodenbeginn feststehen (Zeile 376). Dieser entspricht dem Stand zu Ende der vorangegangenen Periode (Zeile 406, eine Spalte weiter links).[293]

- Kredit(-)/Anlage(+) zu Periodenbeginn
  in t_0: `E376 = +D406`
  in t_1: `F376 = +E406`
  in t_2: `G376 = +F406`
  ...
  in t_{60}: `BM376 = +BL406`

Durch Multiplikation des Kredit-/Anlagebetrags (Zeile 376) mit dem Zinssatz (F50) wird die Auszahlung (bei Krediten) bzw. Einzahlung (bei Anlagen) für Zinsen ermittelt (Zeile 377).[294]

- Zinsen vollkommener Kapitalmarkt; a) Zahlungsstrom
  in t_0: `E377 = +E376*F50`
  in t_1: `F377 = +F376*F50`
  in t_2: `G377 = +G376*F50`
  ...
  in t_{60}: `BM377 = +BM376*F50`

Die Zinsen fließen in bar zu oder ab. Die Zahlung stellt somit - grundsätzlich - gleichzeitig die Bemessungsgrundlage dar.

- Zinsen vollkommener Kapitalmarkt; e) Anteil BG
  in t_0: `E378 = @WENN(F172="N";0;E377)`
  in t_1: `F378 = @WENN(F172="N";0;F377)`
  in t_2: `G378 = @WENN(F172="N";0;G377)`
  ...
  in t_{60}: `BM378 = @WENN(F172="N";0;BM377)`

12. Zahlungsausgleich

Im Rahmen des Zahlungsausgleichs unterscheidet sich die Vorgehensweise von t_{-1} bis t_{60} gegenüber der in $t_{60'}$. Der Zahlungsausgleich wird grundsätzlich durch Variation der Position am vollkommenen Kapitalmarkt vorgenommen (t_{-1} bis t_{60}). Eine Ausnahme gilt beim Auslaufen des Modells. In $t_{60'}$ erfolgt die ersatzlose Auflösung der Geldanlagen oder Tilgung von Krediten. Ein Überschuß wird als Endausschüttung an den Eigentümer ausbezahlt; im gegenteiligen Fall (Defizit) hat der Eigner noch eine Einlage zu leisten.

---

293 Der Startwert bei Beginn des Unternehmens (fiktiver Endstand der Vorperiode von t_{-1}) ist null. Der Stand am Ende der folgenden Perioden hängt von den in der Periode anfallenden Zahlungen und den daraus resultierenden Erfordernissen beim Zahlungsausgleich ab. Die genaue Vorgehensweise kann erst im Rahmen der Formeln des Zahlungsausgleichs geschildert werden.

294 Für $t_{60'}$ ergibt sich kein Zinsbetrag, da zwar zu Ende von t_{60} noch ein Kredit bzw. eine Geldanlage besteht, die Dauer von t_{60} bis $t_{60'}$ aber unendlich kurz ist (logische Sekunde).

In den Zeilen 383 bis 394 werden lediglich die bisher errechneten Zahlungsströme nochmals übersichtlich zusammengefaßt wiedergegeben. Auf die Wiedergabe der Formeln kann deshalb verzichtet werden. Allerdings fallen in $t_{60'}$ hier keine Zahlungen mehr an. Die Spalte BN ($t_{60'}$) dient somit nur der Validitätskontrolle des Modells.

Nach Auflistung der bislang - vor dem Zahlungsausgleich - angefallenen Zahlungen in den Zeilen 383 bis 394 wird der Ausgleichsbedarf (vorläufiger Zahlungsüberschuß; vorläufiges Zahlungsdefizit) als Summe dieser Zahlungen ermittelt (Zeile 396). Zelle BN396 ($t_{60'}$) ergibt stets den Wert null (Kontrolle).

- Zahlungsausgleich t_{-1} bis t_{60}; Saldo = Ausgleichsbedarf
  in t_{-1}: `D396 = @SUMME(D383..D394)`
  in t_0: `E396 = @SUMME(E383..E394)`
  in t_1: `F396 = @SUMME(F383..F394)`
  ...
  in t_{60}: `BM396 = @SUMME(BM383..BM394)`
  in $t_{60'}$: `BN396 = @SUMME(BN383..BN394)`

Der Zahlungsausgleich erfolgt nun - im Ergebnis - so, daß bei Defiziten die Höhe des Kredites am vollkommenen Kapitalmarkt entsprechend zu- und bei Überschüssen entsprechend abnimmt.[295] Technisch wird dieser einheitliche Vorgang aber in zwei Schritte aufgeteilt. Es wird unterstellt, daß die Laufzeit von Krediten immer nur ein Jahr beträgt. Demnach ist zunächst der Altkredit aus der Vorperiode völlig zu tilgen; die Refinanzierung erfolgt durch das Eingehen einer Neuverschuldung, deren Höhe sich gegenüber dem Altkredit um den oben berechneten Ausgleichsbedarf der Periode mindert oder erhöht.

Hierfür muß zunächst der Stand des Kredits bzw. der Geldanlage zu Periodenbeginn ermittelt werden (Zeile 398). Dieser Wert wurde schon einmal zur Berechnung der Zinsen benötigt (Zeilen 376, 377). Er entspricht dem Stand zu Ende der Vorperiode (Zeile 406).

- Kredit(-)/Anlage(+) zu Periodenbeginn
  in t_0: `E398 = +D406`
  in t_1: `F398 = +E406`
  in t_2: `G398 = +F406`
  ...
  in t_{60}: `BM398 = +BL406`
  in $t_{60'}$: `BN398 = +BM406`

Durch die Höhe der Position am vollkommenen Kapitalmarkt ergibt sich unmittelbar der Zahlungsstrom aus der Auflösung des Kredits bzw. der Geldanlage (Zeile 399). Kredite sind als negative Kapitalmarktpositionen definiert und führen zu Aus-

---

[295] Die Inanspruchnahme von Krediten dürfte der Regelfall sein. Sollte sich die Unternehmung jedoch in einer Gläubigerposition befinden (Geldanleger), so gelten diese Ausführungen entsprechend analog.

zahlungen; Geldanlagen stellen positive Kapitalmarktpositionen dar und schaffen bei ihrer Auflösung Einzahlungen:

- a) Zahlungsstrom aus der Auflösung der Anlage/des Kredits
  in t_0: `E399 = +E398`
  in t_1: `F399 = +F398`
  in t_2: `G399 = +G398`
  ...
  in t_{60}: `BM399 = +BM398`
  in $t_{60'}$: `BN399 = +BN398`

Periodenüberschüsse (positive Werte in Zeile 396) und aufgelöste Anlagen (positive Werte in Zeile 399) führen zu Abflüssen bei der Neuanlage der Finanzmittel; Periodendefizite (negative Werte in Zeile 396) und zu tilgende Altkredite (negative Werte in Zeile 399) müssen durch Zuflüsse aus einer Neukreditaufnahme gedeckt werden (Zeile 400). Erwähnenswert ist, daß in $t_{60'}$ natürlich kein Ausgleich über den Kapitalmarkt mehr vorgenommen werden kann. Dieser erfolgt dann durch Vornahme einer Ausschüttung oder Einlage in entsprechender Höhe (vgl. Zeile 413).

- a) Zahlungsstrom aus der Neuanlage/Neukreditaufnahme
  in t_{-1}: `D400 = -D399-D396`
  in t_0: `E400 = -E399-E396`
  in t_1: `F400 = -F399-F396`
  ...
  in t_{60}: `BM400 = -BM399-BM396`

Die neue Position am Kapitalmarkt wird bei bilanzieller Behandlung (F172 ist weder "c" noch "n") entweder aktiviert (Geldanlagen) oder passiviert (Kredite). Der bilanzierte Betrag entspricht dem negativen Wert des Zahlungsstroms: Einzahlungen (Kreditaufnahme) führen zur Passivierung; Auszahlungen (Geldanlagen) zur Aktivierung (Zeile 401).

- b) Aufbau der Bilanzierung der Neuanlage/Neukreditaufnahme
  in t_{-1}: `D401 = @WENN(F172="C"#ODER#F172="N";0;-D400)`
  in t_0: `E401 = @WENN(F172="C"#ODER#F172="N";0;-E400)`
  in t_1: `F401 = @WENN(F172="C"#ODER#F172="N";0;-F400)`
  ...
  in t_{60}: `BM401 = @WENN(F172="C"#ODER#F172="N";0;-BM400)`

Wegen der Auflösung der alten Geldanlage oder der Glattstellung des Altkredits (Zeile 399) muß auch von t_0 bis $t_{60'}$ die entsprechende Bilanzierung aufgelöst werden (Zeile 402). Es handelt sich hierbei um den in der Vorperiode neu bilanzierten Betrag (Zeile 401, eine Spalte weiter links).

- c) Abbau der Bilanzierung wegen Auflösung der Anlage/des Kredits
  in t_0: `E402 = -D401`
  in t_1: `F402 = -E401`
  in t_2: `G402 = -F401`
  ...
  in t_{60}: `BM402 = -BL401`
  in $t_{60'}$: `BN402 = -BM401`

Bei zinskorrigierter Bemessungsgrundlage (F172 = "z") wird der Abbaubetrag vor der steuerlichen Berücksichtigung aufgezinst, d.h mit G65 multipliziert (Zeile 403):

- c) zinskorrigiert
  in t_0: `E403 = @WENN(F172="Z";E402*G65;E402)`
  in t_1: `F403 = @WENN(F172="Z";F402*G65;F402)`
  in t_2: `G403 = @WENN(F172="Z";G402*G65;G402)`
  ...
  in t_{60}: `BM403 = @WENN(F172="Z";BM402*G65;BM402)`
  in $t_{60'}$: `BN403 = +BN402`

Der in der Bilanz als Aktivum oder Passivum stehende Betrag wird konventionell berechnet (Zeile 404). Allerdings ist die Zelle BN404 lediglich zu Kontrollzwecken mit aufgeführt, da ihr Wert in $t_{60'}$ stets null beträgt.

- d) Bilanzierung
  in t_{-1}: `D404 = +C404+D401+D402`
  in t_0: `E404 = +D404+E401+E402`
  in t_1: `F404 = +E404+F401+F402`
  ...
  in t_{60}: `BM404 = +BL404+BM401+BM402`
  in $t_{60'}$: `BN404 = +BM404+BN401+BN402`

Bei der Berechnung des Anteils an der Bemessungsgrundlage (Zeile 405) besteht lediglich die Besonderheit, daß statt einer Zahlung zwei Zeilen mit Zahlungen (Auflösung der Altanlage/des Altkredits in Zeile 399; Neuanlage/Neukreditaufnahme in Zeile 400) einbezogen werden. Die Zahlungsströme werden ergänzt durch den Aufbau der Bilanzierung (Zeile 401) und den u.U. zinskorrigierten Abbau der Bilanzierung (Zeile 403). Die Bemessungsgrundlage beträgt null, wenn für Transaktionen am vollkommenen Kapitalmarkt die steuerliche Nicht-Berücksichtigung gewählt wurde (F172 = "n").[296]

- e) Anteil BG
  in t_{-1}: `D405 = @WENN(F172="N";0;D399+D400+D401+D403)`
  in t_0: `E405 = @WENN(F172="N";0;E399+E400+E401+E403)`
  in t_1: `F405 = @WENN(F172="N";0;F399+F400+F401+F403)`
  ...
  in t_{60}: `BM405 = @WENN(F172="N";0;BM399+BM400+BM401+BM403)`
  in $t_{60'}$: `BN405 = @WENN(F172="N";0;BN399+BN400+BN401+BN403)`

Die neue Kredit- oder Geldanlageposition am Kapitalmarkt (Zeile 406) entspricht betragsmäßig dem Zahlungsstrom aus der Neuanlage/Neukreditaufnahme (Zeile 400), allerdings ist das Vorzeichen vertauscht.[297]

---

[296] Dies ist insbesondere bei der R-Base der Fall. Geldanlagen und Kredite sind keine realwirtschaftlichen Aktivitäten. Sie bleiben somit steuerlich außer acht.

[297] Der in Zeile 406 berechnete Endbestand wird - wie schon oben erwähnt - in der Folgeperiode (eine Spalte weiter rechts) als Anfangsbestand übernommen (vgl. die Zeilen 376 und 398).

- Kredit(-)/Anlage(+) zu Periodenende
  in t_{-1}: `D406 = -D400`
  in t_0: `E406 = -E400`
  in t_1: `F406 = -F400`
  ...
  in t_{60}: `BM406 = -BM400`

In Zeile 408 wird zur Probe noch einmal der Saldo aller bisherigen Zahlungen der Unternehmung gebildet. Es handelt sich hierbei um den Netto-Ausgleichsbedarf der Periode (Zeile 396), die Zahlungen aus der Abwicklung der alten Finanzposition (Zeile 399) sowie aus dem Eingehen einer neuen Position (Zeile 400).

Von t_{-1} bis t_{60} muß sich hier stets null ergeben. Allerdings konnte in $t_{60'}$ keine weitere Neuanlage bzw. Neukreditaufnahme vorgenommen werden. Die entsprechende Zelle (BN400) blieb ohne Eintrag. Die Probe für den Zahlungsausgleich liefert demnach in $t_{60'}$ einen von null abweichenden Wert.

- Probe Zahlungsausgleich Unternehmung
  in t_{-1}: `D408 = +D396+D399+D400`
  in t_0: `E408 = +E396+E399+E400`
  in t_1: `F408 = +F396+F399+F400`
  ...
  in t_{60}: `BM408 = +BM396+BM399+BM400`
  in $t_{60'}$: `BN408 = +BN396+BN399+BN400`

Ein Überschuß (positives Vorzeichen) kann ausgeschüttet werden, im Falle eines Defizits (negatives Vorzeichen) hat der Eigentümer noch eine Endeinlage zu leisten. Die Zahlung hierfür (Zeile 413) hat aus Sicht der Unternehmung ein anderes Vorzeichen. Insgesamt ist nun zu allen Zeitpunkten von t_{-1} bis $t_{60'}$ ein völliger Zahlungsausgleich sichergestellt.

- Einlagen/Ausschüttungen $t_{60'}$; a) Zahlungsstrom
  in $t_{60'}$: `BN413 = -BN408`

Die Einlagen/Ausschüttungen in $t_{60'}$ haben bei den untersuchten Steuersystemen ebensowenig steuerliche Folgen wie die vorherigen Einlagen und Entnahmen .

B. Ebene des Eigentümers

1. Einlagen und Ausschüttungen

Für den Bereich der Einlagen und Entnahmen kann auf bereits gewonnene Erkenntnisse zurückgegriffen werden. Sie entsprechen den Beträgen auf Seite der Unternehmung; das Vorzeichen ist natürlich vertauscht.

Die Werte in t_{-1} und von t_1 bis t_{50} (Zeile 424) lassen sich direkt aus dem Eingabebereich (Felder F46 und F47) entnehmen:

- Einlagen/Ausschüttungen; a) Zahlungsstrom t_{-1} bis t_{50}
  in t_{-1}: `D424 = -F46`

  in t_1: `F424 = +F47`
  in t_2: `G424 = +F47`
  in t_3: `H424 = +F47`
  ...
  in t_{50}: `BC424 = +F47`

Der in $t_{60'}$ noch auszuschüttende oder einzulegende Betrag (Zeile 425, Spalte BN) wurde auf Ebene der Unternehmung berechnet (in Zelle BN413). Es ist auf Eigentümerebene nur das Vorzeichen umzukehren:

- Einlagen/Ausschüttungen; a) Zahlungsstrom $t_{60'}$
  in $t_{60'}$: `BN425 = -BN413`

2. Konsumausgaben von t_1 bis t_{50}

Konsum tritt beim Eigentümer in zweierlei Arten auf. Die erste Variante ist ein laufender Konsumbetrag von t_1 bis t_{50}, der als Eingabewert vorgegeben wird. Die zweite Variante ist der Endkonsum (oder Konsumpotential) in $t_{60'}$, mit dessen Hilfe das Zahlungsungleichgewicht am Ende der Laufzeit ausgeglichen wird.[298]

Der laufende Konsum nach Steuern (Zeile 431) ist durch die Modellvariable in Zelle F53 vorgegeben:

- Konsum t_1 bis t_{50}; a) davon Konsum nach Steuern
  in t_1: `F431 = -F53`
  in t_2: `G431 = -F53`
  in t_3: `H431 = -F53`
  ...
  in t_{50}: `BC431 = -F53`

Ohne direkte Konsumbesteuerung ist die Auszahlung für den Konsum identisch mit dem soeben berechneten Betrag. Bezieht man jedoch noch die Möglichkeit einer Konsumbesteuerung mit ein, so ist die tatsächlich zu leistende Zahlung für den Kon-

---

298 Weiter oben wurde bereits ausgeführt, daß eigentlich der laufende Konsum von t_1 bis t_{50} (Konsumannuität) bei einem Endkonsum von *null* als Zielkriterium (Ergebnisvariable) dienen soll. Jedoch ist eine *unmittelbare* Berechnung des Konsumbetrages in t_1 bis t_{50}, der gerade zu einem Endvermögen von null führt, wegen der komplizierten, durch eine Vielzahl von Formeln ausgedrückten Zusammenhänge schwierig. Die Lösung wird daher auf iterativem Wege ermittelt. Man beginnt mit zwei Näherungswerten für die Konsumannuität, wobei der erste - niedrige - Näherungswert einen positiven Endkonsum und der zweite - hohe - einen negativen Endkonsum liefert. Durch schrittweise Iteration wird nun das Intervall, in dem die Lösung liegt, solange eingeengt, bis die Abweichung einen bestimmten Grenzwert unterschreitet. Innerhalb dieses Verfahrens muß demnach mehrfach der Endkonsum bei gegebenem Periodenkonsum errechnet werden. Die hierzu nötigen Formeln sind Bestandteile des Rechenmodells. Das Iterationsverfahren wird außerhalb der eigentlichen Rechnung durch ein Makroprogramm gesteuert.

sum (Zeile 430) höher als der Konsum nach Steuern, da ein Teil der Bruttoausgabe von der Konsumbesteuerung absorbiert wird. Die Zelle F66 gibt den Konsumsteuersatz wieder. Der Konsum nach Steuern ist die Gesamtkonsumauszahlung multipliziert mit (1 - F66). Der gesamte Konsumzahlungsstrom ergibt sich demnach als Konsum nach Steuern (Zeile 431) dividiert durch (1 - F66):

- Konsum t_1 bis t_{50}; a) Zahlungsstrom
  in t_1: `F430 = +F431/(1-F66)`
  in t_2: `G430 = +G431/(1-F66)`
  in t_3: `H430 = +H431/(1-F66)`
  ...
  in t_{50}: `BC430 = +BC431/(1-F66)`

Die Konsumausgabensteuer (Zeile 432) ist die Differenz von gesamtem Zahlungsstrom (Zeile 430) und Konsum nach Steuern (Zeile 431):

- Konsum t_1 bis t_{50}; a) davon Steuerzahlung
  in t_1: `F432 = +F430-F431`
  in t_2: `G432 = +G430-G431`
  in t_3: `H432 = +H430-H431`
  ...
  in t_{50}: `BC432 = +BC430-BC431`

Zusätzlich wird der Überschuß konsumiert, der sich am Ende in t_{60}, ergibt. Dieser Betrag kann aber erst nach Berechnung der Zinsen und der Einkommenssteuer bestimmt werden.

3. Zinsen am vollkommenen Kapitalmarkt

Dem Eigentümer selbst stehen in der Realität verschiedenste Finanzanlagemöglichkeiten und Kreditquellen zur Verfügung. Als Abbild solcher Vorgänge wird - wie bei der Unternehmung - der vollkommene Kapitalmarkt eingeführt. Der Eigentümer kann zu den gleichen Konditionen wie die Unternehmung am vollkommenen Kapitalmarkt Geld anlegen oder Kredite aufnehmen.

Die Ausführungen zum vollkommenen Kapitalmarkt bei der Unternehmung können grundsätzlich sinngemäß übernommen werden.

Allerdings besteht ein gewisser Unterschied in Hinblick auf die Interpretation der Position - positiv oder negativ - am Kapitalmarkt. Im Gegensatz zur Unternehmung, die stets mit einem Bestand von null startet, kann der Eigentümer bereits früher Gelder angespart oder auch Kredite aufgenommen haben. Wie oben schon ausgeführt wurde, spielt jedoch die absolute Höhe der Startposition für die Modellbetrachtung keine Rolle. Am vollkommenen Kapitalmarkt ist z.B. die Beibehaltung einer bisherigen Geldanlage und die Aufnahme eines Kredits zur Finanzierung des Unternehmensengagements äquivalent mit der Auflösung der Geldanlage und dem Einsatz des Eigenkapitals. Die Position des Eigentümers am Kapitalmarkt ist deshalb *nur die relative Änderung* gegenüber dem Zustand ohne das Unternehmen. Insbesondere kann eine negative Position gegenüber dem Kapitalmarkt hier auch bedeuten, daß das in t_{-1} in die Unternehmung eingelegte Kapital durch die Auflösung vormals bestehender Anlagen gewonnen wurde, mithin echtes Eigenkapital darstellt und nicht durch eine Kredit-(Re-)Finanzierung belastet ist.

Zur Bestimmung der Zinsen muß zunächst der Stand von Krediten (-) oder Anlagen (+) am vollkommenen Kapitalmarkt zu Periodenbeginn festgelegt werden (Zeile 437). Dieser entspricht dem Stand zu Ende der vorherigen Periode (Zeile 483).

- Kredit(-)/Anlage(+) zu Periodenbeginn
  in t_0: `E437 = +D483`
  in t_1: `F437 = +E483`
  in t_2: `G437 = +F483`
  ...
  in t_{60}: `BM437 = +BL483`

Durch Multiplikation des Kredit- bzw. Anlagebetrages mit dem Zinssatz wird die Auszahlung (bei Krediten) oder Einzahlung (bei Anlagen) für die Zinsen ermittelt (Zeile 438).

- Zinsen Eigner; a) Zahlungsstrom
  in t_0: `E438 = +E437*F50`
  in t_1: `F438 = +F437*F50`
  in t_2: `G438 = +G437*F50`
  ...
  in t_{60}: `BM438 = +BM437*F50`

Zinszahlungen gehen - soweit steuerlich erfaßt - unmittelbar in die Bemessungsgrundlage ein (Zeile 439). Die hierzu nötige Festlegung wird mit Hilfe der Variablen in Feld F173 getroffen:

- Zinsen Eigner; e) Anteil BG
  in t_0: `E439 = @WENN(F173="N";0;E438)`
  in t_1: `F439 = @WENN(F173="N";0;F438)`
  in t_2: `G439 = @WENN(F173="N";0;G438)`
  ...
  in t_{60}: `BM439 = @WENN(F173="N";0;BM438)`

4. Vorläufige BG und Erfolgssteuer

In den Zeilen 444 bis 457 werden lediglich die Beträge der vorläufigen Teil-Bemessungsgrundlagen der Einkommensbesteuerung von Unternehmung und Anteilseigner nochmals wiedergegeben. Auf eine Darstellung von Formeln kann verzichtet werden. Die Summe dieser Zeilen ergibt die vorläufige Erfolgs-Bemessungsgrundlage:

- Saldo = vorläufige Erfolgs-BG
  in t_{-1}: `D459 = @SUMME(D444..D457)`
  in t_0: `E459 = @SUMME(E444..E457)`
  in t_1: `F459 = @SUMME(F444..F457)`
  ...
  in t_{60}: `BM459 = @SUMME(BM444..BM457)`
  in $t_{60'}$: `BN459 = @SUMME(BN444..BN457)`

Daraus läßt sich mit Hilfe des Einkommenssteuersatzes (Zelle F64) die vorläufige (Erfolgs-)Steuerzahlung berechnen (Zeile 461):

- vorläufige Steuerzahlung
  in t_{-1}: `D461 = -D459*F64`
  in t_0: `E461 = -E459*F64`
  in t_1: `F461 = -F459*F64`
  ...
  in t_{60}: `BM461 = -BM459*F64`
  in $t_{60'}$: `BN461 = -BN459*F64`

Vorläufig bedeutet, daß eventuelle ertragsteuerliche Folgen des Zahlungsausgleichs am vollkommenen Kapitalmarkt diesen Wert noch ändern können.

5. Zahlungsausgleich und Steuerfolgen

Auch beim Zahlungsausgleich des Eigentümers sind die Perioden t_{-1} bis t_{60} vom Zeitpunkt $t_{60'}$ zu unterscheiden. Von t_{-1} bis t_{60} erfolgt er grundsätzlich über den vollkommenen Kapitalmarkt. Die Vorgehensweise der Berechnung entspricht der bei der Unternehmung, allerdings sind u.U. außerdem Steuerfolgen zu beachten, deren Ursachen jedoch steuersystemabhängig sind und die deshalb teilweise recht komplizierte Formeln erfordern.

In den Zeilen 466 bis 471 sind die bisher errechneten Zahlungsströme auf Eigentümerebene nochmals übersichtlich zusammengefaßt. Bestandteil dieser Zahlungen sind auch die vorläufigen Einkommenssteuerbeträge (Zeile 471; sie entspricht oben Zeile 461).

Der vorläufige Zahlungsüberschuß bzw. das vorläufige Zahlungsdefizit einer Periode ergibt sich als Summe all dieser Ein- und Auszahlungen (Zeile 473).

- Zahlungsausgleich t_{-1} bis t_{60}; Saldo = Ausgleichsbedarf
  in t_{-1}: `D473 = @SUMME(D466..D471)`
  in t_0: `E473 = @SUMME(E466..E471)`
  in t_1: `F473 = @SUMME(F466..F471)`
  ...
  in t_{60}: `BM473 = @SUMME(BM466..BM471)`
  in $t_{60'}$: `BN473 = @SUMME(BN466..BN471)`

Der Kredit- bzw. Geldanlagestand des Eigentümers zu Periodenbeginn (Zeile 475) entspricht dem Betrag am Ende der Vorperiode (Zeile 483, jeweils eine Spalte weiter links):

- Kredit(-)/Anlage(+) zu Periodenbeginn
  in t_0: `E475 = +D483`
  in t_1: `F475 = +E483`
  in t_2: `G475 = +F483`
  ...
  in t_{60}: `BM475 = +BL483`
  in $t_{60'}$: `BN475 = +BM483`

Hieraus kann man - wie auf Ebene der Unternehmung - die Zahlungen bei Auflösung dieser Position ableiten (Zeile 476):

- a) Zahlungsstrom aus der Auflösung der Anlage/des Kredits
  in t_0: `E476 = +E475`
  in t_1: `F476 = +F475`
  in t_2: `G476 = +G475`
  ...
  in t_{60}: `BM476 = +BM475`
  in $t_{60'}$: `BN476 = +BN475`

Allerdings treten je nach Steuerbemessungsgrundlage u.U. steuerliche Folgewirkungen auf (Zeile 485); die Bruttozahlungen für neue Geldanlagen bzw. aus Neukrediten (Zeile 477) hängen vom konkreten Steuersystem ab. Der Zahlungsausgleich wird aber nur für t_{-1} bis t_{60} über den vollkommenen Kapitalmarkt vorgenommen. In $t_{60'}$ findet ein Zusatz- oder Minderkonsum des Eigentümers statt (vgl. unten die Zeilen 492 bis 494).

Am einfachsten ist der Rechenweg für Bemessungsgrundlagen vom Typ "n" oder "b" (also weder "c" noch "z"). In diesen beiden Fällen hat der Zahlungsausgleich keine direkten Folgen für weitere Steuerzahlungen. Für "n" ist dies unmittelbar einsichtig, da überhaupt keine Besteuerung erfolgt. Aber auch bei der konventionellen Bilanzierung ("b") sind Kreditaufnahmen und -tilgungen, Geldanlagen und -rückflüsse immer erfolgsneutral, da den Zahlungen stets Änderungen bei der Bilanzierung gegenüberstehen. Diese beiden Wirkungen kompensieren sich; es kommt nie zu zusätzlichen Steuerzahlungen. Der Zahlungsstrom aus der Neuanlage/Neukreditaufnahme entspricht somit der Zahlung aus der Auflösung der alten Geldanlage/des Altkredits (Zeile 476) plus dem Ausgleichsbedarf der Periode (Zeile 473), allerdings mit umgekehrten Vorzeichen. Für t_2 (Spalte G) gilt beispielsweise die Beziehung:

`G477 = -G476-G473` für "n" oder "b"

Etwas schwieriger wird es bei der Cash-Flow-Bemessungsgrundlage (F173 = "c"). Hier ist zu beachten, daß bei allen Finanztransaktionen wegen der fehlenden Bilanzierung eine erneute Steuerpflicht geschaffen wird. Es treten somit Steuerfolgen auf, die dem Steuersatz entsprechend einen Teil der Bruttobeträge verschlingen. Dieses

Verhalten muß antizipiert werden. Ist z.B. ein bestimmtes Zahlungsdefizit auszugleichen, so muß gleich ein größerer (Brutto-)Betrag aufgenommen werden, da die Kreditauszahlung der Steuer unterliegt. Der Ertragsteuersatz läßt sich der Zelle F64 entnehmen. Die Formel für t_2 würde sich demnach wie folgt ändern:

`G477 = -G476-G473/(1-F64)` für "c"

Beim Zahlungsüberschuß der Periode (Zeile 473) wird der Ursprungsbetrag (-G473) auf brutto -G473/(1-F64) erhöht, um die Steuerfolgen zu antizipieren. Unter Einbeziehung der Besteuerung bleibt dann genau -G473/(1-F64) mal (1-F64) gleich -G473 übrig. Dasselbe würde grundsätzlich auch für die Neudisposition des Altbestandes (Zeile 476, hier G476) gelten. Allerdings fallen sowohl bei Auflösung der Altposition als auch bei Eingehen der Neuposition (in gleicher Höhe) Steuern an. Diese heben sich exakt auf. Die doppelte Korrektur kann somit entfallen.

Besonderheiten sind auch für den Fall einer zinskorrigierten Bilanzierung zu beachten (F173 = "z"). Hier ist die neue Anlage von Geldern oder die neue Aufnahme von Krediten zwar erfolgsneutral, jedoch entsteht im Rückzahlungszeitpunkt - gleichzeitig der Moment des Abbaus der Bilanzierung - ein Erfolg, weil die Zahlung und die steuerliche aufgezinste Änderung des Buchwerts nicht übereinstimmen. Die Differenz ist genau die Verzinsung des Buchwerts (zu Ende der Vorperiode) mit dem Rechenzins r (Feld F65). Der Erfolg wird dem tariflichen Steuersatz (Zelle F64) unterworfen. Diese zusätzliche Zahlung (Verzinsung des Buchwerts der Vorperiode mal Steuersatz) muß auch in den Zahlungsausgleich mit einbezogen werden. So gilt beispielsweise in der Periode t_2:

`G477 = -G476-G473-(F478*F65*F64)` für "z"

Neben der Auflösung der Altposition (G476) und dem Ausgleichsbedarf der Periode (G473) ist auch noch die Steuerzahlung aus der Abwicklung der Altpositition (Buchwert im Vorjahr F478 mal Rechenzins F65 mal Steuersatz F64) zu berücksichtigen.

Insgesamt ergibt sich eine recht unübersichtliche Formel. Um die drei oben angeführten Fälle zu unterscheiden, ist eine doppelte Wenn-Abfrage notwendig. Wenn der Typ der Bemessungsgrundlage "c" ist, dann findet der zweite Ausdruck (s.o.) Anwendung. Ansonsten muß nochmals unterschieden werden: Wenn der Typ "z" beträgt, gilt die dritte Variante (s.o.), andernfalls die einfache erste Formel (s.o.). In der nachstehenden Gesamtformel für t_2 (Zelle G477) sind diese drei, je nach den konkreten Umständen zum Einsatz kommenden Teilformeln durch Fettdruck hervorgehoben:

G477 = @WENN(F173="C";**-G476-G473/(1-F64)**;@WENN(F173=
"Z";**-G476-G473-(F478*F65*F64)**;**-G476-G473**))

Allgemein lautet der Zusammenhang:

- a) Zahlungsstrom aus der Neuanlage/Neukreditaufnahme

```
in t-1: D477   = @WENN(F173="C";-D476-D473/
                 (1-F64);@WENN(F173="Z";-D476-D473-
                 (C478*F65*F64);-D476-D473))
in t0:  E477   = @WENN(F173="C";-E476-E473/
                 (1-F64);@WENN(F173="Z";-E476-E473-
                 (D478*F65*F64);-E476-E473))
in t1:  F477   = @WENN(F173="C";-F476-F473/
                 (1-F64);@WENN(F173="Z";-F476-F473-
                 (E478*F65*F64);-F476-F473))
in t2:  G477   = @WENN(F173="C";-G476-G473/
                 (1-F64);@WENN(F173="Z";-G476-G473-
                 (F478*F65*F64);-G476-G473))
...
in t60: BM477  = @WENN(F173="C";-BM476-BM473/
                 (1-F64);@WENN(F173="Z";-BM476-BM473-
                 (BL478*F65*F64);-BM476-BM473))
```

Der bilanzierte Betrag ist einfach zu ermitteln (Zeile 478). Er entspricht bei "b" oder "z" dem oben errechneten Zahlungsstrom (Zeile 477), allerdings mit umgekehrtem Vorzeichen:

- b) Aufbau der Bilanzierung aus der Neuanlage/Neukreditaufnahme

```
in t-1: D478   = @WENN(F173="C"#ODER#F173="N";0;-D477)
in t0:  E478   = @WENN(F173="C"#ODER#F173="N";0;-E477)
in t1:  F478   = @WENN(F173="C"#ODER#F173="N";0;-F477)
...
in t60: BM478  = @WENN(F173="C"#ODER#F173="N";0;-BM477)
```

Hinsichtlich des Abbaus der Bilanzierung bestehen keine Besonderheiten (Zeile 479).

- c) Abbau der Bilanzierung wegen Auflösung der Anlage/des Kredits

```
in t0:  E479   = -D478
in t1:  F479   = -E478
in t2:  G479   = -F478
...
in t60: BM479  = -BL478
in t60':BN479  = -BM478
```

Gleiches gilt für eine eventuell notwendige Zinskorrektur beim Abbau (Zeile 480) sowie die Höhe des Bilanzansatzes (Zeile 481):

- c) zinskorrigiert

```
in t0:   E480  = @WENN(F173="Z";E479*G65;E479)
in t1:   F480  = @WENN(F173="Z";F479*G65;F479)
in t2:   G480  = @WENN(F173="Z";G479*G65;G479)
...
in t60:  BM480 = @WENN(F173="Z";BM479*G65;BM479)
in t60': BN480 = +BN479
```

- d) Bilanzierung
  in t_{-1}: D481 = +C481+D478+D479
  in t_0: E481 = +D481+E478+E479
  in t_1: F481 = +E481+F478+F479
  ...
  in t_{60}: BM481 = +BL481+BM478+BM479
  in $t_{60'}$: BN481 = +BM481+BN478+BN479

Auch die Bemessungsgrundlage wird ganz normal berechnet, es sind lediglich zwei Zahlungsströme (Zeile 476: Auflösung der Altanlage/des Altkredits; Zeile 477: Vornahme der Neuanlage/der Neukreditaufnahme) einzubeziehen:

- e) Anteil BG
  in t_{-1}: D482 = @WENN(F173="N";0;D476+D477+D478+D480)
  in t_0: E482 = @WENN(F173="N";0;E476+E477+E478+E480)
  in t_1: F482 = @WENN(F173="N";0;F476+F477+F478+F480)
  ...
  in t_{60}: BM482 = @WENN(F173="N";0;BM476+BM477+BM478+BM480)
  in $t_{60'}$: BN482 = @WENN(F173="N";0;BN476+BN477+BN478+BN480)

Die neu entstehende Schuldner- (-) bzw. Gläubigerposition (+) am vollkommenen Kapitalmarkt (Zeile 483) ist der Höhe nach mit den Zahlungen für die Neuanlage oder Neukreditaufnahme (Zeile 477) identisch, lediglich das Vorzeichen muß vertauscht werden.[299]

- Kredit(-)/Anlage(+) zu Periodenende
  in t_{-1}: D483 = -D477
  in t_0: E483 = -E477
  in t_1: F483 = -F477
  ...
  in t_{60}: BM483 = -BM477

Sofern die auf den Zahlungsausgleich zurückzuführende Bemessungsgrundlage (Zeile 482) einen von null abweichenden Wert annimmt, werden hierdurch Steuerzahlungen ausgelöst (Zeile 485). Ihre Entrichtung ist jedoch gesichert, da der Zahlungsausgleich bereits in Antizipation der steuerlichen Folgen vorgenommen wurde:

- Erfolgssteuer dadurch
  in t_{-1}: D485 = -D482*F64
  in t_0: E485 = -E482*F64
  in t_1: F485 = -F482*F64
  ...
  in t_{60}: BM485 = -BM482*F64
  in $t_{60'}$: BN485 = -BN482*F64

Zur Kontrolle wird in Zeile 487 nochmals der Saldo aller bisherigen Zahlungen des Eigentümers gebildet. Diese sind: der Ausgleichsbedarf der Rechnungsperiode (Zeile 473), die Zahlungen aus der Auflösung der alten Geldanlagen bzw. der Alt-

---

299 Der hier errechnete Periodenendbestand stellt für die weitere Rechnung den Anfangsbestand der Folgeperiode dar (siehe Zeilen 437 und 475).

kredittilgung (Zeile 476), die (Brutto-)Zahlungen aus neuen Anlagen bzw. Neukrediten (Zeile 477) sowie die durch die Vornahme des Zahlungsausgleichs zusätzlich induzierte Steuer (Zeile 485).

Von t_{-1} bis t_{60} beträgt der Saldo stets null. Er wird jedoch zu Kontrollzwecken errechnet. Eine Ausnahme beim Zahlungsausgleich besteht wiederum in $t_{60'}$. Hier werden alle Kapitalanlagen und Schulden des Eigentümers endgültig aufgelöst. Der sich zum Ende des Modells ergebende Überschuß wird in einem Betrag konsumiert (Endvermögen als Konsumpotential). Im Falle eines negativen Endvermögens würde also ein negatives Konsumpotential bestehen (künftige Konsumbelastung).

- Probe Zahlungsausgleich Eigner
  in t_{-1}: `D487 = +D473+D476+D477+D485`
  in t_0: `E487 = +E473+E476+E477+E485`
  in t_1: `F487 = +F473+F476+F477+F485`
  ...
  in t_{60}: `BM487 = +BM473+BM476+BM477+BM485`
  in $t_{60'}$: `BN487 = +BN473+BN476+BN477+BN485`

Die (Brutto-)Zahlung für den Konsum in $t_{60'}$ (Feld BN492) hat das umgekehrte Vorzeichen wie Zelle BN487.

- Konsum $t_{60'}$; a) Zahlungsstrom
  in $t_{60'}$: `BN492 = -BN487`

Die Aufspaltung der Gesamtausgabe in einen Konsumbetrag nach Steuern (Zelle BN493) und in eine eventuelle Konsumsteuer (Feld BN494) hängt vom Konsumausgabensteuertarif (Zelle F66) ab:

- Konsum $t_{60'}$; a) davon Konsum nach Steuern
  in $t_{60'}$: `BN493 = +BN492*(1-F66)`

- Konsum $t_{60'}$; a) davon Konsumsteuer
  in $t_{60'}$: `BN494 = +BN492*F66`

Damit sind alle Hauptrechnungen durchgeführt. Als Ergebnis wird der Endkonsum nach Steuern (BN493) ermittelt. Dieses Resultat kann im iterativen Prozeß zur näherungsweisen Berechnung des Periodenkonsums bei einem Endkonsum von null eingesetzt werden.

V. Auswertungsbereich und Grafik

Im Anschluß an den Rechenbereich folgt in den Zeilen 499 bis 548 noch ein Auswertungsbereich. Hier werden wichtige Ergebnisse nochmals - teilweise aggregiert - wiedergegeben und auch im Zeitverlauf kumuliert.

Diese Zahlen stellen insbesondere auch das Ausgangsmaterial für Grafiken dar.

A. Quantitative Ergebnisse

Bei den quantitativen Ergebnissen lassen sich mehrere Bereiche unterscheiden:

- die Erfolgs-Bemessungsgrundlage (pro Periode und kumuliert);
- die Konsum-Bemessungsgrundlage (pro Periode und kumuliert);
- der Konsum nach Steuern (pro Periode und kumuliert);
- die bei der Unternehmung pro Periode bilanzierten Aktiva und Passiva;
- der insgesamt (bei Unternehmung und Anteilseigner) vorhandene Nettobuchwert.

1. Erfolgs-Bemessungsgrundlage

Die Bemessungsgrundlage für die Erfolgs-(Einkommens-)besteuerung ist bislang noch auf zwei Zeilen verteilt. Zeile 459 enthält die vorläufige BG vor dem Zahlungsausgleich; Zeile 482 den hierdurch induzierten zusätzlichen Betrag. Beide werden in Zeile 501 aufaddiert:

- Erfolgs-BG
  in t_{-1}: `D501 = +D459+D482`
  in t_0: `E501 = +E459+E482`
  in t_1: `F501 = +F459+F482`
  ...
  in $t_{60'}$: `BN501 = +BN459+BN482`

Die Kumulation aller bisherigen Beträge erfolgt in Zeile 502. Zum kumulierten Wert der Vorperiode (Zeile 502, eine Spalte weiter links) wird die Bemessungsgrundlage der aktuellen Periode (Zeile 501) hinzugezählt.

- kumuliert
  in t_{-1}: `D502 = +D501+C502`
  in t_0: `E502 = +E501+D502`
  in t_1: `F502 = +F501+E502`
  ...
  in $t_{60'}$: `BN502 = +BN501+BM502`

2. Konsum-Bemessungsgrundlage

Für die Bemessungsgrundlage der Konsumausgabensteuer müssen die Ausgaben für den laufenden Konsum (Zeile 430) und für den Endkonsum (Zeile 492) zusammengezählt werden:

- Konsum-BG
  in t_{-1}: `D506 = -(D430+D492)`
  in t_0: `E506 = -(E430+E492)`
  in t_1: `F506 = -(F430+F492)`
  ...
  in $t_{60'}$: `BN506 = -(BN430+BN492)`

Die Kumulation wird nach dem oben geschilderten Muster vorgenommen.

- kumuliert
  in t_{-1}: `D507 = +D506+C507`
  in t_0: `E507 = +E506+D507`
  in t_1: `F507 = +F506+E507`
  ...
  in $t_{60'}$: `BN507 = +BN506+BM507`

3. Konsum nach Steuern

Der Konsum nach Steuern ergibt sich für t_{-1} bis t_{60} aus der Zeile 431, für $t_{60'}$ aus der Zeile 493:[300]

- Konsum nach Steuern
  in t_{-1}: `D511 = -D431`
  in t_0: `E511 = -E431`
  in t_1: `F511 = -F431`
  ...
  in $t_{60'}$: `BN511 = -BN493`
- kumuliert
  in t_{-1}: `D512 = +D511+C512`
  in t_0: `E512 = +E511+D512`
  in t_1: `F512 = +F511+E512`
  ...
  in $t_{60'}$: `BN512 = +BN511+BM512`

4. Bilanz der Unternehmung

Passivierte Beträge waren in der normalen Rechnung durch das negative Vorzeichen kenntlich. In der Bilanz der Unternehmung werden nunmehr Aktiva und Passiva getrennt ausgewiesen. Passivposten müssen nun auch mit positivem Vorzeichen ausgewiesen werden.

Ausweisprobleme bereitet die Position am vollkommenen Kapitalmarkt und das Eigenkapital. In beiden Fällen ist nicht von vornherein bestimmt, auf welcher Bilanzseite sie stehen. Dies ergibt sich erst durch die Ausprägung der Größe in der konkreten Modellrechnung. Die Seite kann auch von Jahr zu Jahr wechseln. Es muß

---

300 In t_{-1}, t_0 und von t_{51} bis t_{60} findet kein Konsum statt. Bei der Formel wird jedoch nicht weiter differenziert, die unbelegten Felder weisen somit den Wert null auf.

demnach jeweils sowohl ein Aktivum (Geldanlage am vollkommenen Kapitalmarkt, Eigenkapital-Fehlbetrag) als auch ein Passivum (Kredit am vollkommenen Kapitalmarkt, Eigenkapital) vorgesehen werden.

Einige ähnliche Bilanzpositionen wurden aus programmtechnischen Gründen zusammengefaßt.

Aktiva:

Für die Position "Boden, Gebäude und Maschinen" werden die Buchwerte von Boden (Zeile 219), Gebäuden (Zeile 228) sowie fünf Maschinengenerationen (Zeilen 239, 247, 255, 263 und 271) addiert:

- Boden, Gebäude und Maschinen
  in t_{-1}: `D525 = +D219+D228+D239+D247+D255+D263+D271`
  in t_0: `E525 = +E219+E228+E239+E247+E255+E263+E271`
  in t_1: `F525 = +F219+F228+F239+F247+F255+F263+F271`
  ...
  in $t_{60'}$: `BN525 = +BN219+BN228+BN239+BN247+BN255+BN263+BN271`

Die Bilanzierung des Materialvorrats kann direkt aus Zeile 285 übernommen werden:

- Lagerbestand Material
  in t_{-1}: `D526 = +D285`
  in t_0: `E526 = +E285`
  in t_1: `F526 = +F285`
  ...
  in $t_{60'}$: `BN526 = +BN285`

Gleiches gilt für die Finanzmittel (Kopie von Zeile 353).

- Finanzmittel
  in t_{-1}: `D527 = +D353`
  in t_0: `E527 = +E353`
  in t_1: `F527 = +F353`
  ...
  in $t_{60'}$: `BN527 = +BN353`

Forderungen aus Lieferungen und Leistungen (Zeile 209) sowie an Lieferanten geleistete Anzahlungen (Zeile 293) werden zusammengefaßt:

- Forderungen LuL, geleistete Anzahlungen
  in t_{-1}: `D528 = +D209+D293`
  in t_0: `E528 = +E209+E293`
  in t_1: `F528 = +F209+F293`
  ...
  in $t_{60'}$: `BN528 = +BN209+BN293`

Geldanlagen am vollkommenen Kapitalmarkt erscheinen nur auf der Aktivseite, wenn der in Zeile 404 ausgewiesene Betrag größer als null (positiv) ist. Ansonsten wird null angezeigt:

- Anlage am vollkommenen Kapitalmarkt
  in t_{-1}: `D529 = @MAX(0;D404)`
  in t_0: `E529 = @MAX(0;E404)`
  in t_1: `F529 = @MAX(0;F404)`
  ...
  in $t_{60'}$: `BN529 = @MAX(0;BN404)`

Das Eigenkapital ist die Saldogröße aller anderen Bilanzpositionen (Summe der Aktiva abzüglich Summe der Passiva). Ist ein Fehlbetrag vorhanden - d.h. das mit umgekehrtem Vorzeichen versehene Eigenkapital ist größer als null -, so erscheint dieser auf der Aktivseite:

- Eigenkapital-Fehlbetrag
  in t_{-1}: `D530 = @MAX(0;-((D525+D526+D527+D528+D529)-(D537+D538+D539)))`
  in t_0: `E530 = @MAX(0;-((E525+E526+E527+E528+E529)-(E537+E538+E539)))`
  in t_1: `F530 = @MAX(0;-((F525+F526+F527+F528+F529)-(F537+F538+F539)))`
  ...
  in $t_{60'}$: `BN530 = @MAX(0;-((BN525+BN526+BN527+BN528+BN529)-(BN537+BN538+BN539)))`

Passiva:

Einfacher ist die Formel für Eigenkapital auf der Passivseite: Falls die Summe der Aktiva vermindert um die Summe der Passiva null übersteigt, wird dieser Betrag ausgewiesen:

- Eigenkapital
  in t_{-1}: `D536 = @MAX(0;(D525+D526+D527+D528+D529)-(D537+D538+D539))`
  in t_0: `E536 = @MAX(0;(E525+E526+E527+E528+E529)-(E537+E538+E539))`
  in t_1: `F536 = @MAX(0;(F525+F526+F527+F528+F529)-(F537+F538+F539))`
  ...
  in $t_{60'}$: `BN536 = @MAX(0;(BN525+BN526+BN527+BN528+BN529)-(BN537+BN538+BN539))`

Bei einer Schuldnerstellung am vollkommenen Kapitalmarkt ist Zeile 404 kleiner als null. Auf der Passivseite steht dieser Betrag mit umgekehrtem Vorzeichen, niemals aber ein Wert unter null:

- Kredit am vollkommenen Kapitalmarkt
  in t_{-1}: `D537 = @MAX(0;-D404)`
  in t_0: `E537 = @MAX(0;-E404)`
  in t_1: `F537 = @MAX(0;-F404)`
  ...
  in $t_{60'}$: `BN537 = @MAX(0;-BN404)`

Die Rückstellungen werden aus Zeile 343 abgeleitet.

- Rückstellung
  in t_{-1}: `D538 = -D343`
  in t_0: `E538 = -E343`
  in t_1: `F538 = -F343`
  ...
  in $t_{60'}$: `BN538 = -BN343`

Erhaltene Anzahlungen von Kunden (Zeile 197) und Verbindlichkeiten aus Lieferungen und Leistungen (Zeile 305) sind in Zeile 539 zusammengefaßt:

- Verbindlichkeiten LuL, erhaltene Anzahlungen
  in t_{-1}: `D539 = -D305-D197`
  in t_0: `E539 = -E305-E197`
  in t_1: `F539 = -F305-F197`
  ...
  in $t_{60'}$: `BN539 = -BN305-BN197`

5. Gesamtbetrachtung des Vermögens

Neben dem Buchwert der Unternehmung spielt bei der Betrachtung der Gesamtvermögensstruktur auch noch die Geldanlage oder Verschuldung direkt durch den Eigentümer eine Rolle. Sie können zusammen betrachtet werden.

Den (Netto-)Buchwert der Unternehmung bildet das Eigenkapital (Zeile 536). Für den Fall eines Eigenkapital-Fehlbetrags (Zeile 530) weist Zeile 536 indessen stets null auf. Der Nettobuchwert der Unternehmung ist daher das positive Eigenkapital auf der Passivseite (es beträgt im ungünstigsten Fall null) minus des Eigenkapital-Fehlbetrags auf der Aktivseite (ebenfalls mindestens null):[301]

- Nettobuchwert der Unternehmung
  in t_{-1}: `D545 = +D536-D530`
  in t_0: `E545 = +E536-E530`
  in t_1: `F545 = +F536-F530`
  ...
  in $t_{60'}$: `BN545 = +BN536-BN530`

---

301 Da bei der Unternehmung zu einem Zeitpunkt entweder Eigenkapital vorhanden ist oder sie einen Fehlbetrag aufweist, muß eines der beiden Glieder stets null sein.

Der Kreditstand bzw. die Geldanlage unmittelbar durch den Eigentümer sollen in der späteren Balkengrafik so dargestellt werden, daß ausgehend von der Nullinie Anlagen nach unten weisen (Zeile 546). Ein hohes Eigenkapital der Unternehmung und hohe individuelle Geldanlagen am vollkommenen Kapitalmarkt können somit später optisch durch einen breiten Verlauf der Grafik verdeutlicht werden.

- Kredit (+) bzw. Anlage (-) des Eigentümers
  in t_{-1}: `D546 = -D481`
  in t_0: `E546 = -E481`
  in t_1: `F546 = -F481`
  ...
  in $t_{60'}$: `BN546 = -BN481`

Unternehmungsbuchwert und Buchwert der persönlichen Kapitalmarktposition ergeben zusammen den (Gesamt-)Nettobuchwert der Investition.

- Saldo
  in t_{-1}: `D548 = +D545-D546`
  in t_0: `E548 = +E545-E546`
  in t_1: `F548 = +F545-F546`
  ...
  in $t_{60'}$: `BN548 = +BN545-BN546`

B. Grafisch aufbereitete Ergebnisse

Bestandteil der *Symphony*-Anwendung ist die grafische Aufbereitung der wichtigsten Resultate:

- zeitlicher Verlauf der kumulierten Erfolgs-Bemessungsgrundlage und des kumulierten Konsums nach Steuern;
- Bild der Aktiva der Unternehmung im Zeitablauf;
- Bild der Passiva der Unternehmung im Zeitablauf.

VI. Steuerungsbereich

In den Feldern von AL1 bis AT83 befinden sich die Makrobefehle zur Steuerung der Anwendung. Nach dem Laden des Arbeitsblattes, auf dem sich das Simulationsmodell befindet, springt die Programmsteuerung automatisch an den Anfang der Makros.

Es erscheint eine Titelanzeige (die Zellen BH3 bis BM28), die am oberen Rand des Bildschirms von einem Auswahlmenü mit mehreren Punkten begleitet wird. Dieses *Hauptmenü* hat die folgende Gestalt:

Variiere	Endkonsum	Konsumannuität	Laden/Speichern	Zeige	Sicherung	Halt

Abb. 66: Hauptmenü

Über den Menüpunkt "Variiere" erreicht man den Eingabebereich, innerhalb dessen man die Schreibmarke frei bewegen kann. Es lassen sich somit neue Werte der wirtschaftlichen und steuerlichen Parameter eingeben. Der Sprung zurück ins Hauptmenü kann durch gleichzeitiges Drücken der Tasten <Alt> und <S> herbeigeführt werden.

Die Wahl des Feldes "Endkonsum" errechnet den Wert des in t_{60}, noch stattfindenden Konsums bei gegebenem Periodenkonsum.

Mit dem Befehl "Konsumannuität" wird die iterative Ermittlung desjenigen Periodenkonsums, der zu einem Endkonsum von null führt, gestartet. Das Programm fragt zunächst einen oberen und einen unteren Startwert für den Konsum in der Kernphase ab. Dieses Intervall wird danach im Laufe der Berechnungen sukzessive verringert, bis die Abweichung des Endkonsums von null einen bestimmten Schwellenwert unterschreitet. Die Iteration bricht dann ab.

Die Wahl von "Laden/Speichern" verzweigt in das Untermenü zum Datentransfer (s.u.).

Mit "Zeige" lassen sich die verschiedenen grafischen Auswertungen auf den Bildschirm bringen. Auch hier ist ein Untermenü vonnöten (s.u.).

Der Menüpunkt "Sicherung" erstellt eine Kopie des momentanen Zustandes der Simulation und speichert sie auf der Festplatte.

Über "Halt" kann man die Menüsteuerung verlassen, um sich z.B. detailliert einzelne Rechenschritte oder Ergebnisse anzusehen. Das Hauptmenü läßt sich wieder durch gleichzeitiges Drücken der Tasten <Alt> und <S> erreichen.

Der *Datentransfer* beinhaltet die schon mehrfach erwähnte Möglichkeit, bestimmte Kombinationen von steuerlichen und wirtschaftlichen Daten mit einem Namen zu versehen und gemeinsam abzuspeichern sowie später wieder zu laden. Das "Laden/Speichern"-Menü umfaßt deshalb die folgenden Punkte:

Zurück	Speichern_St	Speichern_Wirt	Laden_St	Laden_Wirt

Abb. 67: Untermenü zum Datentransfer

Die Auswahl von "Zurück" führt den Benutzer wieder in das Hauptmenü.

Mit "Speichern_St" läßt sich eine Kopie der aktuell im steuerlichen Teil des Eingabebereichs befindlichen Daten (= Steuersysteme) in einen anderen Teil des Arbeitsblattes verlagern. Dasselbe gilt mit "Speichern_Wirt" für die ökonomischen Parameter (= Unternehmenstypen). Für die Aufnahme der Zahlen sind die Felder von O1 bis U173 vorgesehen.

Über "Laden_St" und "Laden_Wirt" lassen sich die gespeicherten Datenwerte wieder in den Eingabebereich holen.

Allerdings muß für die vier letztgenannten Menüpunkte noch festgelegt werden, unter welchem der jeweils sieben Speicherplätze diese Werte abgelegt oder aus welchem Speicherplatz sie gelesen werden sollen. Es sind deshalb noch Verzweigungen in vier weitere Untermenüs erforderlich, in denen jeweils eine Auswahl zwischen S1, S2, S3, ..., S7 (sieben Steuersysteme) bzw. W1, W2, W3, ..., W7 (sieben Unternehmenstypen) getroffen wird.

Das *Grafikmenü* wird über den Punkt "Zeige" des Hauptmenüs erreicht. Es hat das folgende Aussehen:

Zurück Verlauf_BG Aktiva Passiva Buchwert

Abb. 68: Untermenü zur Grafikanzeige

Der Menüpunkt "Zurück" löst einen Rücksprung zum Hauptmenü aus.

Die vier Grafiken mit den wichtigsten Ergebnissen verdeutlichen - wie oben beschrieben - den Verlauf der kumulierten Bemessungsgrundlage, die bilanzierten Aktiva und Passiva sowie die gesamten Buchwerte von Unternehmung und der Kapitalmarktposition des Eigentümers.

Abkürzungsverzeichnis

AER	American Economic Review
AO	Abgabenordnung
AR	The Accounting Review
BB	Betriebs-Berater
BBankG	Gesetz über die Deutsche Bundesbank
BGB	Bürgerliches Gesetzbuch
BPEA	Brookings Papers on Economic Activity
DB	Der Betrieb
EStG	Einkommensteuergesetz
FA	Finanzarchiv
FAZ	Frankfurter Allgemeine Zeitung
FR	Finanz-Rundschau
GewStG	Gewerbesteuergesetz
HB	Handelsblatt
HGB	Handelsgesetzbuch
JPolE	Journal of Political Economy
JPubE	Journal of Public Economics
KO	Konkursordnung
LuL	Lieferungen und Leistungen
NTJ	National Tax Journal
RE	Recheneinheiten
StuW	Steuer und Wirtschaft
SZ	Süddeutsche Zeitung
UStG	Umsatzsteuergesetz
vub	Der Volks- und Betriebswirt
WISU	Das Wirtschaftsstudium
WPg	Die Wirtschaftsprüfung
ZfB	Zeitschrift für Betriebswirtschaft
ZGR	Zeitschrift für Unternehmens- und Gesellschaftrecht

Symbolverzeichnis

BG	Bemessungsgrundlage
BG_t	Höhe der Bemessungsgrundlage der Periode t
EK_k	Bruchteil des Wirtschaftsgutes k, der durch Eigenkapital finanziert wird
i	Inflationsrate
i_k	spezifische Preissteigerungsrate für das Wirtschaftsgut k
k	Index für einzelne Wirtschaftsgüter
r	steuerlicher Rechenzins für die Bestimmung des zinskorrigierten Einkommens
s	Steuersatz
S_0	"Steuersystem 0" - Verzicht auf jegliche Besteuerung
S_1	Steuersystem 1 - konventionelle Bilanzierung
S_2	Steuersystem 2 - Lückenbilanz gemäß § 4 III EStG
S_3	Steuersystem 3 - R+F-Base
S_4	Steuersystem 4 - R-Base
S_5	Steuersystem 5 - Mischsystem nach *Sinn*
S_6	Steuersystem 6 - zinskorrigierte Bilanzierung
S_7	Steuersystem 7 - Konsumausgabensteuer
t	Zeitindex
V_t^*	Bestand des relevanten Vermögens am Ende der Periode t
V_t	Bestand des relevanten Vermögens am Ende der Periode t, soweit es nicht aus Kasse besteht
W_1	wirtschaftliche Daten 1 - Durchschnittsfall
W_2	wirtschaftliche Daten 2 - ertragreiche Unternehmen
W_3	wirtschaftliche Daten 3 - ertragsarme Unternehmen
W_4	wirtschaftliche Daten 4 - kapitalintensive Unternehmen
W_5	wirtschaftliche Daten 5 - arbeitsintensive Unternehmen
W_6	wirtschaftliche Daten 6 - erhöhte Einlage in t_{-1}
W_7	wirtschaftliche Daten 7 - Ausgangsdaten 1988
$ZÜ_t$	Zahlungsüberschuß der Periode t

Abbildungsverzeichnis

Literaturverzeichnis

Anderson, David R./Sweeney, Dennis J./Williams, Thomas A. (Management Science): Management Science - Quantitative Approaches to Decision Making, 4. Auflage, St. Paul 1985.

Beaver, William H./Demski, Joel S. (Nature of Income Measurement): The Nature of Income Measurement, AR 1979, S. 38-46.

Biergans, Enno/Stockinger, Roland (Einkommensbegriff): Zum Einkommensbegriff und zur persönlichen Zurechnung von Einkünften im Einkommensteuerrecht (I), FR 1982, S. 1-7.

Blohm, Hans/Lüder, Klaus (Invetition): Investition, 7. Auflage, München 1991.

Boadway, Robin (Theory): The Theory and Measurement of Effective Tax Rates, in: Mintz, Jack/Purvis, Douglas D. (Hrsg.): Impact of Taxation on Investment Activity, Kingston 1988, S. 61-98.

Boadway, Robin/Bruce, Neil (Neutral Business Tax): A General Proposition on the Design of a Neutral Business Tax, JPubE 1984, S. 231-239.

Bradford, David/Fullerton, Don (Pitfalls): Pitfalls in the Construction and Use of Effective Tax Rates, in: Hulten, Charles (Hrsg.), Depreciation, Inflation, and the Taxation of Income from Capital, Washington D.C. 1984, S. 251-278.

Brown, Cary (Business-Income Taxation): Business-Income Taxation and Investment Incentives, in: Hansen, Alvin H. (Hrsg.), Income, Employment and Public Policy, Essays in Honor of Alvin H. Hansen, New York 1948, S. 300-316.

Bundesministerium der Finanzen (Hrsg.) (Steuern im internationalen Vergleich): Informationsdienst zur Finanzpolitik des Auslands - Die wichtigsten Steuern im internationalen Vergleich, Nr. 1/1989, Az. I A 2 - Vw 9035 - 8/89, Bonn.

Cansier, Dieter (Neue Wege?): Cash-flow-Steuern: Neue Wege der Unternehmensbesteuerung?, Wirtschaftsdienst 1989/I , S. 49-56.

Cansier, Dieter (Antwort auf eine Replik): Eine steuersystematische Beurteilung der Cash-flow-Steuern: Antwort auf eine Replik, Wirtschaftsdienst 1989/V, S. 252-256.

Cansier, Dieter (Ersatz der Gewerbesteuer): Ersatz der Gewerbesteuer durch die Cash-flow-Steuer?, BB 1990, S. 253-256.

Coenenberg, Adolf (Jahresabschluß): Jahresabschluß und Jahresabschlußanalyse, 13. Auflage, Landsberg am Lech 1991.

Davis, Gordon B./Olson, Margrethe H. (Management Information Systems): Mangement Information Systems - Conceptual Foundations, Structure, and Development, 2. Auflage, New York usw. 1984.

Derigs, Ulrich (PC in der Betriebswirtschaft): PC in der Betriebswirtschaft - Anwendung und Software, Hamburg usw. 1988.

Deutsche Bundesbank (Hrsg.), Sonderdrucke der Deutschen Bundesbank Nr. 5, Jahresabschlüsse der Unternehmen in der Bundesrepublik Deutschland 1965 bis 1981.

Deutsche Bundesbank (Hrsg.), Sonderdrucke der Deutschen Bundesbank Nr. 6, Verhältniszahlen aus Jahresabschlüssen der Unternehmen in der Bundesrepublik Deutschland für 1983.

Deutsche Bundesbank (Hrsg.), Ertragslage und Finanzierungsverhältnisse der westdeutschen Unternehmen im Jahre 1990, Monatsberichte der Deutschen Bundesbank, November 1991, S. 15-29.

Deutsche Bundesbank (Hrsg.), Ertragslage und Finanzierungsverhältnisse der westdeutschen Unternehmen im Jahre 1989, Monatsberichte der Deutschen Bundesbank, November 1990, S. 16-31.

Deutsche Bundesbank (Hrsg.), Ertragslage und Finanzierungsverhältnisse der Unternehmen im Jahre 1988, Monatsberichte der Deutschen Bundesbank, November 1989, S. 13-29.

Dirrigl, Hans (Bewertung von Beteiligungen): Die Bewertung von Beteiligungen an Kapitalgesellschaften - Betriebswirtschaftliche Methoden und steuerlicher Einfluß, Hamburg 1988.

Elschen, Rainer/Hüchtebrock, Michael (Steuerneutralität): Steuerneutralität in Finanzwissenschaft und Betriebswirtschaftslehre - Diskrepanzen und Konsequenzen, FA 1983, S. 253-280.

Engels, Wolfram/Stützel, Wolfgang (Teilhabersteuer): Teilhabersteuer, 2. Auflage, Frankfurt/M. 1968.

Esser, Klaus (Unternehmensbesteuerung im internationalen Vergleich): Unternehmensbesteuerung im internationalen Vergleich - Steuersätze und Gewinnermittlungsvorschriften, BB 1990, S. 463-470.

Fabri, Stephan (Nutzungsverhältnisse): Grundsätze ordnungsmäßiger Bilanzierung entgeltlicher Nutzungsverhältnisse, Band 16 der Reihe "Steuern, Wirtschaft und Recht", hrsg. von Bischoff, Johannes Georg/Kellermann, Alfred, Bergisch-Gladbach usw. 1986.

Feldhoff, Michael (Problematik): Die Cash-flow-Besteuerung und ihre Problematik, StuW 1989, S. 53-63.

Feldstein, Martin/Poterba, James/Dicks-Mireau, Louis, (Effective Tax Rate): The Effective Tax Rate and the Pretax Rate of Return, JPubE 1983, Band 21, S. 129-158.

Fisher, Irving (Double Taxation): The Double Taxation of Savings, AER 1939, S. 16-33.

Flume, Werner (Betriebsertragsteuer): Die Betriebsertragsteuer als Möglichkeit der Steuerreform, DB 1971, S. 692-696.

Flume, Werner (Besteuerung und Wirtschaftsordnung): Besteuerung und Wirtschaftsordnung, Steuerberater-Jahrbuch 1973/1974, Bonn 1974, S. 53-78.

Flume, Werner (Die Mitbestimmung): Die Mitbestimmung - Ideologie und Recht, ZGR 1978, S. 678-697.

Flume, Werner (Neues Unternehmensrecht): Um ein neues Unternehmensrecht, Berlin usw. 1980.

Frankfurter Institut für wirtschaftspolitische Forschung (Arbeitsplatz Bundesrepublik): Arbeitsplatz Bundesrepublik: Gerüstet für die Zukunft?, Argumente zur Wirtschaftspolitik, Nr. 19, Juli 1988.

Frankfurter Institut für wirtschaftspolitische Forschung (Reform der Unternehmensbesteuerung): Reform der Unternehmensbesteuerung - im vereinten Deutschland noch dringlicher, Argumente zur Wirtschaftspolitik, Nr. 33, September 1990.

Freericks, Wolfgang (Bilanzierungsfähigkeit und Bilanzierungspflicht): Bilanzierungsfähigkeit und Bilanzierungspflicht in Handels- und Steuerbilanz, Köln usw. 1976.

Friz, Anette (Besteuerung in der Bundesrepublik Deutschland und Italien): Besteuerung und Subventionierung von Großunternehmen in der Bundesrepublik Deutschland und Italien, Spardorf 1990.

Fuest, Winfried/Kroker, Rolf (Unternehmensbesteuerung im internationalen Vergleich): Unternehmensbesteuerung im internationalen Vergleich, iw-Trends 2/1985, S. 16-27.

Fuisting, Bernhard (Grundzüge der Steuerlehre): Grundzüge der Steuerlehre, Berlin 1902.

Fullerton, Don (Which Effective Tax Rate?): Which Effective Tax Rate?, NTJ 1984, S. 23-41.

Garhammer, Christian (Steuerliche Investitionsförderung): Steuerliche Investitionsförderung - Systematische Darstellung und Beurteilung steuerlicher Fördermaßnahmen, Teil I, Frankfurt usw. 1988.

Grass, Rolf-Dieter (Umbau angebracht): Umbau angebracht, WiWo vom 4.8.1989, S. 55-56.

Hansen, Hans Robert (Wirtschaftsinformatik I): Wirtschaftsinformatik I - Einführung in die betriebliche Datenverarbeitung, 5. Auflage, Stuttgart 1987.

Haueisen, Peter (Altersversorgung): Unmittelbare Versorgungszusage und Direktversicherung als Gestaltungsformen der betrieblichen Altersversorgung, Frankfurt am Main usw. 1983.

Hauschild, Jürgen/Sachs, Gerd/Witte, Eberhard (Finanzplanung und Finanzkontrolle): Finanzplanung und Finanzkontrolle, München 1981.

Henselmann, Klaus (Bilanzierung): Curtius Lehrbriefe des Universitätsseminars der Wirtschaft (USW): Bilanzierung (hrsg. von Rapp, Reinhold/Heuser, Michael), Erftstadt 1990.

Hicks, John (Concept of Income, Taxation and Business Management): Concept of Income, Taxation and Business Management, in: Roskamp, Karl/Forte, Francesco (Hrsg.), Reforms of Tax Systems, Detroit 1981, S. 73-85.

Hinterberger, Friedrich/Müller, Matthias/Petersen, Hans-Georg (Simulation): Simulation eines Ausgabensteuersystems für die Bundesrepublik Deutschland, in: Rose, Manfred (Hrsg.), Konsumorientierte Neuordnung des Steuersystems, Berlin usw. 1991, S. 399-433.

Hulme, Tony (Simulation): Simulation: Why, When and How, in: Kidd, John (Hrsg.) Managing with Operational Reasearch, Oxford 1985, S. 214-230.

Kay, John Alexander/King, Mervyn (The British Tax System): The British Tax System, 5. Auflage, 1990 Oxford usw.

King, Mervyn/Fullerton, Don (Hrsg.) (Taxation): The Taxation of Income from Capital - A Comparative Study of the United States, the United Kingdom, Sweden, and West Germany, Chicago 1984.

Knobbe-Keuk, Brigitte (Bilanz- und Unternehmenssteuerrecht): Bilanz- und Unternehmenssteuerrecht, 8. Auflage, Köln 1991.

Krause-Junk, Gerold (Verteilungslehren): Steuern IV: Verteilungslehren, in: Albers, Willi (Hrsg.), Handwörterbuch der Wirtschaftswissenschaft, Band 7, Stuttgart usw. 1977, S. 332-356.

Lamers, Alfons (Immaterielle Werte): Aktivierungsfähigkeit und Aktivierungspflicht immaterieller Werte, Band 2 der Hochschulschriften zur Betriebswirtschaftslehre, hrsg. von Beschomer, Dieter/ Heinhold, Michael, München 1981.

Lang, Joachim (Reform der Unternehmensbesteuerung): Reform der Unternehmensbesteuerung, StuW 1989, S. 3-17.

Leibfritz, Willi (Unternehmensbesteuerung): Die Unternehmensbesteuerung im internationalen Vergleich, ifo-Institut für Wirtschaftsforschung, München 1986.

Lücke, Wolfgang (Hrsg.) (Investitionslexikon): Investitionslexikon, 2. Auflage, München 1991.

McLure, Charles E./Zodrow, George R. (Administrative Vorteile): Administartive Vorteile des individuellen Steuervorauszahlungs-Ansatzes gegenüber der direkten Konsumbesteuerung, in: Rose, Manfred (Hrsg.), Konsumorientierte Neuordnung des Steuersystems, Berlin usw. 1991, S. 117-174.

Meade, James Edwards (Reform of Direct Taxation): The Structure and Reform of Direct Taxation - Report of a Committee chaired by Professor J. E. Meade, The Institute for Fiscal Studies, London usw. 1978.

Mitschke, Joachim (Lebenseinkommensbesteuerung): Lebenseinkommensbesteuerung durch interperiodischen Verlustausgleich, StuW 1980, S. 122-134.

Moxter, Adolf (Aktivierungsgrenzen): Aktivierungsgrenzen bei "immateriellen Anlagewerten", BB 1978, S. 821-825.

Moxter, Adolf (Bilanztheorie): Bilanzlehre, Band I: Einführung in die Bilanztheorie, 3. Auflage, Wiesbaden 1984.

Müller-Dott, Johannes Peter (Messung der Steuerlast): Die Messung der Steuerlast deutscher Unternehmen aus der Sicht der Wirtschaft, BB 1990, Beilage 8, S. 1*-11*.

Musgrave, Richard A. (Wahl der "richtigen" Steuerbemessungsgrundlage): Zur Wahl der "richtigen" Steuerbemessungsgrundlage - Eine historische Betrachtung, in: Rose, Manfred (Hrsg.), Konsumorientierte Neuordnung des Steuersystems, Berlin usw. 1991, S. 35-49.

Musgrave, Richard A./Musgrave, Peggy B./Kullmer, Lore (Öffentliche Finanzen): Die öffentlichen Finanzen in Theorie und Praxis, Bd. 2, 4. Auflage, Tübingen 1988.

Nahrendorf, Rainer (Wettbewerbsverzerrungen): SPD vor Wettbewerbsverzerrungen zum Nachteil deutscher Hersteller gewarnt, HB vom 1.8.1989, S. 3.

Nachtkamp, Hans Heinrich (Allokationswirkungen der Bestandsbesteuerung): Allokationswirkungen der bestandsbesteuerung (unter besonderer Berücksichtigung der Vermögensteuer, der Gewerbekapitalsteuer und der Grundsteuer in der Bundesrepublik Deutschland), FA 1986, S. 185-223.

Napp, Hans-Georg/Rahmann, Bernd (Internationaler Vergleich): Probleme eines internationalen Vergleichs der steuerlichen Belastung von Unternehmen, WSI-Mitteilungen 1989, S. 303-315.

Nomachi, Kazuyoshi/Konzelmann, Gerhard (Nil): Nil, Freiburg usw. 1989.

o.V. (Vermögenseinkommen gewinnen Gewicht): Vermögenseinkommen gewinnen Gewicht, vub 4/1991, S. 7.

o.V. (Grundfreibetrag): Der Grundfreibetrag und der Freibetrag für Kinder sind schon 1991 zu erhöhen, HB vom 25.3.91, S. 4.

Ordelheide, Dieter (Kaufmännische Konvention): Kapital und Gewinn. Kaufmännische Konvention als kapitaltheoretische Konzeption?, in: Hax, Herbert/Kern, Werner/Schröder, Hans-Horst (Hrsg.), Zeitaspekte in betriebswirtschaftlicher Theorie und Praxis, Stuttgart 1988, S. 21-41.

Perridon, Louis/Steiner, Manfred (Finanzwirtschaft): Finanzwirtschaft der Unternehmung, 6. Auflage, München 1991.

Richter, Wolfram/Wiegard, Wolfgang (Cash-Flow Steuern): Cash-Flow Steuern: Ersatz für die Gewerbesteuer?, StuW 1990, S. 40-45.

Rose, Manfred (Plädoyer): Plädoyer für ein konsumorientiertes Steuersystem als Alternative zur klassischen Einkommensbesteuerung, HB vom 4.7.1989, S. 6.

Rose, Manfred (Strategisch (be)steuern): Strategisch (be)steuern, WiWo vom 23.2.1990, S. 81-85.

Rose, Manfred (Konsumbasiertes Steuersystem): Plädoyer für ein konsumbasiertes Steuersystem, in: Rose, Manfred (Hrsg.), Konsumorientierte Neuordnung des Steuersystems, Berlin usw. 1991, S. 7-34.

Schanz, Georg (Einkommensbegriff): Der Einkommensbegriff und die Einkommensteuergesetze, FA 1896, S. 1-87.

Schildbach, Thomas (Inflation Accounting I): Inflation Accounting - Verfahren, Beurteilung und aktuelle Situation (I), WISU 1984, S. 122-125.

Schildbach, Thomas (Inflation Accounting II): Inflation Accounting - Verfahren, Beurteilung und aktuelle Situation (II), WISU 1984, S. 215-220.

Schipporeit, Erhard (Grundsätze): Grundsätze und Möglichkeiten einer Unternehmungssteuer, München 1979.

Schneider, Dieter (Gleichmäßigkeit): Körperschaftsteuerreform und Gleichmäßigkeit der Besteuerung, StuW 1975, S. 97-112.

Schneider, Dieter (Steuerbilanzen): Steuerbilanzen - Rechnungslegung als Messung steuerlicher Leistungsfähigkeit, Wiesbaden 1978.

Schneider, Dieter (Grundzüge): Grundzüge der Unternehmensbesteuerung, 4. Auflage, Wiesbaden 1985.

Schneider, Dieter (Wider leichtfertige Steuerbelastungsvergleiche): Wider leichtfertige Steuerbelastungsvergleiche, WPg 1988, S. 281-291.

Schneider, Dieter (Hochsteuerland): Hochsteuerland Bundesrepublik Deutschland: Die Spannweite effektiver Grenzsteuerbelastungen für Investitionen, WPg 1988, S. 328-338.

Schneider, Dieter (Reform): Reform der Unternehmensbesteuerung aus betriebswirtschaftlicher Sicht, StuW 1989, S. 328-339.

Schneider, Dieter (Investition, Finanzierung und Besteuerung): Investition, Finanzierung und Besteuerung, 6. Auflage, Wiesbaden 1990.

Schneider, Dieter (Grundzüge): Grundzüge der Unternehmensbesteuerung, 5. Auflage, Wiesbaden 1990.

Schneider, Dieter (Unternehmenssteuerbelastung): Die Messung der Unternehmenssteuerbelastung: Methoden und Ergebnisse, BB 1990, S. 534-539.

Schneider, Dieter (Für die Wagemutigen): Für die Wagemutigen, FAZ vom 20.4.1991, S. 13.

Schneider, Dieter/Siegel, Theodor (Marginal Effective Tax Rates): Marginal Effective Tax Rates as a Tool for Managerial Planning in Connection with the German Tax Reform 1990, Diskussionspapier 126, Technische Universität Berlin, Berlin 1988.

Schneider, Helmut/Nachtkamp, Hans Heinrich (Wirkungslehre): Steuern V: Wirkungslehre, in: Albers, Willi (Hrsg.), Handwörterbuch der Wirtschaftswissenschaften, Bd. 7, Stuttgart usw. 1977, S. 356-386.

Shoven, John B./Bulow, Jeremy (Inflation Accounting): Inflation Accounting and Nonfinancial Corporate Profits: Financial Assets and Liabilities, BPEA 1976, S. 15-57.

Shoven, John B./Bulow, Jeremy I. (Inflation Accounting): Inflation Accounting and Nonfinancial Profits: Physical Assets, BPEA 1975, S. 557-598.

Siebke, Jürgen/Thieme, H. Jörg (Einkommen, Beschäftigung, Preisniveau): Einkommen, Beschäftigung, Preisniveau, in: Bender, Dieter (Hrsg.), Vahlens Kompendium der Wirtschaftstheorie und Wirtschaftspolitik, Bd. 1, 4. Auflage, München 1990, S. 87-174.

Sigloch, Jochen (Steuerbegünstigte Kapitalanlagen): Steuerbegünstigte Kapitalanlagen - Wunschdenken und Wirklichkeit -, in: Wossidlo, Peter Rütger/Freter, Hermann/Schmidt, Karl Gerhard/ Sigloch, Jochen (Hrsg.), Mittelstand und Betriebswirtschaft, Band 3, Bayreuth 1983, S. 103-130.

Sigloch, Jochen (Steuersparen): Steuersparen - (k)ein ökonomisches Motiv, Universität Bayreuth, Jahresbericht des Präsidenten 1984, S. 95-113.

Sigloch, Jochen (Abschreibungsfreiheit): Abschreibungsfreiheit und Zinsbesteuerung, in: Schneider, Dieter (Hrsg.), Kapitalmarkt und Finanzierung, Berlin 1987, S. 169-186.

Sigloch, Jochen (Grundfragen der Unternehmensbewertung): Ökonomische Grundfragen der Unternehmensbewertung, Jura 1987, S. 584-591.

Sigloch, Jochen (Wahl der Rechtsform): Die Wahl der Rechtsform, in: Westermann, Harry/Scherpf, Peter/Sigloch, Jochen/Paulik, Heinz/ Crezelius, Georg/Hackbeil, Werner (Hrsg.), Handbuch der Personengesellschaften, Köln 1967/91, Bd. 1, Rn. 38-262.

Sigloch, Jochen (Externe Rechnungslegung): Die externe Rechnungslegung durch Jahresabschluß, in: Westermann, Harry/Scherpf, Peter/ Sigloch, Jochen/Paulik, Heinz/Crezelius, Georg/Hackbeil, Werner (Hrsg.), Handbuch der Personengesellschaften, Köln 1967/91, Bd. 1, Rn. 263-555.

Sigloch, Jochen (Steuern und Unternehmensbewertung): Steuern und Unternehmensbewertung - sind Steuern "Privatsache"?, in: Exner, Stefan/ Giesbrecht, Christian (Hrsg.): Wirtschaftsjurist an der Universität Bayreuth, Hof usw. 1990, S. 105-114.

Sigloch, Jochen (Verzerrende Wirkungen): Verzerrende Wirkungen von Bemessungsgrundlagen und Tarif auf Unternehmensentscheidungen nach der Steuerreform 1990, StuW 1990, S. 229-239.

Sigloch, Jochen/Haueisen, Peter (Direktversicherung und Pensionszusage): Direktversicherung und Pensionszusage im wirtschaftlichen Vergleich, DB 1983, S. 349-353.

Sinn, Hans-Werner (Systeme): Systeme der Kapitaleinkommensbesteuerung - Ein allokationstheoretischer Vergleich, in: Bös, Dieter/Rose, Manfred/Seidl, Christian (Hrsg.), Beiträge zur neueren Steuertheorie, Berlin usw. 1984, S. 209-238.

Sinn, Hans-Werner (Kapitaleinkommensbesteuerung): Kapitaleinkommensbesteuerung - Eine Analyse der intertemporalen, internationalen und intersektoralen Allokationswirkungen, Tübingen 1985.

Sinn, Hans-Werner (Alternativen zur Einkommensteuer): Alternativen zur Einkommensteuer, Beihefte der Konjunkturpolitik, Heft 33, Berlin 1987, S. 11-50.

Sinn, Hans-Werner (Neue Wege - Replik): Neue Wege der Unternehmensbesteuerung: Eine Replik, Wirtschaftsdienst 1989/III, S. 159-164.

Sinn, Hans-Werner (Antwort auf die Antwort): Cash-flow-Besteuerung noch einmal: Antwort auf die Antwort von Cansier, Wirtschaftsdienst 1989/V, S. 256-257.

Swoboda, Peter (Eignung des Gewinns als Besteuerungsgrundlage): Die Eignung des Gewinns als Besteuerungsgrundlage in der neueren betriebswirtschaftlichen Diskussion, in: Bös, Dieter/Rose, Manfred/Seidl, Christian (Hrsg.), Beiträge zur neueren Steuertheorie, Berlin usw. 1984, S. 239-261.

Swoboda, Peter (Cash-flow-Steuern): Cash-flow-Steuern und Finanzierungsneutralität, in: Rose, Manfred (Hrsg.), Konsumorientierte Neuordnung des Steuersystems, Berlin usw. 1991, S. 473-491.

Tolkemit, Georg (Makroökonomische Konsequenezen): Einige makroökonomische Konsequenzen indirekter Konsumbesteuerung, in: Rose, Manfred (Hrsg.), Konsumorientierte Neuordnung des Steuersystems, Berlin usw. 1991, S. 261-287.

Vickrey, William (Averaging of Income): Averaging of Income for Income Tax Purposes, JPolE 1939, Band 47, S. 379-397.

Wagner, Franz (Leistungsfähigkeit): Die zeitliche Erfassung steuerlicher Leistungsfähigkeit, in: Hax, Herbert/Kern, Werner/Schröder, Hans-Horst (Hrsg.), Zeitaspekte in betriebswirtschaftlicher Theorie und Praxis, Stuttgart 1988, S. 261-277.

Warren, Alvin C. Jr. (The Timing of Taxes): The Timing of Taxes, NTJ 1986, S. 499-505.

Wenger, Ekkehard (Gleichmäßigkeit der Besteuerung): Gleichmäßigkeit der Besteuerung von Arbeits- und Vermögenseinkünften, FA 1983, S. 207-252.

Wenger, Ekkehard (Periodisierungsregeln I): Einkommensteuerliche Periodisierungsregeln, Unternehmenserhaltung und optimale Einkommensbesteuerung, Teil I, ZfB 1985, S. 710-730.

Wenger, Ekkehard (Periodisierungsregeln II): Einkommensteuerliche Periodisierungsregeln, Unternehmenserhaltung und optimale Einkommensbesteuerung, Teil II, ZfB 1986, S. 132-151.

Wenger, Ekkehard (Besteuerung und Kapitalbildung): Besteuerung und Kapitalbildung als intertemporales Optimierungsproblem, in: Hax, Herbert/Kern, Werner/Schröder, Hans-Horst (Hrsg.), Zeitaspekte in betriebswirtschaftlicher Theorie und Praxis, Stuttgart 1988, S. 279-295.

Wenger, Ekkehard (Wirtschaftswachstum unter dem Einfluß der Besteuerung): Wirtschaftswachstum, Unternehmensfinanzierung und internationaler Kapitalverkehr unter dem Einfluß der Besteuerung von Vermögenseinkünften, FA 1989, Band 47, S. 181-249.

Wiegard, Wolfgang (Einfluß des Steuersystems auf die wirtschaftliche Entwicklung): Direkte versus indirekte Besteuerung: Einfluß des Steuersystems auf die wirtschaftliche Entwicklung, Beihefte der Konjunkturpolitik, Heft 33, Berlin 1987, S. 11-50.

Zimmermann, Horst/Henke, Klaus-Dirk (Finanzwissenschaft): Einführung in die Finanzwissenschaft, 6. Auflage, München 1990.

GPSR Compliance

The European Union's (EU) General Product Safety Regulation (GPSR) is a set of rules that requires consumer products to be safe and our obligations to ensure this.

If you have any concerns about our products, you can contact us on ProductSafety@springernature.com

In case Publisher is established outside the EU, the EU authorized representative is:

Springer Nature Customer Service Center GmbH
Europaplatz 3
69115 Heidelberg, Germany

Batch number: 10815974

Printed by Printforce, the Netherlands